Peak Oil

Jeremy Leggett

Peak Oil

Die globale Energiekrise, die Klimakatastrophe und das Ende des Ölzeitalters

Aus dem Englischen von
Anne Emmert und Heike Schlatterer

Kiepenheuer & Witsch

1. Auflage 2006

Published by Portobello Books Ltd 2005
Titel der Originalausgabe: Half Gone
Aus dem Englischen übersetzt von Anne Emmert und Heike Schlatterer

Umschlaggestaltung: Linn-Design, Köln
Gesetzt aus der Minion und Frutiger
Satz: Felder KölnBerlin
Druck: Druckerei C. H. Beck, Nördlingen
Bindung: G. Lachenmaier, Reutlingen
ISBN 10: 3-462-03351-4
ISBN 13: 978-3-462-03351-9

Inhalt

Prolog

Die Geschichte der Blauen Perle

Es war einmal ein Planet, auf dem sich das Leben so weit entwickelt hatte, dass die am höchsten stehende Tiergattung denken konnte. Diese Tiere waren sich ihrer eigenen Vergangenheit, Gegenwart und Zukunft bewusst. Sie konnten Partys organisieren und erfanden Koffer mit Rollen. Sie konnten auch mit erschreckender Grausamkeit kämpfen und den Strommarkt manipulieren. Bis es so weit war, dauerte es über 4,5 Milliarden Jahre, doch dann sah das alles sehr bemerkenswert aus. Einige dieser denkenden Tiere warfen einen Blick ins All, rechneten ein bisschen und kamen zu dem Ergebnis, die Wahrscheinlichkeit, dass es in Lichtjahren Entfernung einen Planeten mit einer ähnlichen Artenvielfalt und intelligenten Lebensformen gebe, sei verschwindend gering. Tatsächlich standen die Chancen gut, dass im ganzen Universum nichts mit den »Denkern« Vergleichbares existierte. Man kann sich vorstellen, dass sie sich darauf ganz schön etwas einbildeten.

Einige Denker bauten ein Raumschiff, das von dem Planeten abheben und auf einem großen Felsbrocken in einer Umlaufbahn des Planeten landen konnte. Die Besatzung des Raumschiffs stand auf der kahlen und leblosen Oberfläche des Felsbrockens und betrachtete den Planeten. Eine kleine blaue Perle in einem dichten Meer mysteriöser Schwärze. So sah er aus. Die Besatzung war überglücklich, dass sie die Rückreise unbeschadet überstand.

Kohlenstoff und Leben

Der Planet war nicht seit jeher eine blaue Perle. Er fing einmal als lebloser Felsbrocken an, mit einer Atmosphäre aus giftigen Gasen, die man nicht einatmen konnte. Doch in seinem Sonnensystem hatte er genau die richtige Entfernung zur Sonne für eine ganz einzigartige Entwicklung, die von den Denkern bis heute noch nicht richtig verstanden wird. Irgendwie vereinten sich auf dem Planeten ein paar Atome und bildeten Moleküle, aus denen wiederum Verbindungen entstanden, die sich zu Ketten formten und in der Lage waren, sich selbst zu reproduzieren. Vielleicht war es ein großer kosmischer Zufall. Vielleicht fielen die sich reproduzierenden chemischen Verbindungen fix und fertig mit einem Meteoriten auf den Planeten, allerdings macht man es sich mit dieser Erklärung leicht, indem man den schwarzen Peter einfach weitergibt. Vielleicht war eine der Gottheiten verantwortlich, die von den Denkern später verehrt wurden. Mit der Reproduzierbarkeit der komplexen chemischen Verbindungen hatte jedenfalls das Leben begonnen. Bis zu diesem Punkt waren bereits Hunderte Millionen von Jahren unserer Geschichte vergangen. Das Leben entstand und entsteht auch heute noch nicht so einfach.

Der wichtigste Baustein des Lebens auf dem Planeten war ein chemisches Element namens Kohlenstoff. Zusammen mit Wasser bildete es die einzelnen Zellen der ersten Lebensformen. Diese Zellen fanden schließlich eine Möglichkeit, Energie herzustellen. Sie nahmen Kohlendioxid, kombinierten es mit Wasser und bauten komplexe Moleküle namens Kohlehydrate, wobei sie während des Vorgangs das Gas Sauerstoff abgaben. Das Einzige, was dafür erforderlich war, waren Licht und ein gewisses magisches Pigment in der Zelle. Die Denker nannten diesen Vorgang später Photosynthese. Dank der Photosynthese konnten die frühen Lebensformen des Planeten die Kohlehydrate in ihren Zellen verbrennen und so nutzbare Energie produzieren, wobei sie wieder Kohlendioxid und Wasser abgaben. Ein einfacher Kreislauf, bei dem die ganze Zeit Energie produziert wurde.[1]

Der Sauerstoff, der bei der Photosynthese entstand, erwies sich als gute Sache für den Planeten. Es war ein Gas, das für Lebensformen auf Kohlenstoffbasis nicht giftig war und es ihnen ermöglichte,

Energie zu produzieren, wenn es von den Zellen auf verschiedene Weise aufgenommen wurde. Langsam stieg der Sauerstoffgehalt in der Atmosphäre, der Gehalt an Kohlendioxid sank dagegen. Die Blaue Perle war wirklich ein einzigartiger Planet! Die sich auf ihm entwickelnden Lebensformen stellten selbst die Gase her, die sie zum Atmen brauchten.

Fast vier Milliarden Jahre vergingen, und das Leben entwickelte sich weiter, denn das kann es, auch wenn einem im Schulunterricht in Alabama etwas anderes erzählt wird. Die einzelligen frühen Lebensformen fanden einen Weg, vielzellige Organismen mit weichen Körpern zu bilden. Sie waren nicht gerade schön und schmeckten wahrscheinlich noch viel übler. Kurz darauf entwickelten sich vielzellige Lebewesen mit harten Körpern. Sie sahen noch schlimmer aus, wie Küchenschaben oder Ohrwürmer, nur viel größer. Ein kleiner Junge hätte seiner Schwester mit diesen Viechern einen gewaltigen Schreck einjagen können.

Bis dahin fand alles Leben im Meer statt, doch schließlich hatte sich in der Atmosphäre so viel Sauerstoff gebildet, dass die ersten Pflanzen das Land besiedeln konnten. Die ersten Tiere, mittlerweile mit primitiven Lungen ausgestattet, mit denen sie Sauerstoff atmen konnten (solange sie den Großteil ihres Lebens im Schlamm verbrachten), ließen nicht lange auf sich warten.

Etwa 350 Millionen Jahre, bevor unsere Geschichte endet, wuchsen auf den Landflächen der Blauen Perle enorme Wälder. Sie waren so dicht, dass tote Bäume und andere verrottende Pflanzen Flöze aus nahezu festem Kohlenstoff bildeten. Sie wurden von Sedimenten bedeckt und verhärteten sich zu schwarzem, glänzendem Gestein. Die Denker nannten diese Phase später Karbon und das Gestein, das zu dieser Zeit in großen Mengen gebildet wurde, Kohle.

Die erste Apokalypse

Die Evolution war nun in vollem Gange, und die Vielfalt an Tieren und Pflanzen war enorm. Doch dann, ungefähr hundert Millionen Jahre später, ereignete sich eine Katastrophe. Etwas zerstörte den empfindlichen Mantel der Blauen Perle mit ihrem Sauerstoff und den von Lebewesen bevölkerten Meeren, und das Leben auf dem Planeten wurde beinahe komplett ausgelöscht.

Die Denker sprachen später vom Aussterben der Arten. Einige Spezialisten krochen mit Hammer, Notizbuch und Lupe über die Felsen, die sich gebildet hatten, und arbeiteten anhand der Fossilien im Gestein heraus, welche Spezies ausgestorben waren und welche Arten überlebt hatten. Die Forscher stellten fest, dass 90 Prozent aller Arten verschwunden waren. Über den Grund für die Apokalypse waren sich die Denker allerdings nicht einig. Viele glaubten, ein gewaltiger Vulkanausbruch habe nicht nur Unmengen von Asche und Lava, sondern auch Gase aus dem Inneren des Planeten freigesetzt, die die Atmosphäre vergifteten und den Himmel verdunkelten und so das Klima veränderten. Andere dachten, sie hätten Beweise für den Einschlag eines riesigen Meteoriten gefunden, der ziemlich genau den gleichen Effekt gehabt hätte. Vielleicht passierte auch beides gleichzeitig. Was immer auch der Grund gewesen sein mag, fest steht, dass es seit dem Auftauchen der ersten Kerbtiere schon frühere Phasen des Massensterbens gegeben hatte, aber nichts, was sich mit der ersten Apokalypse vergleichen ließ.[2]

Wie man anhand der Nummerierung erkennen kann, folgten noch weitere Apokalypsen.

Die Blaue Perle heilte sich mit der Zeit selbst. Im Laufe von Millionen und Abermillionen Jahren entstanden aus den überlebenden Tieren und Pflanzen neue Arten und Gattungen. Der Planet erwärmte sich wieder. Eine Gruppe riesiger echsenähnlicher Tiere entwickelte sich, mit Schwänzen, Klauen, einem beeindruckenden Gebiss und wenig beeindruckendem Gehirn. Sie beherrschten schließlich Land und Meer und sollten später die Phantasie unzähliger junger Denker beflügeln, die froh waren, dass sie den Planeten nicht mit diesen Riesenechsen teilen mussten. Diese Viecher waren eine Nummer zu groß, um die kleine Schwester nur ein bisschen zu erschrecken. Ein Blick auf die Zähne genügte, um zu wissen, dass das Gebiss nicht fürs Kauen von Gemüse gedacht war.

Öl und Echsen

Die Blaue Perle hatte mittlerweile verschiedene seltsame Naturphänomene erlebt, und nun, nachdem über 4.450 Millionen Jahre unserer Geschichte vergangen sind und uns noch 150 Millionen Jahre von ihrem Ende trennen, ereignete sich ein weiteres. In den Ozeanen des Planeten kam es zu einer gigantischen Blüte mikroskopisch kleiner Pflanzen. Milliarden und Abermilliarden dieser Pflanzen wuchsen, blühten und starben wieder ab. Das dabei entstandene organische Material sank auf den Meeresboden und sammelte sich dort. Dieser Regen aus abgestorbenen Pflanzen war so heftig, dass der ganze Sauerstoff am Meeresgrund verbraucht und das organische Material nicht wie sonst üblich zersetzt wurde. An einigen Stellen türmten sich die Sedimente besonders schnell und hoch auf; ihr Gewicht erzeugte so viel Druck und Hitze, dass das organische Material zu kochen begann und sich in eine Substanz verwandelte, die Öl genannt wurde.

Das Öl war so leicht und flüssig, dass es in den Sedimenten, durch deren Druck es überhaupt erst entstanden war, nach oben stieg, obwohl das Gewicht die meisten Sedimente in Felsen verwandelt hatte. Das Öl drang durch Ritzen und Spalten im Gestein. Größtenteils floss es zurück ins Meer oder trat an Land zutage, wo es sich in Teer verwandelte, den Bakterien langsam zersetzten, bis nichts mehr davon übrig blieb. Aber an einigen Stellen konnte das Öl nicht durch die Felsschichten dringen und saß fest. Dieses Öl geriet unter Druck, weil von tiefer liegenden Schichten immer mehr Öl nachsickerte. Die Denker nannten die Stellen, in denen das Öl festsaß, später Ölfelder.

Weitere 60 Millionen Jahre vergingen, und auf den Kontinenten des Planeten und in seinen Meeren nahm die Evolution weiter ihren Lauf. Ungefähr 90 Millionen Jahre vor dem Ende unserer Geschichte gab es eine zweite große Phase der Ölentstehung, bei der das Öl ebenfalls in Hohlräumen unter dem Meeresgrund zusammensickerte und gespeichert wurde. Die Menge an Kohlenstoff, die bei diesen beiden Perioden der Entstehung von Erdöl und seinen Lagerstätten beteiligt war, wird in Hunderten Milliarden Tonnen angegeben. Erdöl bildete sich noch zu verschiedenen anderen Zeiten, aber nie mehr in solchen Mengen. Auch Erdgas entstand, sowohl in den beiden Phasen der Erdölentstehung als auch zu anderen Zeiten. Dabei wurden in tief liegenden Sedimenten mittels eines chemischen Prozesses durch Druck und Hitze organische Substanzen in gasförmige Kohlenwasserstoffe umgewandelt.

25 Millionen Jahre vergingen, und der Planet wurde weiter von den Riesenechsen zu Land und zu Wasser beherrscht. Sie entwickelten noch viel beeindruckendere Hörner, Schuppen, Zähne und Schwänze. Parallel zu ihnen entstanden immer weitere Tier- und Pflanzenarten. Wer an einen Gott glaubt, hätte zu jener Zeit auf die Blaue Perle geblickt und gedacht: »Wow, da kennt sich aber jemand aus mit Design.«

Die zweite Apokalypse

Wie schon einmal, als die Artenvielfalt sämtliche Rekorde brach, ereignete sich auf der Blauen Perle wieder eine Katastrophe. Ich bin mir sicher, dass das reiner Zufall war. Oder Gott hat seltsame Vorstellungen vom Großreinemachen. Ungefähr 65 Millionen Jahre vor dem Ende unserer Geschichte schlug auf dem Planeten ein riesiger Meteorit ein. Er hatte einen Durchmesser von zehn Kilometern, besaß aber die Zerstörungskraft von Zehntausenden Atombomben.

Wieder einmal verdunkelte sich der Himmel. Wieder veränderte sich das Klima, war nicht mehr überlebensfreundlich, sondern -feindlich. Etwa 50 Prozent aller Arten starben dieses Mal aus, darunter auch die Riesenechsen.

Viel kleinere, meist behaarte Tiere überlebten den Klimawandel und besiedelten die entvölkerten Gebiete. Es waren Arten, die gern die Eier der Echsen stahlen und fraßen, während sie ihre eigenen Eier mit sich im Körper herumtrugen; genauer gesagt, die Weibchen der Spezies trugen die Eier. Wieder vergingen Millionen von Jahren, in denen sich die haarigen Tiere weiterentwickelten und immer größer wurden. Doch nie wieder beherbergte der Planet so große Tiere wie zur Zeit der Riesenechsen.

Die Ankunft der Denker

Die haarigen Tiere hatten meist vier Beine, und so sollte es auch noch lange Zeit bleiben. Aber dann, etwa sieben Millionen Jahre vor dem Ende der Geschichte, entwickelten sich zweibeinige Wesen. Diese Tiere waren am ganzen Körper behaart und gingen gebückt, aber sie konnten denken, zumindest in dem Sinn, dass sie einen Stock nehmen und damit Insektenlarven ausgraben konnten. Etwa vor zwei Millionen Jahren entwickelten sich aufrechter gehende, weniger behaarte Geschöpfe. Schon bald waren diese weit über das Ausgraben von Larven hinaus. Rasch wurde aus ihren Grunzlauten eine Sprache, und schnell entdeckten sie, dass man, wenn man zwei Stöcke aneinander rieb, Feuer machen konnte. Die Denker waren endlich auf der Blauen Perle eingetroffen.[3]

Die Denker erschienen auf dem Planeten, als 99,997 Prozent der Geschichte bereits vorüber waren. Wenn man sich die Lebenszeit des Planeten als Uhr mit 24 Stunden vorstellt, dann tauchten die Denker eine Sekunde vor Mitternacht auf. Doch mit der Entdeckung des Feuers begannen sie, den Planeten in einer Weise zu beherrschen, wie das noch kein anderes Tier vor ihnen geschafft hatte. Sie fällten Bäume und schufen damit offenes Land, das sie bebauten, ein Vorgang, der sich bis zum Ende der Geschichte fortsetzte. Die Denker nannten ihre Spezies *Homo sapiens* und ihren Planeten Erde.

Vom ersten Tag an waren sie eine aggressive Gattung, und ihr Denken, so beeindruckend es in vielerlei Hinsicht auch war, erwies sich von Anfang an als schwach, wenn es um ihre eigene Sicherheit ging. Im Gegensatz zu den meisten anderen Tieren ging ihre Aggression so weit, dass sie einander töteten. Die meisten anderen Tiere auf dem Planeten setzten gelegentlich ihr Gebiss oder Geweih gegen Rivalen der eigenen Art ein, aber das war es dann auch schon, egal wie prächtig das Weibchen war, um das die Rangelei normalerweise ging. Das war sogar bei den Tieren so, die es zu einer wahren Meisterschaft gebracht hatten, die Angehörigen anderer Gattungen in Stücke zu reißen. Bei den Denkern war das anders. Konfliktvermeidung zählte nicht gerade zu ihren starken Seiten. Zunächst organisierten sie sich in Stämmen und töteten regelmäßig die Mitglieder anderer Stämme. Später bildeten sie Stadtstaaten, bauten erstaunliche Tempel und Kathedralen und eröffneten Fast-food-Lokale, wo das Essen in Blätter gewickelt serviert wurde. Doch obwohl die Denker den Sport als potenziellen Kriegsersatz erfanden, fiel ihnen keine Lösung für die regelmäßigen bewaffneten Konflikte ein, und ihre Methoden der Kriegsführung wurden immer grausamer. Belagerte Stadtstaaten übergossen ihre Angreifer mit siedendem Öl, die Belagerer wiederum schleuderten mit gigantischen Katapulten tote Esel über die Stadtmauern in der Hoffnung, damit tödliche Krankheiten zu verbreiten. Schon früh in der Geschichte der Denker gab es Bemühungen zum Bau eigener Massenvernichtungswaffen. Später organisierten sich die Stadtstaaten in Nationalstaaten. Die Denker zeichneten auf Landkarten Grenzen ein und änderten sie wieder, um zu zeigen, wo ihre Staaten begannen und endeten. Die Grenzen änderten sie überwiegend dadurch, dass sie immer längere und blutigere Kriege führten.

Die Frage der Sicherheit war für die Denker stets ein Problem – anscheinend konnten sie nicht begreifen, dass ihre Sicherheit und damit auch ihr eigenes Überleben am besten gewährleistet waren, wenn sie dafür sorgten, dass sich ihre Nachbarn auch sicher fühlten. Dafür hatten sie aber zahlreiche andere gute Ideen. Einige Denker verfassten lange Traktate. Andere Denker schufen große Kunstwerke. Und die meisten Denker feierten gern.

Wenn die Nationalstaaten gerade einmal nicht Krieg führten, trieben sie Handel. Manchmal trieben sie auch im Krieg noch Handel. Jahrhundertelang nutzten die Denker für ihren Handel Segelschiffe. Die Schiffe drangen auf der Suche nach Waren, mit denen man Geld machen konnte, immer weiter in unbekannte Gebiete vor, bis sie schließlich die ganze Welt umsegelten. Bei diesen Reisen starb oft die Hälfte der Besatzung an tropischen Krankheiten oder schlicht an Unterernährung. Die Schiffe kämpften sich zurück in ihre Heimathäfen, beladen mit Waren wie zum Beispiel Gewürzen. Gewürze waren begehrt und wurden zu Höchstpreisen verkauft.

Der Handel forderte seinen Tribut. Das Meer war stürmisch und unberechenbar, als man noch keine Satellitenaufnahmen und Wettervorhersagen hatte, und die Schiffe gingen häufig unter. Auch aus ökonomischer Sicht war das ein großes Problem. Eines Tages heckte in einer Stadt namens London eine Gruppe von Händlern eine Möglichkeit aus, wie man den Verlust eines Schiffes finanziell besser verkraften konnte. Die Händler saßen in einem Café auf Stühlen aus gehandeltem Holz, tranken gehandelten Kaffee aus gehandelten Porzellantassen und ersannen einen Plan, wie sie das Risiko des Fernhandels besser verteilen konnten. Die Idee war, dass alle in einen Fonds einzahlen mussten. Aus diesem Fonds wurden Händler entschädigt, die ihre Schiffe verloren hatten, sie erhielten den vollen Wert des Schiffes und der Ladung ausbezahlt. Für das Leben der armen Seeleute gab es natürlich kein Geld, doch das wurde ohnehin nur mit einem halben Penny berechnet. Die Händler erklärten dazu: »Der Verlust einiger weniger kann auf das Risiko vieler verteilt werden.« Die Idee wurde Versicherung genannt. Sie entstand 300 Jahre vor dem Ende der Geschichte.[4]

Die Industrialisierung

Bald darauf kamen die Denker auf die Idee, anstelle von Holz Kohle zu verbrennen, und schon bald fanden sie eine Möglichkeit, Kohle in Dampfmaschinen zu verbrennen, die Schiffe viel besser antreiben konnten als Segel. Dampf trieb auch die Maschinen an Land an. Jetzt konnten die Denker Fabriken bauen und reich werden, ohne dass sie dafür losziehen und am anderen Ende der Welt Gewürze finden mussten. Sie hatten die industrielle Revolution geschaffen, wie sie es nannten.

Den armen Denkern, die früher die Besatzung für die von Krankheiten heimgesuchten Schiffe gestellt hatten, erging es während der Industrialisierung nicht viel besser. Viele mussten unter der Erde die Kohle heraushacken, die vor Millionen Jahren entstanden war, im Erdzeitalter des Karbon. Die Arbeit war sehr gefährlich. Viele Denker starben, weil die Schächte einstürzten, Wasser die Minen überflutete oder sich unsichtbares und geruchloses Methangas bildete und dann explodierte. Wer überlebte, verbrachte seinen Lebensabend aufgrund der Staublunge hustend und mühsam nach Atem ringend. Das ließ man fast 200 Jahre lang geschehen. Wie ich schon sagte, die Denker waren in manchen Bereichen in Ordnung, in anderen dagegen ziemlich daneben.

Nur etwas mehr als hundert Jahre vor dem Ende der Geschichte machte man die erstaunliche Entdeckung, dass Kohle nicht nur für

Dampfmaschinen und Motoren in Fabriken benutzt werden konnte. Sie ließ sich auch so verbrennen, dass Dampf entstand, der wiederum Dynamos bewegte und dadurch etwas erzeugte, was Strom genannt wurde.[5] Durch das Drehen eines Schalters stand einem der Strom zur Verfügung, mit dem man so ziemlich jedes nützliche Gerät betreiben konnte und ein paar überflüssige dazu. Zur Erzeugung von Strom wurden spezielle Kohlekraftwerke gebaut. Dort wurden Tausende, später Millionen und dann Milliarden Tonnen Kohle verbrannt.

Aber Kohle war schmutzig. Sie verbrannte nicht rückstandslos, sondern hinterließ überall Ruß, der die Maschinen verschmutzte und es einem schwer machte, die Leinentücher am Waschtag trocken zu bekommen. Kurz bevor dieser Umstand zu einem wirklichen Ärgernis wurde, stellten die Denker fest, dass sie Löcher in die Erde bohren, Erdöl herauspumpen und das Öl verbrennen konnten.[6] Dazu musste man keine Kinder in die Minen schicken. Meistens sprudelte das Öl aufgrund des Eigendrucks von selbst aus der Erde, außerdem entstand beim Verbrennen von Öl weniger Ruß. Die Denker machten sich daran, statt Kohle gewaltige Mengen Erdöl zu verbrennen.

Erdöl eignete sich auch für eine weitere neue Erfindung, den so genannten pferdelosen oder selbstfahrenden Wagen, besser bekannt als Automobil.[7] Der Name wurde erfunden, weil sich die meisten Denker zu jener Zeit auf dem Rücken von Pferden oder in Kutschen fortbewegten, die von Pferden gezogen wurden. Die Denker auf den Pferderücken brüllten vor Lachen, als sie die ersten Automobile sahen. Doch nach einigen Optimierungen und ein bisschen altmodischem Marketing standen die Reiter schon bald Schlange, um sich ein Automobil zu kaufen. Es war eine schwere Zeit für Pferde, denn die Denker waren damals schon knauserig, wenn es darum ging, ihresgleichen eine Rente zu zahlen, ganz zu schweigen von einem Gnadenbrot für Lasttiere.

Die Automobile fanden rasch weite Verbreitung, ebenso wie die Stromkraftwerke, und schon bald wurden die Nationalstaaten kreuz und quer von breiten Straßen durchzogen. Wie zuvor Kohle wurden nun Hunderte Millionen, dann Milliarden Tonnen Öl verbrannt.

Dann stellten die Denker fest, dass sie auch Erdgas anstelle von Öl verbrennen konnten, das wiederum weniger Abgase verursachte. Es wurde üblich, dass die Nationalstaaten, deren Industrialisierung am weitesten fortgeschritten war, zur Erzeugung von Strom lieber Gas und für den Verkehr lieber Öl verbrannten. Die weniger entwickelten Nationalstaaten verbrannten Kohle, weil ihnen nichts anderes übrig blieb, und Öl, wann immer sie welches in die Hände bekamen.

Am Ende der Geschichte verbrannten die Denker jedes Jahr über acht Milliarden Tonnen Erdöl, -gas und Kohle.[8] Die meisten dachten sich gar nichts dabei. Aber wie wir gesehen haben, neigten sie dazu, selektiv zu denken und die Augen vor den Tatsachen zu verschließen. Ihr hoher Verbrauch an fossilen Brennstoffen bildete dabei keine Ausnahme. Die Denker hatten zwei sehr wichtige Dinge übersehen.

Der erste große Denkfehler

Das Problem war, dass bei der Verbrennung von Öl, Erdgas und Kohle unweigerlich Kohlendioxid entstand und Kohlendioxid die Hitze in der Erdatmosphäre festhielt. Der erhöhte Kohlendioxidgehalt funktionierte wie ein Treibhaus in der Atmosphäre, er ließ das Licht der Sonne herein, aber nicht wieder nach außen, wenn es von der Erdoberfläche reflektiert wurde. Nie um eine originelle Formulierung verlegen, bezeichneten die Denker das Kohlendioxid daher als »Treibhausgas«.

Diese Eigenschaft des Kohlendioxids war seit über hundert Jahren bekannt, doch gemäß dem Prinzip des selektiven Denkens machte sich niemand deswegen Sorgen. Doch schließlich kamen etwa 16 Jahre vor dem Ende der Geschichte mehrere Wissenschaftler zusammen und beschlossen, die Sorglosigkeit zu beenden, denn sie hatten einen Blick auf ihre Tabellen geworfen und bemerkt, dass die Durchschnittstemperatur auf der Oberfläche des Planeten stieg. Ihre Beobachtungen erstreckten sich auch auf die untere Schicht der Atmosphäre und die Oberfläche der Ozeane. Sie meldeten sich genau zu dem Zeitpunkt zu Wort, als der Nationalstaat Nummer eins von einer besonders schweren Dürre heimgesucht wurde, durch die die Brotkammer des Landes in eine Staubwüste verwandelt und der schönste Nationalpark von einem riesigen Feuer heimgesucht wurde. Deswegen hörten einige Denker auf die Experten. Das war eine weitere Eigenschaft der Denker: Wenn etwas offensichtlich wurde, waren sie in der Lage, es zu bemerken. Schon nach kurzer Zeit setzten sich fast alle Nationalstaaten des Planeten (insgesamt 167) zusammen und beschlossen, einen Vertrag auszuhandeln, um den Verbrauch von Öl, Kohle und Erdgas zu senken.[9] Sie wollten es tatsächlich nicht riskieren, ihren Heimatplaneten zu zerstören. Oder ihn unter Wasser zu setzen, denn den Naturwissenschaftlern unter den Denkern war auch aufgefallen, dass der Meeresspiegel stieg. Sie wussten: Wenn sich der Planet erwärmte, würde der Meeresspiegel noch viel weiter steigen und alle Küstengebiete überschwemmen, wo oft die reichsten Städte, fruchtbarsten Anbaugebiete und ein Teil der Industrie angesiedelt waren.

Aber es gab ein Problem. Nachdem man über hundert Jahre lang hemmungslos Öl und über 200 Jahre lang fleißig Kohle verbrannt hatte, waren damit handfeste finanzielle Interessen verknüpft. Viele Unternehmen und auch einige Nationalstaaten, vor allem diejenigen, wo sich das Öl bei den beiden großen Entstehungsprozessen angesammelt hatte, drohten, auf ihren Investitionen sitzen zu bleiben. Diese finanziellen Interessen hatten ein Netz der Macht geschaffen, dem die anderen Nationalstaaten kaum etwas entgegenzusetzen hatten. Im Grunde war mit dem Netzwerk ein eigenes Imperium entstanden. Die Verbindungen innerhalb des Imperiums waren zwar lose, es konnte sogar zu Bürgerkriegen kommen, doch es bildete zweifellos die mächtigste Interessengruppe auf dem ganzen Planeten. Die größten Wirtschaftsunternehmen waren allesamt Ölfirmen oder Hersteller von Automobilen, in denen der Großteil des geförderten Öls verbrannt wurde. Der größte Ölverbraucher war jedoch das Militär des Nationalstaats Nummer eins. Industrie, Militär und die Ölstaaten schritten ein, um ihre eigenen Interessen zu wahren. Sie hatten beschlossen, nicht auf die Warnungen der wissenschaftlichen Denker über die Zukunft des Planeten zu hören und auf keinen Fall danach zu handeln.

Die Zeit verging. Die Anführer der Nationalstaaten versammelten sich regelmäßig und sprachen über das Problem des allmählichen Anstiegs der Treibhausgase, doch bei ihren Verhandlungen gab es viel heiße Luft, aber wenig Ergebnisse. Dafür sorgte schon das Ölimperium. Dort kannte man so manchen Kniff, wie man andere verwirrte, belog und damit durchkam. Aus einem bestimmten Grund machte sich dabei die Kohleindustrie die Hände noch schmutziger als die Ölfirmen.[10]

Die meisten Naturwissenschaftler erkannten schnell die kurzfristigen Eigeninteressen hinter dieser Haltung und waren sehr beunruhigt. Sie hatten mit ihren leistungsfähigsten Computern komplizierte Berechnungen angestellt und festgestellt, dass die globale Erwärmung alle Rekorde brechen würde, wenn weiterhin Öl, Gas und Kohle in so großen Mengen verbrannt würden. Im Laufe der Zeit waren sie sich ihrer Sache immer sicherer. Sie kamen zu dem Schluss, dass durch die Erwärmung ganze Wälder absterben, Böden austrocknen und die Meeresströmungen durcheinander geraten würden. Doch damit nicht genug: Durch diese und andere Auswirkungen der Erwärmung würden weitere hitzeverstärkende Gase in die Atmosphäre gelangen und noch mehr Hitze festhalten, eine Art Schneeballeffekt, der die Gefahr barg, dass er nicht eindeutig genug war, um das Ölimperium zum Handeln zu bewegen, bevor es zu spät war. Die Naturwissenschaftler beschrieben im Grunde das Jüngste Gericht. Jungs, sagten sie, Schluss mit lustig. Wenn wir so weitermachen, haben wir bald die dritte Apokalypse.[11]

Die wenigen Wissenschaftler unter den Denkern, die Insekten- und Pflanzenarten zählten, waren meist vorsichtiger als die Wissenschaftler, die sich mit dem Klima beschäftigten, doch an dieser Stelle meldeten auch sie sich zu Wort. Sie wiesen darauf hin, dass die dritte Apokalypse bereits in Gang sei, selbst wenn der Planet nicht bis zum Siedepunkt erhitzt würde. Die Denker müssten nur weiterhin die Wälder abholzen und Meere verschmutzen, dann würden schon bald so viele Arten aussterben wie einst durch die riesigen Meteoriten.[12]

Tatsächlich?, fragten die Denker mit den Temperaturtabellen. Steht es wirklich so schlimm? Vergessen wir mal die Insekten und Pflanzen. Betrachten wir das Problem von einem anderen Standpunkt aus. Der ganze Reichtum, den wir in Hunderten von Jahren voller Industrie und Handel aufgebaut haben – wir fegen das alles vom Tisch. Wir löschen unsere Küstenstädte aus und zerstören den Großteil des Reichtums, den wir geschaffen haben.

Sie waren mit ihrer Warnung nicht allein. Seit den Tagen der Händler im Kaffeehaus und der Segelschiffe war das Versicherungsgeschäft stetig gewachsen und hatte sich gemessen an den jährlichen

Einnahmen zu einem noch größeren Geschäftszweig als die Erdöl- und Erdgasindustrie entwickelt. Obwohl die Versicherungsbranche bei weitem nicht so viel Mumm hatte wie die Ölindustrie (schließlich wurde sie überwiegend von ultravorsichtigen Denkern geleitet), meldeten sich einige Versicherer zu Wort. Sie sagten, sie würden den Wissenschaftlern zustimmen. Die globale Erwärmung würde ihre Branche zerstören, wenn die Verbrennung von Öl, Gas und Kohle nicht dramatisch eingeschränkt werde. Und wie sollten die anderen Händler weiter Geld machen ohne die Möglichkeit, sich zu versichern? Oder auch nur den Wert dessen bewahren, was sie bereits besaßen?

Vernachlässigte Alternativen

Angesichts der immer wütender werdenden Wissenschaftler, vieler stark beunruhigter Nationalstaaten und der Warnungen der Versicherungsbranche geriet das Ölimperium allmählich ins Wanken. Einige Denker wechselten die Seiten und schlugen vor, dass man wirklich nicht so viel Öl, Gas und Kohle verbrennen müsse. Es gab alternative Methoden der Energiegewinnung, bei denen keine Treibstoffgase entstanden. Bei den meisten alternativen Energien wurde auf die eine oder andere Weise die Sonne zur Erzeugung von Strom oder Kraftstoff genutzt.

Die Denker wussten schon ziemlich lange, dass es Alternativen gab. Doch das Ölimperium hatte verkündet, dass weitere Forschungsarbeit nötig sei, bevor man die alternativen Energien verlässlich einsetzen könne, und in der Zwischenzeit wolle man doch sicher weiter den Tiger in den Tank packen, oder? Man wolle doch einen Ultimate-Kraftstoff in seinen eigenen schicken Streitwagen tanken, wolle mehr Leistung mit weniger Schadstoffen, wie es in der Werbung hieß?[13] Daher gaben sich die meisten Denker damit zufrieden, weiterhin die Produkte des Ölimperiums zu nutzen.

Und so machten sie das Imperium so reich, dass es noch mächtiger wurde. Die Drogenbarone des Ölimperiums reisten in firmeneigenen Jets und waren mächtiger als jeder Präsident, mit Ausnahme des Präsidenten von Nationalstaat Nummer eins. Aber der war ohnehin einer von ihnen.

Trotz der wachsenden Uneinigkeit innerhalb des Imperiums und der steigenden Zahl von Überläufern änderte sich so gut wie nichts. Die große Abhängigkeit blieb bestehen. Die Hersteller der selbstfahrenden Wagen präsentierten eine neue Produktklasse, die bei hohem Tempo 28 Liter Benzin auf 100 Kilometer verbrauchte.[14] Die nicht ganz so intelligenten Denker, und von ihnen gab es viele, standen Schlange, um das Gefährt zu kaufen. Sie waren zu einem Haufen Drogensüchtiger geworden, süchtig nach einer Droge, die sie ins Verderben stürzen würde und den Rest der Blauen Perle gleich mit.

Und das alles ohne den zweiten großen Denkfehler.

Der zweite große Denkfehler

Der zweite große Denkfehler hatte etwas mit den beiden großen Entstehungsphasen des Erdöls zu tun. Es war nun einmal so, dass sich das meiste Öl während zwei ziemlich kurzen Perioden in der Geschichte des Planeten gebildet hatte und ganz besondere Voraussetzungen erforderlich gewesen waren, damit die Öllagerstätten entstehen konnten. Wieder wussten die Denker das, zumindest ansatzweise. Das bedeutete, dass das Öl, von dem sie selbst verschuldet so abhängig waren, eines Tages aufgebraucht sein würde. Daran zweifelte kaum jemand. Die Denker redeten einfach nicht oft darüber.

Das lag vor allem daran, dass das Ölimperium jedem einredete, es gebe keinen Anlass zur Sorge. Das Öl werde noch lange nicht ausgehen. Es bleibe noch reichlich Zeit, weiter Öl zu verbrennen, es bleibe reichlich Zeit, die Forschung nach alternativen Energiequellen zu perfektionieren und sie nach und nach auf den Energiemarkt zu bringen. Außerdem würden immer neue Ölreserven erschlossen, es gehe uns so schnell nicht aus. Wir hätten noch mindestens einen Vorrat für 40 Jahre.

Dann verloren einige Dissidenten aus dem Ölimperium nur wenige Jahre vor dem Ende der Geschichte die Beherrschung. Sie setzten sich zusammen und sagten: »Einen Moment mal, Jungs, spielt mit offenen Karten: Das Öl geht schneller zur Neige.« Diese Aussteiger hatten ein bisschen gerechnet und erkannt, dass die Tage des leicht erschließbaren billigen Öls schon bald zu Ende gehen würden. Sie berechneten den Zeitpunkt, an dem die Hälfte des Öls, das je entstanden und irgendwo gespeichert war, verbraucht sein würde, einschließlich des Öls, das nicht bei den beiden großen Entstehungsphasen, sondern zu anderen Zeiten entstanden war. Diese Förderspitze würde nur drei Jahre nach dem Ende der Geschichte eintreffen, vielleicht sogar schon früher. Spätestens dann, sagten die Dissidenten, würde der zweite große Denkfehler jedem klar sein. Die Denker würden von nun an nicht mehr in der Lage sein, ihr Leben und ihre Wirtschaft auf der Grundlage wachsender Mengen billigen Öls aufzubauen. Sie könnten nur noch mit schwindenden Mengen teuren Öls rechnen. Mit dem Gas würde es sich bald darauf ähnlich verhalten, daher würde es die klaffende Bedarfslücke nicht decken können. Sie würden sich nach den alternativen Energien zu ihrer Rettung umsehen, doch diese ständen nicht in ausreichender Menge zur Verfügung, weil das Ölimperium sie all die Jahre während der großen Sucht unterdrückt und behindert hatte.

Dann würde die große Erkenntnis mit voller Wucht einsetzen.

Es würde eine düstere Zeit anbrechen, warnten die Dissidenten. Sobald klar sei, dass es keinen Ausweg gebe, und Öl immer knapper und damit auch immer teurer werde, bräche Panik aus. Die Denker würden sich einer Energiekrise von gigantischen Ausmaßen stellen müssen, und diese würde zusammen mit der einsetzenden Panik zu einem wirtschaftlichen Zusammenbruch nie gekannten Ausmaßes führen. Not und Elend wären die Folge, eine solche Not, wie sie ansonsten nur von einer außer Kontrolle geratenen globalen Erwärmung verursacht werden könnte.

Unsinn, gellte es seitens des Ölimperiums. Dieses Szenario gefiel den Ölmagnaten ganz und gar nicht. Der Grund war leicht nachzuvollziehen. Wenn das stimmte oder die Mehrheit der Denker es auch nur glaubte, wartete unweit der großen Erkenntnis schon die große Abrechnung. Denn das war so eine weitere Eigenheit der Denker. Wenn sie sich massenhaft über etwas aufregten, dann wurden sie wirklich wütend. Sie mochten den Geschmack der Vergeltung, Rache war ihrer Meinung nach süß. Und ihre Rechtsanwälte verstanden sich darauf, ihnen einen Blick zurück im Zorn zu ermöglichen.

Und hier endet die Geschichte von der Blauen Perle.

Nur dass das natürlich nicht wirklich das Ende ist. Es ist bloß der aktuelle Zustand auf dem Planeten Erde heute. Und in diesem Sinn ist es angesichts der vielen Arbeit, die noch geleistet werden muss, und des erschreckend hohen Einsatzes, der auf dem Spiel steht, erst der Anfang, auch wenn es 4,5 Milliarden Jahre dauerte, bis dieser Punkt erreicht war.

I Ölrückgang

Ölmangel

1

Wir haben es so weit kommen lassen, dass wir bei praktisch allem, was wir tun, auf Öl angewiesen sind. 90 Prozent unserer Transportmittel, sei es zu Lande, zu Wasser oder in der Luft, werden mit Öl angetrieben. 95 Prozent der Waren in den Geschäften sind unter Einsatz von Öl hergestellt worden. Für 95 Prozent unserer Nahrungsmittel braucht man Öl.[15] Die Aufzucht einer einzigen Kuh und ihr Transport zum Abnehmer verschlingt sechs Barrel Erdöl; mit dieser Menge könnte ein Auto die Strecke von New York nach Los Angeles zurücklegen.[16] Auf der Erde werden zur Zeit über 80 Millionen Barrel Erdöl pro Tag verbraucht, pro Jahr sind es fast 30 Milliarden. Der Verbrauch steigt rasant, und zwar bereits seit Jahrzehnten. Nahezu einhellig erwartet man, dass dies auch in den kommenden Jahren so sein wird. Die US-Regierung geht davon aus, dass sich die weltweite Nachfrage im Jahr 2025 auf 120 Millionen Barrel am Tag, also 43 Milliarden Barrel im Jahr belaufen wird.[17] Die Internationale Energieagentur IEA, von den Industrienationen 1973 gegründet, um diese in Sachen Erdöl und anderen Energiefragen zu beraten, ist kaum optimistischer. Im Energiebericht des Jahres 2004 sagt sie für das Jahr 2030 eine Nachfrage von 121 Millionen Barrel Erdöl pro Tag voraus.[18]

Kaum jemand stellt in Frage, dass dieser Bedarf gedeckt werden oder dass die Ölindustrie der Nachfrage gerecht werden kann. Das sollte man aber, denn die Ölindustrie wird mit ihrer Produktion nicht annähernd an diese 120 Millionen Barrel am Tag heranreichen. Die grundlegende Annahme für unser Bild eines künftigen wirtschaftlichen Wohlergehens ist falsch. Unsere Gesellschaft befindet sich in einem Zustand kollektiven Leugnens, das in seinem Ausmaß und in seinen Folgen in der Geschichte seinesgleichen sucht.

Ein Viertel des aktuellen globalen Bedarfs wird in den USA verbraucht. Weil dort die Ölproduktion seit 35 Jahren beständig sinkt und die Nachfrage gleichermaßen beständig steigt, wird der US-Anteil am Verbrauch unvermeidlich wachsen und mit ihm die amerikanischen Ölimporte. Von den 20 Millionen Barrel, die die USA gegenwärtig am Tag verbrauchen, führen sie fünf Millionen aus dem Nahen Osten ein; etwa zwei Drittel der weltweiten Ölreserven liegen in diesem Gebiet.[19] Tag für Tag passieren 15 Millionen Barrel Öl auf Tankern in den krisengeschüttelten Gewässern zwischen Saudi-Arabien und dem Iran die enge Straße von Hormus.[20] Die US-Regierung könnte ihren Bedarf um diese fünf Millionen Barrel aus dem Nahen Osten senken und viel Blutvergießen verhindern, wenn sie ihre heimische Automobilindustrie verpflichten würde, den Kraftstoffverbrauch für Autos und Lastkraftwagen um lediglich rund einen Liter auf 100 Kilometer zu senken.[21] Stattdessen lässt sie zu, dass General Motors und andere Hersteller immer sprithungrigere Fahrzeuge bauen. Manch ein geländegängiges Sportfahrzeug (SUV) verbraucht durchschnittlich 58 Liter Kraftstoff auf 100 Kilometer. In den USA lag der Marktanteil der SUVs im Jahr 1975 bei zwei Prozent. Im Jahr 2003 betrug er bereits 24 Prozent. Infolgedessen kletterte der Kraftstoffverbrauch zwischen 1987 und 2001 von 8,9 Liter auf 100 Kilometer auf 9,6 Liter auf 100 Kilometer. Und das in einer Zeit, in der andere Industrieländer Autos bauten, die nur 3,9 Liter auf 100 Kilometer verbrauchten.[22]

Die meisten US-Präsidenten seit dem Zweiten Weltkrieg haben irgendwelche Militäraktionen im Nahen Osten angeordnet. Die Verantwortlichen kleiden zwar ihre militärischen Aktivitäten östlich des Suezkanals gern in Demokratisierungsphrasen, doch die dauerhafte Strategie ist offenkundig. Am klarsten hat das paradoxerweise der Friedvollste von ihnen formuliert. Jimmy Carter erklärte im Jahr 1980, der Zugang zum Persischen Golf stelle ein essenzielles nationales Interesse dar, das »mit allen notwendigen Mitteln, auch militärischen«, zu schützen sei.[23] Dieses Ziel haben die USA seither verfolgt, was sie bislang mehrere hundert Milliarden Dollar gekostet hat.[24]

Mit dieser Strategie geht eine beunruhigende Doppelmoral einher; so sieht es zumindest bald die Hälfte der US-Bevölkerung. Die Nation, die der Welt in den Annalen der Demokratie so wichtige Meilensteine wie den Marshall-Plan schenkte, zwingt ihre zunehmende Abhängigkeit vom Öl dazu, eine Außenpolitik zu betreiben, die Despoten mit Waffen ausrüstet, andere Despoten bombardiert und all das mit an den Haaren herbeigezogenen Argumenten rechtfertigt.

Die USA sind mit ihrer Abhängigkeit und ihrer Zwangslage nicht allein. Die Autobahnen Europas reichen mittlerweile vom schottischen Clydeside bis ins italienische Kalabrien, von Lissabon bis nach Litauen. Landwirtschaftliche Produkte, die für den regionalen Verbrauch angebaut werden könnten, rollen über diese Arterien sinnlos kreuz und quer durch die Europäische Union. Die Chinesen versuchen dieses Modell nachzuahmen, obwohl sie damit durch Kraftstoffengpässe verursachte Ausfallzeiten in den Fabriken hinnehmen müssen und obwohl sie daran verzweifeln, dass ihre riesige Landesfläche dermaßen wenig Öl birgt.[25]

Dieses halbe Jahrhundert zunehmender Abhängigkeit vom Öl wäre schon dann schwer nachzuvollziehen, wenn man wüsste, dass Öl in unendlicher Menge vorrätig wäre. Besonders unverständlich wird das Ausmaß der globalen Abhängigkeit jedoch dadurch, dass wir, seit wir in diese Falle gerutscht sind, wissen, dass Öl nur begrenzt vorrätig ist. Bei dem derzeitigen Verbrauch wird der globale Tank die wachsende Nachfrage bald nicht mehr befriedigen können. Diese Aussage ist unstrittig. Fraglich ist nur der Zeitpunkt.

Warum also haben wir nicht bereits früher den Übergang zu den Alternativen gesucht, die uns von der Erdölabhängigkeit befreien? Mit Biokraftstoffen, Brennstoffzellen und fortschrittlichen Batterien lassen sich künftig Kraftfahrzeuge antreiben. Solare und andere Formen erneuerbarer Energie können den Strom liefern, um Wasser in Wasserstoff zu spalten und Batterien aufzuladen. Auch das wissen wir seit Jahrzehnten. Sie funktionieren und warten in den meisten Fällen seit Jahren nur auf grünes Licht. Und natürlich können durchaus weitere geniale Ideen, die in die richtige Richtung führen, hinzukommen. In einer Gesellschaft, die vor über drei Jahrzehnten Menschen auf den Mond gebracht hat, wird doch niemand daran zweifeln, dass wir das Öl ersetzen können, wenn wir es nur ernsthaft wollen? Warum haben wir die Lösungen zum Problem nicht seit langem forciert?

Da Erdöl ein endlicher Rohstoff ist, kommt zwangsläufig der Tag, an dem wir die größte Ölmenge fördern. Jenseits dieses Tages, den wir als Förderspitze bezeichnen können oder als *Peak Oil*, wie er häufig genannt wird, geht die Produktion insgesamt allmählich zurück. Die entscheidende Frage lautet also: Wo liegt bei der gigantischen weltweiten Nachfrage von heute die Ölförderspitze?

Diese Frage, so behaupte ich, wird die Beziehungen zwischen den Staaten beherrschen, noch ehe das erste Jahrzehnt des neuen Jahrhunderts vorüber ist.

Frühe oder späte Förderspitze? Zwei Meinungen

Gegenwärtig tobt, vorwiegend hinter den Kulissen, ein erbitterter Streit darüber, wann wir die Förderspitze erreichen und was dann geschieht. Die, wie ich sie nenne, »Verfechter einer späten Förderspitze« erzählen uns, dass noch zwei Billionen Barrel Öl oder mehr aus den Erdölreserven sowie aus künftig neu zu entdeckenden Ölfeldern gewonnen werden können. Dieses Lager umfasst nahezu alle Ölunternehmen, Regierungen und Behörden sowie die meisten Finanzanalysten und Wirtschaftsjournalisten. Wie bei dieser Konstellation nicht anders zu erwarten, geben sie beim derzeitigen Stand der Dinge den Ton an.

Im anderen Lager befinden sich mehrere Fachleute, die ich als »Verfechter einer frühen Förderspitze« bezeichnen möchte. Es handelt sich in der Mehrzahl um Menschen, die im Herzen der Erdölindustrie gearbeitet haben; überwiegend sind es Geologen, von denen viele einer Schirmorganisation namens *Association for the Study of Peak Oil* (ASPO) angehören. Zu ihnen gesellt sich eine kleine, aber wachsende Zahl von Analysten und Journalisten. Sie gehen davon aus, dass noch maximal eine Billion Barrel Öl da ist.

Für eine Staatengemeinschaft, die es zugelassen hat, dass ihre Volkswirtschaften fast untrennbar von wachsenden Ölbeständen abhängig sind, bedeuten ein oder zwei Billionen Barrel Öl einen himmelweiten Unterschied. Es ist in etwa der Unterschied zwischen einem vollen Genfer See und einem halb vollen – einmal angenommen, der See fasse nicht Wasser, sondern Öl.[26] Wenn noch mindestens zwei Billionen Barrel Öl vorrätig sind, liegt die Produktionsspitze in weiter Ferne in den dreißiger Jahren des 21. Jahrhunderts. Die Faktoren »Wachstum« und »niedriger Preis«, die derzeitigen

Konstanten in der Berechnung der Ölvorräte, gelten, zumindest im Prinzip, bis zu diesem Zeitpunkt, und uns bleibt genügend Zeit für die Einführung von Alternativen zum Öl. Wenn nur noch eine Billion Barrel Öl da ist, kann die Förderspitze dagegen jederzeit erreicht sein, ganz sicher aber vor Ende dieses Jahrzehnts. Wachstum und niedriger Preis spielen dann für die Ölvorratsberechnung keine Rolle mehr, und wahrscheinlich bleibt nicht einmal mehr Zeit für einen nachhaltigen Übergang zu den Alternativen.

Sollten die Verfechter einer frühen Förderspitze Recht haben, so lässt sich aus der jüngsten Geschichte leicht schließen, was geschehen wird. Das Grafik unten zeigt die Ölpreisentwicklung seit 1965. Wir werden später noch einmal genauer darauf eingehen, doch die wichtigsten Aspekte möchte ich schon jetzt darlegen. Seit 1965 hat es fünf Preisspitzen gegeben, denen stets eine wirtschaftliche Rezession unterschiedlichen Ausmaßes folgte.[27]

Grafik 1: Ölpreisentwicklung –
die Achterbahn der Kriege und Wirtschaftskrisen

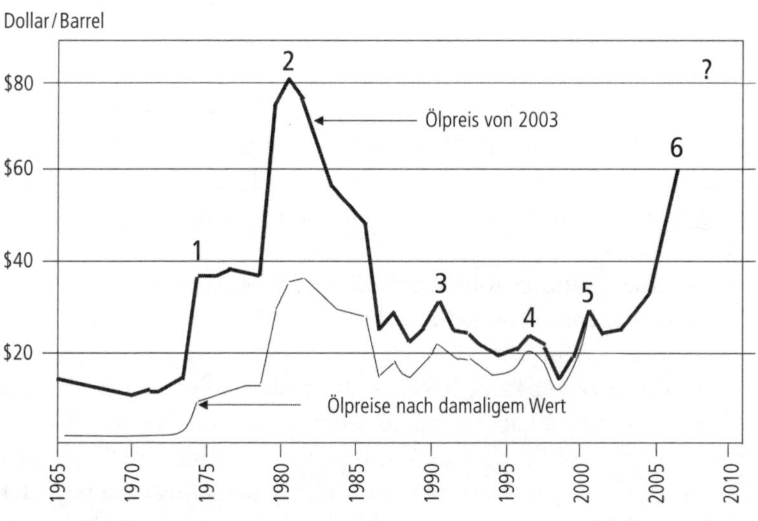

1. Erste Ölkrise, Jom-Kippur-Krieg, 1973; 2. Zweite Ölkrise, Iranische Revolution und Iran-Irak-Krieg, 1979–1981; 3. Erster Golfkrieg, 1990; 4. Finanzkrise in Asien, 1997; 5. Zusammenbruch des Dotcom-Marktes, 2000; 6. Dritte Ölkrise, 2004–?

Die steilsten Anstiege waren die ersten beiden. Bei der ersten Ölkrise 1973 stieg der Ölpreis auf gut das Doppelte und erreichte nach heutigem Geldwert rund 35 Dollar pro Barrel. Ursache war ein Embargo der Organisation erdölexportierender Länder (OPEC) unter Führung Saudi-Arabiens, ausgelöst durch die offene US-Unterstützung Israels im Jom-Kippur-Krieg. Die Erdöllieferungen gingen weltweit lediglich um neun Prozent zurück, und die Krise dauerte nur wenige Monate, doch die Wirkung war für alle, die sie erlebten, unvergesslich: Panik machte sich breit.

Dass das Embargo nur für kurze Zeit aufrechterhalten wurde, lag daran, dass die Saudis fürchteten, sie würden anderenfalls eine Weltwirtschaftskrise heraufbeschwören, die die Volkswirtschaften der westlichen Nationen und damit auch ihre eigene lähmen würde. Das kurze Embargo löste eine wirtschaftliche Rezession aus. Ich machte damals meine Hausaufgaben meist bei Kerzenlicht. Meinen Vater bekam ich nur selten zu Gesicht. Er stand für Benzin an.

Die zweite und schlimmste Ölkrise wurde 1979 durch den Sturz des Schahs im Iran ausgelöst und durch den Krieg zwischen dem Iran und dem Irak im Jahr 1980 in die Länge gezogen. Sie trieb den Preis nach heutigem Geldwert auf über 70 Dollar je Barrel. Wieder brach eine Panik aus, obwohl weltweit die Lieferungen nur um vier Prozent abnahmen.

Die Krise endete 1981, und der Preis sank aus drei Gründen: Erstens öffneten die Saudis die Ölhähne. Zweitens kam von riesigen Ölfeldern in stabileren Regionen der Erde, darunter aus der Nordsee, neues Öl. Drittens gaben Staaten und Unternehmen ihre Lagervorräte frei.

Diese drei Faktoren sollten uns heute zu denken geben, denn im Fall einer weiteren Krise ließen sich die Probleme nicht auf diese Art lösen. Erstens steht, wie wir noch sehen werden, zu befürchten, dass die Saudis kurz vor ihrer Förderspitze stehen oder sie gar erreicht oder überschritten haben. Zweitens befürchten die Verfechter einer frühen Förderspitze, dass es keine großen Ölfelder mehr zu entdecken gibt, ganz zu schweigen von völlig neuen Ölregionen wie der Nordsee. Drittens gibt es im Verhältnis zur derzeitigen Nachfrage keine großen Öllagervorräte. Die moderne Welt funktioniert nach dem Just-in-time-Prinzip. Unsere Wirtschaft nutzt insgesamt das Öl zwar effizienter als in den siebziger Jahren, doch die Nachfrage ist heute viel größer und wächst weiter, ohne dass ein Ende in Sicht wäre oder von Staaten oder Unternehmen auch nur gefordert würde.

Die Panikspitze

Die Förderkosten für ein Barrel Öl verändern sich kaum. Über den Daumen gepeilt, kann man heute fünf Dollar pro Barrel ansetzen, wobei das natürlich je nach geografischer und politischer Lage von Ölfeld zu Ölfeld variieren kann. Am stärksten beeinflussen das Vertrauen in die Vorräte und die Nachfrage unter den Händlern den Preis. Die Ölpreise bewegen sich zurzeit bereits auf dem zweithöchsten Niveau aller Zeiten.[28] Diese Situation ergibt sich aus mehreren Faktoren, die wir uns später ansehen werden. Zu diesen Faktoren zählt allerdings ganz offenkundig nicht die Angst vor einer baldigen Förderspitze. Sollte das eines Tages geschehen und die Wahrnehmung auf den Börsenparketten dahingehend umschlagen, dass wir nicht mehr in einer Welt wachsender Ölbestände leben, sondern dass diese schrumpfen, dann wird der Preis für das Barrel Öl schnell die 100-Dollar-Marke überschreiten.

Ein befreundeter Investor ist bereits zu dem Schluss gekommen, dass dieses Szenario unvermeidlich ist. Er hat sein Investment-Portefeuille umgestellt und nimmt damit den Augenblick der »Markteinsicht« voraus. Diese Panikspitze, wie er sie nennt, wird sich nicht auf die Ölhändler beschränken. In der Wirtschaft und in den Unternehmen geht man für gewöhnlich von einer Zukunft aus, in der die Erdölvorräte wachsen und das Öl billig ist. Die Ökonomen vertrauen auf den »Preismechanismus«: Höhere Preise machen die Ölsuche attraktiver; dadurch wird mehr Öl gefunden, und diese Entdeckungen drücken den Preis, bis der nächste Kreislauf beginnt. Große Unternehmen stellen Fünfjahrespläne auf, die den Zugang zu billigem Öl und Gas voraussetzen. Man denke nur daran, wie wichtig solch ein Zugang beispielsweise für ein Chemieunternehmen ist, das Kunststoffe aus Erdöl herstellt. Oder für ein Nahrungsmittelunternehmen, das nicht nur auf allen Stufen des Nahrungsmitteltransports, zumal bei leicht verderblichen Endprodukten, auf Erdöl angewiesen ist, sondern auch bei der Abfüllung und Verpackung sowie bei der Herstellung vieler Konservierungsmittel und Zusatzstoffe.

Doch nehmen wir einmal an, die Ökonomen und Unternehmensplaner liegen falsch. Stellen Sie sich den Vertrauensverlust vor, wenn genügend Finanzanalysten an den Börsen zu dem Schluss kommen, dass jene in der Tat falsch liegen!

Wenn die Förderspitze tatsächlich unmittelbar bevorsteht, ist eine Wirtschaftskrise wahrlich zu erwarten. Die Saudis fürchteten sich in den siebziger Jahren zu Recht vor dieser Möglichkeit. In der Weltwirtschaftskrise der dreißiger Jahre, die 1929 vom schlimmsten Börsencrash aller Zeiten ausgelöst wurde, herrschte schlimmste wirtschaftliche Not. Der Welthandel nahm zwischen 1929 und 1932 um atemberaubende 62 Prozent ab.[29] Arbeitslosigkeit und soziale Unruhen bereiteten in vielen Ländern dem Faschismus den Weg, in einigen in einer Weise, die den Gang der Geschichte veränderte. Was die Börsen anging, so brauchten sie 50 Jahre, bis sie den Wert vor dem Zusammenbruch wieder erreichten.[30]

Die Multi-Billionen-Dollar-Frage

Um die entscheidende Frage zu beantworten, wie nahe wir der Förderspitze sind, müssen wir zunächst drei andere Fragen beantworten. Wir nennen sie die Frage nach den vorhandenen Reserven, die nach den zusätzlichen Reserven und die Frage danach, wie schnell das Öl auf den Markt kommt. Wir werden uns im Kapitel 3 diesen Fragen nacheinander widmen. Doch um die Dinge möglichst grundlegend zu begreifen, müssen wir uns erst ansehen, wie Öl entsteht, wie es eingeschlossen, entdeckt und gefördert wird. Wir machen daher zunächst einen Abstecher in die wunderbare Wissenschaft der Geologie. Dem Leser wird es viele Vorgänge in der Geschichte der Blauen Perle erklären. Mich wird es in meine Vergangenheit zurückführen.

Öl finden

2

Die Geologie ist eine Wissenschaft, in der sich viele Menschen, sowohl in der Ölindustrie als auch außerhalb, relativ problemlos auf grundlegende Wahrheiten einigen können. Wenn auch nicht alle. Im Rahmen der internationalen Klimaverhandlungen habe ich mich einmal ausführlich mit einem Interessenvertreter der Ford Motor Company unterhalten. Im Brustton der Überzeugung versuchte er mir einzureden, dass die Erde nicht 4,5 Milliarden, sondern nur 10.000 Jahre alt sei.[31] Er teilte mir mit, es sei völlig egal, wie viele Treibhausgase wir in die Atmosphäre pusteten, weil ja ohnehin der Antichrist kommen werde; sowohl seine Anhänger – einer von ihnen, müsse ich wissen, sei ich – als auch die himmlischen Heerscharen würden in der Schlacht von Armageddon vernichtet. Aber auch das spiele keine Rolle, da Gottes Heerscharen sodann in den Himmel aufsteigen würden.

Sicher sprach er nicht für den Vorstand der Ford Motor Company, aber er machte mir Angst. Der Abgrund, der sich zwischen seiner und meiner Version der Wahrheit auftat, war schon schlimm genug. Aber er versicherte mir auch noch, er repräsentiere eine große und wachsende Bewegung in den USA.

Bei meiner Version der Wahrheit orientiere ich mich an den Anhaltspunkten, die mir fossile Zeugnisse und die Instrumente des Erdhistorikers an die Hand geben. Ich habe an der Universität Oxford Geologie studiert und anschließend ein Jahrzehnt lang die Erdgeschichte erforscht. Dieser Lebenslauf qualifiziert mich natürlich nicht automatisch für die Verkündung der Wahrheit, doch er verhilft mir zu dem Wissen, dass der geologische Teil der Geschichte der Blauen Perle stimmt. Fast alle Leute in der Ölindustrie, die ich kenne, würden übrigens die Erdgeschichte, so wie ich sie als Parabel im Prolog umrissen habe, ebenfalls akzeptieren. Die Branche wird viele Waffen gegen dieses Buch in Stellung bringen, hoffentlich ausschließlich metaphorischer Art, nicht aber gegen seine geologischen Grundlagen. Wie könnte sie auch? Man braucht diese Grundlagen, um das Öl zu finden. Ich weiß das, weil ich ziemlich vielen Leuten in der Ölindustrie beigebracht habe, wie es geht.

Wo kein Öl zu finden ist

In den achtziger Jahren war ich ein Geschöpf des »Big Oil«. Ich bildete an der zum *Imperial College of Science and Technology* in London gehörenden, ungeachtet ihres wohlklingenden Namens ziemlich morschen *Royal School of Mines* Erdölingenieure und Geologen aus. Meine Studien zur Herkunft des Öls wurden unter anderem von BP und Shell gesponsert. Ich habe Ölunternehmen auch direkt beraten. Damals sortierte ich sorgfältig aus, welche Informationen ich auf meinen Radarschirm ließ. Die Zunahme der Treibhausgase in der Atmosphäre schaffte es nicht auf meine Sorgenliste. Mich beschäftigte der Ölrückgang, allerdings in dem Sinne, dass er, zumindest in meinen Augen, meine Suche nach mehr Öl gewissermaßen adelte.

Ein Geologe muss fünf Dinge finden, wenn er Öl entdecken will. Die erste Voraussetzung ist ein »Muttergestein«, in dem organisches Material zu Erdöl verkochen kann. Damit das geschieht, muss das organische Material in einer gewissen Tiefe liegen, damit es umgewandelt werden kann. Diese Tiefe beträgt, so die Faustregel, mindestens 2.300 Meter und höchstens 4.500 Meter.

Die zweite Voraussetzung ist ein »Speichergestein«, in dessen Poren das Öl wandern kann. Die dritte Voraussetzung ist ein »Deckgestein«, das verhindert, dass das Öl einfach wieder aus dem Speichergestein austreten kann. Viertens muss es eine so genannte »Falle« geben; das ist eine Struktur im Gestein – für gewöhnlich eine riesige Falte –, in die das Öl wandert und in der es sich unter dem Deckgestein sammelt. Selbst wenn eine Falte das Erdöl einschließt, muss die Struktur aber fünftens auch noch dicht sein. Zu viele Spalten im Gestein – die Geologen sprechen von Verwerfungen – führen dazu, dass das Öl durchsickert und sich keine förderbaren Mengen sammeln.

Das ist die Checkliste mit den fünf Punkten, die alle abgehakt werden müssen.

10. Mai 1984, nahe Ormara, Makranküste, Balochistan (Pakistan)
Vom Grat des Sandsteinkamms kann ich weit nach Norden sehen, bis zum Dunst, der über den felsigen Bergen in Richtung Afghanistan hängt. Nach Süden hin schimmert am Horizont hinter der staubigen Küstenebene mit den vielen Vulkanen, die aussehen wie Miniaturausgaben des Ätna und des Vesuv, der Arabische Golf. Ich habe die Ebene heute Morgen mit meinen einheimischen Wächtern durchquert. Auf den Gipfeln der Vulkane liegen geradezu vorbildhafte Calderas, in denen kühler flüssiger Schlamm aufgrund des entweichenden Erdgases vor sich hin blubbert. Rohölschlieren ziehen sich über den Schlamm wie winzige Ölteppiche. Shaji, mein Kollege vom pakistanischen *Hydrocarbon Development Institute*, freut sich. An den Miniaturölteppichen hat er mit eigenen Augen gesehen, dass sich unter uns Erdöl gebildet hatte.

Shaji, so scheint es, freut sich über vieles. Die breiten Wadis, die sich von den Bergen her durch die Küstenebenen ziehen, sind geflutet. Nun stehen kleine blaue Teiche darin. In den Teichen leben Monster, erzählt mir Shaji. Es wurden bereits halb aufgefressene Einheimische gefunden. Quatsch, sage ich und gehe am Ende eines jeden staubigen Tages in den Teichen schwimmen. Shaji und die Wachen sehen mir bestürzt zu und murmeln verstört vor sich hin.[32]

Die Makranküste erfüllt mich mit einem Gefühl, das ich nie zuvor verspürt habe: eine Mischung aus fast religiöser Ehrfurcht angesichts der wild bizarren Schönheit der Landschaft und unterdrückter Angst vor ihren Gefahren. In dieser Felswüste verlor Alexander der Große, als er nach seinem sensationellen Eroberungsfeldzug durch die damals bekannte Welt nach Babylon zurückkehren wollte, die Hälfte seiner Armee an die Elemente. Mit Überschwemmung komme ich schon zurecht. Mit Schlangen nicht. Ich bin gekleidet wie ein Baloche, in weitem Gewand und Turban, trage dazu aber kniehohe Goretex-Gamaschen über den Springerstiefeln. Ich hoffe, diese Kombination möge mich vor Schlangenbissen schützen. Abends sitze ich mit meinen balochischen Wachen am Lagerfeuer und sehe aus wie Lawrence von Arabien, bin nur nicht so tapfer und gut gekleidet. Wir unterhalten uns, mit Shaji als Dolmetscher.

Sie sprechen am liebsten darüber, wie viele ihrer Vorfahren in den Tagen des britischen Empires getötet wurden und auf welche Weise. Heute ist es ihre Aufgabe, mich vor Reisenden zu beschützen, die in Konvois aus Toyota-Jeeps afghanisches Heroin zu den Schiffen an der Küste bringen.

Ich schwelge im Blick, der sich mir vom Gebirgskamm aus bietet. Die Großartigkeit unseres Planeten und das Gefühl der eigenen Bedeutungslosigkeit weckt aus irgendeinem Grund den Wunsch in mir, laut zu schreien. Shaji dagegen denkt ans Öl. »Es muss hier Öl geben«, verkündet er mit einer ausladenden Armbewegung. »Es wäre sonst unlogisch, dass die Iraner und die Saudis ganz in der Nähe so viel haben.«

Shaji plagen Sorgen. Seine Chefs in Islamabad sind sich sicher, dass es hier jede Menge Öl gibt. Die amerikanische Ölfirma Marathon Oil hat vor ein paar Jahren gesucht und ein paar Schächte gebohrt, ist dann aber unverrichteter Dinge wieder abgezogen. Die ehrgeizigen Ölchefs in Islamabad glauben, dass Marathon Öl gefunden hat, dass aber die CIA das Unternehmen aufgefordert habe, ihre Entdeckung geheim zu halten. Jeder in Pakistan, mit dem ich gesprochen habe, glaubt das.

Während Shaji seiner Enttäuschung Luft macht, mustere ich schweigend meinen Messstab. Es stimmt: Das Gestein um uns herum ist zur Bildung und zum Einschluss von Erdöl geeignet. Aber mittlerweile bin ich mir so gut wie sicher, dass es hier keine Öllagerstätten gibt, die es wert wären, danach zu bohren. Nun bleibt mir nur, der geologischen Geschichte dieses einzigartigen Teils unseres Planeten auf den Grund zu gehen und mir auf diese Art die Bewunderung meinesgleichen zu sichern. Ich werde einen Beitrag für das *Bulletin of the American Association of Petroleum Geologists* schreiben.[33]

Ehe ich mit der Arbeit im Gelände begann, dachte ich, wir könnten alle fünf Voraussetzungen für ein Ölfeld im Makran-Küstengebirge abhaken. An Muttergestein haben wir Schlammstein, der reich an organischem Material ist.[34] An Speichergestein haben wir eine dicke Sandsteinformation. Dieses Gestein weist alle Charakteristika auf, die auf mikroskopischer Ebene dafür sorgen, dass das Öl in eine Lagerstätte fließen kann. Was das Deckgestein angeht, so haben wir auch hier Schlammgestein, das im Prinzip so undurchlässig ist, dass es das Öl im Sandstein darunter einschließen kann.

Wir haben darüber hinaus viele der Gebilde, die nötig sind, um Öl in den Gesteinsformationen einzuschließen: große kuppelförmige Falten, so genannte Antikline. Auf Satellitenbildern der Makranküste sind wunderschöne Antikline zu sehen, die sich Hunderte von Kilometern die Küste entlangerstrecken.[35] Nicht weit weg, im Zagros-Gebirge im Iran, im Norden der Straße von Hormus, bergen ähnliche Antikline, wie wir wissen, gewaltige Ölfelder. Kein Wunder, dass meine pakistanischen Freunde frustriert sind.

Was fehlt, hat mit der geologischen Struktur zu tun. Ich wusste schon, ehe ich zur Makranküste reiste, dass es dort Verwerfungen gibt, allerdings wusste ich noch nicht, in welchem Umfang. Im Gestein verlaufen einfach zu viele Spalten, als dass das Öl wandern könnte. Es ist höchst unwahrscheinlich, dass sich große Fallen gebildet haben, die noch intakt sind. Aus diesem Grund – und nicht wegen der CIA – ist Marathon Oil wieder abgezogen.

Ich habe entdeckt, dass unweit einiger der größten Ölfelder unseres Planeten ein Gebiet von der Größe Frankreichs mit ziemlicher Sicherheit keinen Tropfen förderbares Öl besitzt.

Und das gilt für den größten Teil der Erde. Fast überall, wo die Geologen gesucht haben – das heißt, bis zum heutigen Tag und auf unterschiedlichen Explorationsniveaus, überall –, gibt es kein Öl, weil eine oder mehrere der Schlüsselvoraussetzungen fehlen. Und selbst wenn man alle fünf Kästchen abhaken kann, findet man am Ende vielleicht doch kein Öl. Nur in einer Ölquelle von zehn wird gebohrt. Nur in einer von hundert verbirgt sich ein wichtiges Ölfeld.[36] Und wie wir noch sehen werden, werden die Ölfelder, je mehr Ölquellen in einer Provinz oder einem Land angebohrt werden, im Allgemeinen immer kleiner.

Wo man Öl findet

Westlich der Makranküste, im Zagros-Gebirge im Iran sowie am Golf von Saudi-Arabien, kann man alle fünf goldenen Kästchen abhaken. Das Muttergestein ist so reich an organischem Material, dass alle Riesenölfelder Saudi-Arabiens von einer Formation gespeist werden, die gerade einmal 30 Meter dick ist. Dieses Gestein wurde im Jura gebildet, also in der ersten Phase der Ölentstehung.

Ölspeichergestein ist meist entweder Sandstein, der aus Sandkörnchen entsteht, oder Kalkstein, der aus Kalziumkarbonat entsteht. In Nordamerika ist das Speichergestein meist Sandstein, im Nahen Osten Kalkstein. Ein Großteil des Karbonats im Kalkstein stammt direkt oder indirekt von Schalentieren, die in den tropischen Meeren lebten; in vielen Kalksteinen sind die Schalen dieser Tiere noch deutlich zu sehen. Dort, wo man mit dem bloßen Auge nichts erkennt, kommt das Karbonat zum überwiegenden Teil aus dem Sediment, das Schalentiere und Würmer aufgenommen und wieder ausgeschieden haben. Das Speichergestein des größten Ölfelds der Erde, des Ghawar-Ölfelds in Saudi-Arabien, entstand auf diese Art: aus einer Masse, die Geologen als Fäkal-Pellets bezeichnen, andere schlicht als Scheiße.[37]

Die Funktionsweise der Öl- und Gasspeichergesteine erschließt sich am besten, indem man sich ansieht, wie Öl und Gas in sie hinein- und durch sie hindurchsickern. Wenn man dies nicht berücksichtigt, kann man sich in der Diskussion um den Öl- und Gasrückgang nur schwer eine fundierte Meinung bilden. Ich vermute, dass beispielsweise viele Ökonomen keine Ahnung davon haben. Die beiden Charakteristika, die sich die Geologen in einem Speichergestein zuallererst ansehen, lassen sich mit den Begriffen Fassungsvermögen und Durchlässigkeit umreißen. Speichergestein ist voller Löcher oder Poren. Wie viel Raum diese Poren bieten, macht ihre »Porosität« aus; sie zeigt an, wie viel Öl oder Gas das Speichergestein im Prinzip fassen kann – das Fassungsvermögen. Doch ein Gestein voller Löcher nützt nur etwas, wenn die Löcher miteinander verbunden sind. Geologen bezeichnen den Umfang dieser Verbindungen als »Permeabilität« – die Durchlässigkeit.

Ein gutes Deckgestein ist weder porös noch permeabel. Das Deckgestein Saudi-Arabiens ist das beste, das man überhaupt finden kann, ein so genanntes Evaporit. Evaporite bilden sich in warmen tropischen Meeren, in denen das Meerwasser verdunstet. Das erste Mineral, das sich in verdunstendem Meerwasser bildet, ist Gips. Das zweite ist Salz. Rund um das Mittelmeer liegen dicke Gipsablagerungen, die bei der Verdunstung von Mittelmeerwasser entstanden. In einigen Fällen verdunstete das Wasser trotz einer Tiefe von zwei Kilometern oder mehr vollständig, so schwer vorstellbar das auch sein mag. In Südsizilien, an den spektakulären und wunderschönen Klippen von Ericlea Minoa, sieht man die turmhohen Ablagerungen aus riesigen Gipskristallklumpen, die vor rund fünf Millionen Jahren bei der Verdunstung des Mittelmeers entstanden.[38] Ich habe einmal eine Studentenexkursion nach Sizilien geleitet. Als ich über die Klippen kletterte, war ich fasziniert davon, was ich da mit eigenen Augen sehen konnte. Das Gestein glich einem übergroßen, zwei Stockwerke hohen Kristall. Über und unter der Gipsschicht befand sich Gestein, das sich nur im tiefen Wasser gebildet haben konnte. Das Mittelmeer war tatsächlich ausgetrocknet und wurde dann wieder geflutet. Ich stand dort und stellte mir die Wasserfälle an der Straße von Gibraltar vor, als das steigende Atlantikwasser über den natürlichen Damm zurückströmte und die Verdunstungsphase beendete.

Für die Ölindustrie ist der Gips nicht deshalb wichtig, weil er so schön ist oder sich auf so wundersame Weise gebildet hat, sondern weil dieses Mineral so wenig Wasser in seiner Kristallstruktur birgt. In rund 300 Metern Tiefe entweicht das gesamte Wasser, und zurück bleibt ein anderes Mineral, Anhydrit. Die Porosität des Anhydrit liegt bei null. Das Gleiche gilt für die Porosität des Steinsalzes. Weder Öl noch Gas können es durchdringen, sofern keine Verwerfungen vorhanden sind. Auf der Arabischen Halbinsel schließt die Anhydritschicht die Kohlenwasserstoffe in den Ölfeldern ein und lässt die Schweizer Bankkonten klingeln.[39]

Das Zeitalter der Notizbücher und geologischen Hämmerchen ist vorbei

Welche Rolle die Antikline, jene kuppelförmigen Falten, spielen, begriffen die Geologen, als sie vor über hundert Jahren auf die Suche nach Öl gingen. Mit der Zeit dehnten sie ihre Suche auf weniger offensichtliche Fallen aus, die Mutter- und Speichergestein mit Deckgestein in Kontakt bringen können. Viele der Spitzenleute in der Ölindustrie haben zu Beginn ihrer Karriere mit Notizbuch und Hammer in der Hand entlegene Gebiete der Erde nach Antiklinen mit dem richtigen Gesteinsmix abgesucht. Als ich in den achtziger Jahren in Balochistan suchte, durchforstete ich eine der letzten Regionen der Erde, in der nur wenige Geologen gewesen waren, aber selbst dort hatte schon vor mir jemand geologische Karten angefertigt. Die Oberfläche unseres Planeten war bereits in den sechziger Jahren vollständig nach Öl abgesucht.

Bohrlochmessungen

Seither stützt sich die Suche auf zwei Methoden: Montangeologie und seismische Exploration. Wenn eine Ölquelle gebohrt wird, lassen die Geologen elektronische Instrumente hinab und nehmen Messungen des darunter liegenden Gesteins vor. Solche Messungen kann man von Bohrloch zu Bohrloch miteinander vergleichen, sodass man eine dreidimensionale Karte des Untergrunds zeichnen kann. Die Firma Schlumberger, die die Instrumente für Bohrlochmessungen entwickelte, hatte sich damit praktisch die Lizenz zum Gelddrucken verschafft. Die Ölunternehmen vergeben ihre Bohrlochmessungen seit Jahrzehnten an Schlumberger.

Gemessen werden alle möglichen physikalischen Eigenschaften der Gesteine. Wie sehen die Öl- und Gasvorkommen in den Bohrlochmessungen aus? Einen wichtigen Hinweis gibt der elektrische Widerstand. Wasser leitet Strom. Öl und Gas nicht. Seit 1920 pumpt man meist schweren Schlamm in das Bohrloch, um zu verhindern, dass in einem so genannten Blow-out Öl durch die Rohre emporschießt. In den frühen Tagen der Ölindustrie waren Blow-outs an der Tagesordnung; sie sind ungeheuer schwer wieder unter Kontrolle zu bekommen, wie jeder texanische Bohrarbeiter Ihnen mit stolzgeschwellter Brust und in aller Ausführlichkeit erklären wird. Durch den Einsatz von schwerem Schlamm allerdings konnte man durchaus durch ein Ölfeld bohren, ohne es zu bemerken. Man brauchte daher die elektrische Messeinrichtung zum Aufspüren von Öl. Kurz nach dem Krieg fand ein Geologe bei Shell eine Methode, aufgrund der Messungen auszurechnen, wie viel Öl und wie viel Wasser in einem Speichergestein enthalten ist. Indem man mit Hilfe aller Explorationslöcher, die man in ein Ölfeld gebohrt hat, eine Lagerstätte Schicht für Schicht vermisst, kann man das Ölvorkommen errechnen.

Seismische Exploration

Bei der zweiten großen Explorationstechnik schickt man Schallwellen ins unterirdische Gestein und verzeichnet die reflektierten Wellen. Diese Technik bezeichnet man als Reflexionsseismik. Die

Schallwellen werden auf dem Meer mit Airgun-Anlagen ausgelöst, an Land mit speziell dafür entwickelten Vibratorfahrzeugen. Anschließend entschlüsselt man mit Hilfe von Computern die reflektierten Wellen aus den verschiedenen Tiefen und zeichnet ein zweidimensionales Bild des unterirdischen Gesteinsaufbaus. Ich erinnere mich noch an die donnernden Schüsse der Airguns, die hinter einem Schiff hergezogen wurden, als ich Anfang der achtziger Jahre vor der japanischen Küste arbeitete. Später durchforstete ich bei der Japan Petroleum Exploration Company in Tokio auf der Suche nach Hinweisen auf Öl und Gas wochenlang die Profile. Kohlenwasserstoffe erscheinen im Profil einer Reflexionsseismik häufig als heller Fleck auf dem Bild vom Untergrund. Davon gab es vor der japanischen Küste einige, doch sie waren zu klein, als dass sie meine japanischen Kollegen interessiert hätten oder für die energiehungrige Nation von großem Wert gewesen wären.

Die Ölunternehmen wendeten das Verfahren erstmals in den dreißiger Jahren an, und heute sind alle Sedimentbecken mehr oder weniger erforscht, die meisten in dichten Rastern seismischer Linien.

Heute ist die Technik so hoch entwickelt, dass man sich der »dreidimensionalen Seismik« bedient. Dabei werden die engen Profillinien vom Computer zu einem 3-D-Bild des Untergrundes verarbeitet, das man bequem am Bildschirm bearbeiten kann. Es lässt sich unschwer vorstellen, wie hilfreich diese Kombination aus 3-D-Seismik und Bohrlochmessungen ist, wenn man beweisen möchte, ob sich noch Öl oder Gas unter der Oberfläche verbirgt.[40]

Die Ölförderung

An dieser Stelle müssen wir zwischen konventionellem und unkonventionellem Öl unterscheiden. Konventionelles Öl ist flüssig und liegt unter Druck in einer unterirdischen Lagerstätte. Häufig ist über dem Öl Gas eingeschlossen, das Druck nach unten ausübt; unter dem Öl liegt Wasser, das Druck nach oben ausübt. Unter unkonventionellem Öl versteht man Ölsande und Ölschiefer, die zähflüssiges Öl enthalten, festen Teer oder Bitumenablagerungen. Hier gleicht das Öl eher den schwarzen schmutzigen Blöcken, die von den Straßenarbeitern aufgekocht werden, als dem Schleim, in dem Seevögel nach einem Tankerunglück umkommen. Wie beim konventionellen Öl sind auch die Lagerstätten des unkonventionellen Öls auf bestimmte Gebiete begrenzt. In diesem Fall ziehen der Nahe Osten und Russland den Kürzeren: 87 Prozent der Lagerstätten finden sich in Kanada (36 Prozent), den USA (32 Prozent) und Venezuela (36 Prozent).[41]

Wenn konventionelles Öl gefunden wurde, geschieht Folgendes: Zunächst wird mit einem rotierenden Bohrmeißel am Ende eines Bohrgestänges in die Erde gebohrt. Eine Pumpe drückt im Bohrgestänge Schlamm nach unten, um zu verhindern, dass Öl und Gas entweichen. Für den Fall, dass dies dennoch geschieht, ist das Bohrloch auf den ersten etwas über hundert Metern mit einem dicken Gussmantel versehen, der mit Zement am Fels befestigt ist. Der Mantel enthält Bohrlochsicherungen, die sich schließen lassen, sobald Öl und Gas durch das Loch nach oben steigen.

Ist das Loch bis zur gewünschten Tiefe gebohrt, werden die Messinstrumente hinabgelassen und die Messungen vorgenommen. Bei Anzeichen von Öl oder Gas wird ein Stahlrohr bis nach unten in das Loch eingebracht und mit Zement befestigt. Der Gründer der bekannten Ölservicefirma Halliburton machte sein erstes Vermögen damit, dass er Ölunternehmen diese Dienstleistung verkaufte. Ganz unten, wo sich das Öl befindet, werden mit kontrollierten Sprengungen rund 1,5 Zentimeter große Löcher ins Stahlrohr geschossen. Der Raum im Bohrloch ist nun mit den Poren des Speichergesteins verbunden, sodass sich das Öl in diesen Poren nach oben bewegen kann. Im besten Fall steigt das Öl unter dem eigenen Druck durch das Loch nach oben. Oder der Druck des unter dem Öl liegenden Wassers schiebt das Öl durch die Löcher ins Stahlrohr; auch das im Öl gelöste Gas, das beim Fördervorgang in Blasenform entweicht, kann das Öl durch die Poren des Speichergesteins drücken.

Seit etwa 1960 kann man diesen Vorgang weiter beschleunigen. Man hebt mit Pumpen den Druck unter der Erde so weit an, dass das Speichergestein bricht. Manche Bohrlöcher können nur mit diesem so genannten Hydrofraktur-Verfahren betrieben werden.

Wenn das Ölfeld förderbereit ist, kann man diese Pumpen im Bohrloch installieren, die das Öl, das nicht unter dem eigenen Druck aufsteigt, nach oben bringen. Die »nickenden Esel«, die man von

Bildern her kennt, treiben diese Pumpen an.[42] Bei der Förderung kann man Wasser und Gas in die Lagerstätte pumpen, um mehr Öl zutage zu fördern. Man bezeichnet das zwar als Sekundärförderung, doch heutzutage wird sie zuweilen vom ersten Tag an vorgenommen.

Mit diesen Techniken lassen sich unter normalen Bedingungen bestenfalls 35 Prozent der vorhandenen Menge Öls aus einer Lagerstätte fördern. Anschließend kommen Verfahren der »verbesserten Nutzung« zur Anwendung. Dazu gehören das Einpressen von Wasserdampf oder Tensiden in die Lagerstätte, um das Öl zu lösen, das Einbringen von Kohlendioxid oder kohlensäurehaltigem Wasser, um das Ölvolumen zu steigern, oder das Einführen von Luft und das Entfachen eines Feuers in der Lagerstätte.

Eine weitere Waffe aus dem Arsenal der Ölindustrie ist das so genannte Richtbohren. Man kann das Öl von einer Bohrplattform aus allen Winkeln fördern. Gebogene Löcher können sogar horizontal verlaufen. Ein Bohrloch kann durchaus fünf Kilometer lang sein, aber unter der Plattform mehr als eineinhalb Kilometer in die Tiefe reichen. Mit in das Bohrloch eingelassenen Sensoren, die anzeigen, wo das Loch verläuft, kann der Bohrarbeiter den Bohrer bequem mit dem Computer-Joystick steuern.[43]

Unkonventionelles Öl lässt sich nicht annähernd so einfach fördern wie konventionelles. Die Ölsande Kanadas kann man dort, wo sie oberflächennah auftreten, im Tagebau abbauen. Mit riesigen Schaufeln wird eine Mischung aus Bitumen, Wasser und Sand ausgebaggert. Das Material wird zu Trennanlagen gebracht, wo mit heißem Wasser das Bitumen geschmolzen und herausgelöst wird. 80 Prozent der Lagerstätten sind jedoch für den Tagebau zu tief. Eine Methode ist hier, Dampf in die Erde einzubringen, um das Bitumen zu schmelzen und an die Oberfläche zu bringen.[44] Ob im Tagebau oder unter der Erde: Die Verfahren sind überaus energie- und wasserintensiv. Wir kehren im nächsten Kapitel zu diesen Problemen zurück.

Die Förderspitze

3

Wir kommen nun zu unseren drei Fragen, die wir beantworten müssen, um festzulegen, wie nahe wir Peak Oil sind: Wie viel Öl lagert in entdeckten Ölfeldern, ist kartiert, nachgewiesen und bereit zur Förderung? Wie viel Öl kommt durch neue Entdeckungen, verbesserte Fördertechniken und das so genannte unkonventionelle Öl hinzu? Und schließlich: Wie schnell gelangt das Öl in die Benzintanks, nachdem man neue Reserven entdeckt hat, die theoretisch die gestiegene Nachfrage decken können?

Wie groß sind die »nachgewiesenen« Ölreserven?

Ein erster Hinweis von Shell

Im Januar 2004 wirkte die Darstellung der Verfechter einer frühen Förderspitze plötzlich erschreckend plausibel, vor allem für diejenigen, die bisher an eine späte geglaubt hatten. Der damalige Shell-Vorsitzende Sir Philip Watts teilte den Anlegern mit, das Unternehmen habe seine Reserven um mehr als 20 Prozent überschätzt. Im März wurden von Anwälten interne E-Mails eingesehen, die zeigten, dass der Vorstandsvorsitzende und das für Erschließung und Produktion zuständige Vorstandsmitglied seit einiger Zeit von dem Problem wussten und absichtlich gelogen hatten. Beide Männer mussten gehen.

Der Skandal bei Shell ist schon dramatisch genug. Doch es ist durchaus möglich, dass es sich dabei nur um die Spitze des Eisbergs handelt. Heute stehen viele Manager in der Ölindustrie unter Druck, wenn es um die Ölreserven geht. »In dieser Branche geschieht etwas

Seltsames«, erklärte Jeroen van der Veer, Watts' Nachfolger bei Shell, der Presse im November 2004. Er vermutete, dass andere Unternehmen die gleichen Probleme haben. Die Zeitschrift *Economist* kam zu dem Schluss: »Branchenexperten und Investoren teilen insgeheim van der Veers Ansicht, dass sich wahrscheinlich gerade irgendwo der nächste große Reservenskandal zusammenbraut.«[45]

BP und die Energiebibel

Angesichts dessen stellt sich die Frage, wie viel Öl die Unternehmen tatsächlich bislang gefunden haben. Wenn man bei BP anruft und nachfragt, bekommt man die jährlich erscheinende *Statistical Review of World Energy* (Weltenergiestatistik) zugeschickt.[46] Sie enthält Zahlen über nachgewiesene nationale Ölreserven. Wenn man diese Jahr für Jahr zu einer globalen Gesamtmenge an Ölreserven zusammenrechnet, stellt man beruhigt fest, dass die Ölreserven im Lauf der Zeit gestiegen sind; von etwas mehr als 600 Milliarden Barrel 1970 auf fast die doppelte Menge heute: 1.147 Milliarden Barrel bei der letzten Rechnung einschließlich der Zahlen von 2003.

Wo also liegt das Problem? Da brauche ich bis 2020 mein Erspartes nicht in alternative Energien zu investieren, denken Sie jetzt vielleicht. Ja, warum bestellen Sie sich nicht gleich einen dicken Geländewagen, wenn Sie gerade dabei sind?

Grafik 2: Die globalen Ölreserven; nach Darstellung von BP

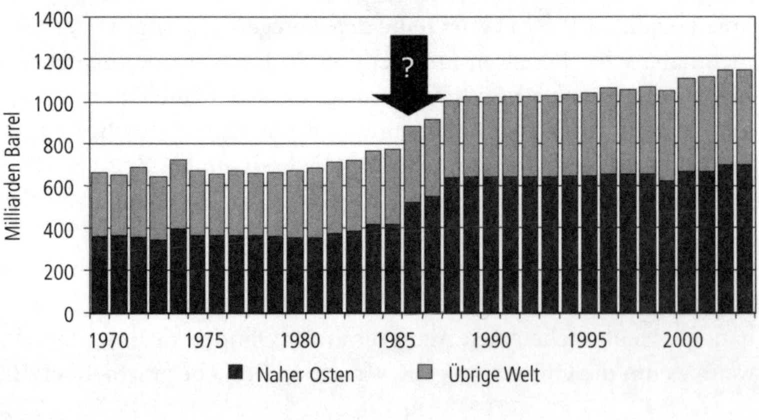

Der erste Hinweis, dass da etwas nicht stimmt, findet sich wie so oft im Leben im Kleingedruckten. Wer nicht mit überdurchschnittlichem Sehvermögen gesegnet ist, erkennt nur mit Hilfe einer Lupe, dass die Zahlen im Bericht von BP gar nicht von BP sind. Die Schätzungen wurden mit Hilfe »verschiedener primärer offizieller Quellen und den Angaben Dritter aus dem OPEC-Sekretariat« zusammengestellt, dazu kommen noch verschiedene andere Quellen, die absolut nichts mit der BP-Zentrale und mit all dem dort angesammelten Wissen und den Erkenntnissen aus der Forschung zu tun haben. In den über hundert Jahren, in denen BP auf der ganzen Welt Öl gefördert und produziert hat, muss der Konzern doch einen wahren Wissensschatz angesammelt haben. Trotzdem bietet BP uns als Information, wie viele »nachgewiesene« Ölreserven es auf der Welt gibt, nur eine Zusammenstellung der Zahlen anderer Leute. Und ein Großteil davon stammt auch noch aus zweiter Hand.

Auf diese Enthüllung folgt noch eine weitere. Im Kleingedruckten steht: »Die gezeigten Zahlen über die Reserven entsprechen nicht zwangsläufig den Definitionen und Richtlinien der amerikanischen Börsenaufsichtsbehörde für nachgewiesene Reserven, ebenso wenig geben sie zwangsläufig die Meinung von BP über die nachgewiesenen Reserven pro Land wieder.«

Die glauben nicht einmal die Zahlen, die sie selbst veröffentlichen!

Dennoch wird die Veröffentlichung weltweit in der Forschung als Energiebibel benutzt. Geologie-Studenten im Grundstudium zitieren daraus, als handele es sich um die reine Wahrheit. Journalisten führen sie in Legionen von Artikeln als Evangelium an. Und immer ohne die entsprechenden Warnungen.[47]

Nun liegen einem sicher ein paar Fragen an die Verfasser des BP-Berichts auf der Zunge. Doch am Ende des Dokuments lesen wir: »BP bedauert, kann aber keine Fragen zu den Angaben in der Weltenergiestatistik beantworten.«

Wenn man die Grafik ein bisschen genauer betrachtet, erkennt man, dass die Zahlen für die globalen Ölreserven zwischen 1985 und 1990 besonders schnell ansteigen. Zur Verdeutlichung habe ich die Stelle mit einem dicken schwarzen Pfeil markiert.

Da müssen also ein paar große neue Ölfelder entdeckt worden sein, oder?

Falsch. Die Neuentdeckungen in dieser Zeit machten weniger als zehn Milliarden Barrel aus.[48] Die Länder im Nahen Osten korrigierten ihre »nachgewiesenen« Reserven aus bereits entdeckten Ölfeldern gemeinsam um ganze 300 Milliarden Barrel nach oben, indem ein Land nach dem anderen verkündete, seine nationalen Berechnungen seien bislang zu konservativ gewesen. 300 Milliarden Barrel sind sehr viel Öl. Beim derzeitigen Stand kann man damit über zehn Jahre lang den Bedarf decken.

Wie kam es dazu? 1960 schlossen sich die Länder mit Öl zu einem Kartell zusammen, der Organisation erdölexportierender Länder (*Organization of the Petroleum Exporting Countries*), kurz OPEC. Wichtigstes Ziel der OPEC war und ist, den Preis für Öl zu kontrollieren. Die Mitglieder wollen keine niedrigen Preise. Das würde ihr Einkommen reduzieren. Sie wollen aber auch keine zu hohen Preise. Das könnte die abhängigen Länder auf die Idee bringen, sich nach Alternativen umzusehen. Der Preis soll genau richtig sein, vielleicht so um die 30 Dollar pro Barrel in heutigem Wert. Um das durchzusetzen, darf nicht zu viel Öl gefördert werden, sonst wäre der Markt überschwemmt und der Preis würde sinken. Die OPEC-Länder müssen gemeinsam genau die richtige Menge fördern, so wurden Quoten eingeführt. Nach einigen Streitereien in den Anfangsjahren beschlossen die Ölminister der OPEC 1982, jedem Land im Kartell eine Quote zuzuteilen, die sich an der Größe seiner nationalen Reserven orientiert.

Doch 1985 begannen die Länder, die Zahlen zu frisieren. Zufällig war Kuwait das erste Land, das der Versuchung nachgab. Die Kuwaiter stellten urplötzlich fest, dass ihre Reserven von 64 auf 90 Milliarden Barrel angestiegen waren. 1988 spielten Abu Dhabi, Dubai, Iran und Irak dieselbe Karte. Die Reserven Abu Dhabis stiegen zum Beispiel über Nacht von 31 auf 92 Milliarden Barrel. Da wurden doch sicher inkompetente Geologen beschäftigt! Wie konnten sie nur 60 Milliarden Barrel Öl übersehen? 1990 beschloss schließlich Saudi-Arabien, dass man bei der Schätzung der Reserven ebenfalls zu konservativ gewesen war. Das Wüstenkönigreich korrigierte seine Zahlen von 170 auf 258 Milliarden Barrel nach oben.

Bei den Angaben von BP fällt auch auf, dass die Ölreserven des Nahen Ostens seit damals nahezu konstant sind. Was man in dem

Schaubild nicht sieht, ist, dass diese Konstanz nicht nur für die Summe der Ölreserven des Nahen Ostens gilt, sondern auch für die Reserven der einzelnen Länder.[49]

Das bedeutet, dass die Milliarden Barrel Öl, die jedes Jahr neu entdeckt werden, genau mit den Milliarden Barrel Öl übereinstimmen, die jedes Jahr in den einzelnen Ländern der OPEC-Mitglieder im Nahen Osten gefördert werden, und das seit über einem Jahrzehnt.

Der Überblick von BP fordert uns dazu auf, all das zu glauben. Uns bleibt nur, die Gesamtzahl zu betrachten, die von BP als »nachgewiesene« Reserve genannt wird, nämlich 1,1 Billionen Barrel, und uns zu wundern.

Pessimistischere Schätzungen

Die Verfechter der frühen Förderspitze sehen das ein bisschen anders. Da es sich in den meisten Fällen um altgediente Experten aus der Ölindustrie handelt, kennen sie die Spielchen, die in ihrer Branche gespielt werden. Sie schätzen, dass die nachgewiesenen Reserven ungefähr 780 Milliarden Barrel betragen, etwa 300 Milliarden weniger als die Zahlen von BP. Das ist weniger, als seit dem ersten Ölfund vor über hundert Jahren gefördert wurde: 920 Milliarden Barrel bis Ende 2003, eine Zahl, die weniger umstritten ist als die der Reserven.[50]

Betrachten wir ein paar Aussagen, die man nur sehr schwer unberücksichtigt lassen kann: eine von der Spitze der amerikanischen Ölindustrie und zwei aus dem Nahen Osten. Der Investmentbanker Matthew Simmons mit Sitz in Houston, der sich auf die Energiebranche spezialisiert hat, war Energieberater von George W. Bush. Er hat Berichte saudischer Ölingenieure überprüft, in denen gemeldet wird, dass der Druck in den saudischen Ölfeldern sinkt. Die vier größten Ölfelder (Ghawar, Safaniyah, Hanifa und Khafji) sind über 50 Jahre alt und haben in dieser Zeit fast das gesamte saudische Öl geliefert. Inzwischen, berichtet Simmons, muss Wasser hineingepumpt werden, damit das Öl weitersprudelt: »Möglicherweise werden wir demnächst erleben, wie 30 bis 40 Prozent der saudischen Förderung in naher Zukunft einbrechen. Und nahe Zukunft bedeutet in den nächsten drei bis fünf Jahren – es könnte aber auch schon morgen sein.«[51]

Die Saudis streiten das ab und behaupten, sie verfügten über etwas mehr als 258 Milliarden Barrel »nachgewiesener« Reserven, die sie 1990 angegeben hatten, außerdem würden noch große Felder auf ihre Erschließung warten. Sie könnten problemlos die derzeitige Förderquote von 9,5 Millionen Barrel am Tag auf über zehn Millionen Barrel erhöhen. Nansen Saleri, Manager für Reservenverwaltung bei Saudi Aramco, meint dazu: »Wir haben jede Menge Öl, nicht nur für unsere Enkel, sondern auch für die Enkel unserer Enkel.«[52]

Saudi Aramco verfügt über die größten Reserven aller Ölgesellschaften der Welt – wenn es wirklich 260 Milliarden Barrel hat. Das staatliche Unternehmen hat auch die niedrigsten Entdeckungs- und Erschließungskosten, etwa 50 Cent pro Barrel oder zehn Prozent dessen, was die privaten Unternehmen in Russland oder im Golf von Mexiko bezahlen. Und als staatliches Unternehmen muss Saudi Aramco keine Schulden machen und steht auch gegenüber den Finanzmärkten nicht sonderlich unter Druck. Angesichts der Spekulationen, inwieweit das Unternehmen in der Lage sei, die Förderung zu erhöhen, wurde es in der letzten Zeit deutlicher. Nach eigenen Angaben kann Saudi Aramco eine Reservekapazität von 1,5 bis zwei Millionen Barrel am Tag halten, außerdem würde man sich mit einem fairen Preis von 32 bis 34 Dollar pro Barrel zufrieden geben. Die Geologen von Aramco beharren darauf, dass sie die Förderung auf 15 Millionen Barrel am Tag steigern können, was bei der heutigen Fördermenge von 9,5 Millionen Barrel eine Erhöhung um mehr als ein Drittel bedeuten würde. Allein fünf Millionen Barrel stammen dabei aus dem riesigen Ölfeld von Ghawar. Subunternehmen berichten von einer verstärkten Bohraktivität, was angesichts des Alters der Felder auch notwendig ist.[53]

Doch betrachten wir einmal, was A. M. Samsam Bachtiari von der Nationalen Iranischen Ölgesellschaft (NIOC) dem *Oil & Gas Journal* zur Frage der vorhandenen Reserven erzählt hat: »Ich weiß aus Erfahrung, wie ›Reserven‹ in den großen Ländern des Nahen Ostens und der OPEC geschätzt werden. Die verwendeten Methoden sind normalerweise alles andere als wissenschaftlich, da das grundlegende Wissen für ein derart kompliziertes Unterfangen gar nicht zur Verfügung steht.« Bachtiari wunderte sich über die 90 Millionen Barrel, um die Saudi-Arabien seine Ölreserven 1990 nach oben korrigiert hatte. Über die Zahlen seines eigenen Landes ist er allerdings auch nicht gerade begeistert. Bei BP werden 92 Milliarden Barrel »nachgewiesener« Ölreserven für Ende 1993 genannt, doch Bachtiari bevorzugte die Schätzung des pensionierten NIOC-Experten Dr. Ali Muhammed Saidi, der bei der Addition der nachgewiesenen Reserven nur auf 37 Millionen Barrel kam.[54]

Dr. Mamdouh Salameh, Berater der Weltbank für Ölfragen, ist ebenfalls der Ansicht, dass die OPEC-Reserven um 300 Milliarden Barrel zu hoch angesetzt sind.[55] Vor kurzem sagte ein ehemaliger Direktor von Aramco, die nachgewiesenen, also erschlossenen Reserven Saudi-Arabiens würden nur 130 Milliarden Barrel betragen.[56] Ein anonymer Informant ging im Gespräch mit Dr. Colin Campbell von der *Association for the Study of Peak Oil* sogar noch weiter. Er ist der Ansicht, dass Saudi-Arabien im letzten Quartal des Jahres 2004 seine Produktionsspitze schon erreicht hat. Der Informant besitzt Insiderwissen aus erster Hand. »Saudi-Arabien hat zu verschiedenen Zeiten 19 Felder in die Förderung genommen«, erklärt er. »Darunter sind acht ›Stars‹, also sehr ergiebige Felder, die ungefähr 90 Prozent der Ölförderung des Landes abwerfen. Bei all den anderen handelt es sich um ›Dogs‹, die nie richtig funktioniert haben und es wahrscheinlich auch nie werden. Förderraten von bis zu 50 Prozent gelten vielleicht für die ›Stars‹. Für die ›Dogs‹ sind zehn, 15 oder 20 Prozent wahrscheinlicher. Wendet man diese Korrektur an, hat Saudi-Arabien über 50 Prozent seiner realistisch förderbaren Reserven abgeschöpft.«[57]

Und im Februar 2005 spekulierte Matthew Simmons in aller Öffentlichkeit darüber, dass die Saudis ihre gigantischen Ölfelder durch übertriebene Förderung in der Vergangenheit beschädigt hätten: ein geologisches Phänomen, das als »Fördersensibilität« bezeichnet wird. Wenn in einem Ölfeld das Öl zu schnell gefördert wird, kann die geologische Struktur beschädigt werden. Im schlimmsten Fall lässt sich der Großteil des Öls dann nicht mehr fördern, es bleibt unter der Erde eingeschlossen. »Falls die Saudis ihre Ölfelder versehentlich oder absichtlich beschädigt haben«, sagte Simmons, »haben wir möglicherweise den Förderzenit bereits überschritten.«[58]

Wie viel Öl kann man zu den nachgewiesenen Reserven dazurechnen?

Wie viel förderbares Öl können wir vernünftigerweise zu den bis jetzt bekannten globalen Reserven hinzurechnen, wenn wir neue Entdeckungen, verbesserte Fördermethoden und die Erschließung des unkonventionellen Öls berücksichtigen?

Beginnen wir mit einem Blick auf das konventionelle Öl in den USA. Wo sonst könnte man besser das Muster des Ölrückgangs erkennen als in dem Land, das auf die längste Geschichte der Ölentdeckung und -förderung zurückblickt, zumal wenn das Land so groß ist wie Amerika?

Ölentdeckung und -förderung in den USA

Öl wurde in den USA zum ersten Mal 1859 entdeckt. Um die Jahrhundertwende konnte man von Pennsylvania bis Kalifornien Fördertürme sehen. Bis 1950 war jede Öl führende Antikline angebohrt, die von der Oberfläche aus erkennbar war. Zu jener Zeit hatte sich Houston zur Ölhauptstadt von Texas, Amerika und der Welt entwickelt. Shell errichtete dort ein Labor, das allgemein als das beste der Branche galt. Einer der Geologen, die für Shell arbeiteten, war ein kratzbürstiger Kerl namens M. King Hubbert, der noch zu seinen Lebzeiten zur Legende wurde. Eine seiner bekanntesten Erfindungen war der Mechanismus, mit dem berggroße Felsbrocken auf dünnen Schichten wasserführenden Gesteins kilometerweit verschoben werden konnten. Dafür genügt schon ein ganz leichter Druck. Das war eines der erstaunlichsten Dinge, die ich in den siebziger Jahren als Geologiestudent im Grundstudium lernte. 1956 entwickelte Hubbert jedoch eine These, die seinen Chefs nicht gerade Freude bereitete. Er rechnete aus, dass die Erdölförderung in den US-Bundesstaaten ohne Hawaii und Alaska 1971 ihren Höhepunkt erreichen würde. Zu dieser These wollte er bei einem Treffen des *American Petroleum Institute* einen Vortrag halten. Bis zur letzten Minute hingen seine Vorgesetzten bei Shell am Telefon und versuchten, ihn davon abzuhalten. Aber Hubbert war ein Dickkopf und mochte es nicht, wenn man ihn herumdirigierte. Unbeirrt hielt er seinen Vortrag.[59]

Hubbert wusste besser als die meisten Menschen, dass Öl nur an bestimmten Stellen entsteht, wo ganz besondere Bedingungen herrschen. Daher sind die Ölvorräte nicht nur in den USA, sondern auf der ganzen Welt begrenzt. Er wusste, dass das Muster der Nutzung in anderen Fällen begrenzter Ressourcen einer Glocke gleicht, wenn man es in einer Grafik darstellt. Ein einzelnes Ölfeld folgt einer steigenden Kurve der Förderung und erreicht ein Fördermaximum, ab dem der Druck im Feld absinkt, gefolgt von einer sinkenden Förderkurve. Hubbert glaubte, dass ganze Ölregionen und damit auch Länder dieser Glockenform folgen würden. Anfangs wird für eine kurze Zeit verhalten gefördert, doch wenn die Ressource immer häufiger genutzt wird und die Menschen lernen, wie man sie findet, steigt die Kurve rasch an. Doch wenn eine Ressource wirklich begrenzt ist, kommt eines Tages der Punkt, an dem die Hälfte aufgebraucht ist. Hubbert wusste, dass die jährliche Rate der Entdeckung von Ölquellen in den USA ihren Höhepunkt in den dreißiger Jahren erreicht hatte. Nachdem die Rate gesunken war, sah er keine Möglichkeit, wie sie wieder steigen sollte, und kam zu der Schlussfolgerung, dass die Förderung genau dem gleichen Muster folgen würde.

Um zu berechnen, wann das Fördermaximum erreicht sein würde, musste Hubbert schätzen, wie viel Öl in den USA insgesamt je gefördert werden würde. Geologen nennen diese außerordentlich wichtige Zahl die *Ultimately Recoverable Reserves*, die insgesamt förderbaren Ölreserven. Wenige Monate vor Hubberts Vortrag waren 25 seiner bedeutendsten Kollegen aus der Geologie zu diesem Thema befragt worden. Ihre Schätzungen rangierten zwischen 145 und 200 Milliarden Barrel. Hubbert entschied sich für 200 Milliarden Barrel. Mit dieser Zahl konnte er das Volumen unter seiner Kurve berechnen. Wenn beispielsweise jedes seiner Gitterkästchen für zehn Milliarden Barrel stand, konnte seine Kurve nur 20 Kästchen belegen. So konnte Hubbert ziemlich genau eingrenzen, wo das Fördermaximum lag, vorausgesetzt, die Schätzung der insgesamt förderbaren Reserven stimmte. Das Datum, das er errechnete, war 1971.[60]

Fast niemand glaubte Hubbert. Trotz Hubberts Ruf als Geologe von Weltrang, der seine Kompetenz mit zahlreichen anderen Arbeiten bewiesen hatte, wurde die so genannte Hubbert-Kurve verspottet. Shell zensierte die schriftliche Version von Hubberts Vortrag vor dem *American Petroleum Institute* und veränderte den Wortlaut seiner Schlussfolgerung, sodass es dann lediglich hieß: »Die Kulmination sollte in den nächsten Jahrzehnten eintreffen.« Vor allem das amerikanische Forschungsamt für Geologie, das *Geological Survey*, tat alles, was in seiner Macht stand, um die Schätzungen für die insgesamt förderbaren amerikanischen Ölreserven in eine Höhe zu treiben, bei der das Problem von allein verschwand. Nach Angabe der Behörde verfügten die USA 1961 über 590 Milliarden Barrel förderbares Öl, was bedeutete, dass die Industrie noch 30 Jahre des Wachstums vor sich gehabt hätte.[61]

Die Jahre vergingen, und die besagten 48 US-Bundesstaaten erreichten tatsächlich mit 3,5 Milliarden Barrel im Jahr ihr Fördermaximum. Und zwar schon ein Jahr vor Hubberts Schätzung, nämlich 1970. Seit damals ist die Fördermenge kontinuierlich gesunken. Milliarden Dollar wurden für ausgeklügelte Fördermethoden ausgegeben, auch in Gebieten, wo man auf dem Höhepunkt der Entdeckungen in den dreißiger Jahren nie Ölquellen vermutet hätte, etwa in den Tiefen des Golfs von Mexiko. Nach dem ersten arabischen Ölembargo 1973 und der Erkenntnis, dass man die Förderquote der eigenen Ölquellen nicht mehr steigern konnte, suchte man in den USA auch verzweifelt nach neuen Ölvorkommen. Auf amerikanischen Ölfeldern ist jede verbesserte Fördertechnik, die je erfunden wurde, erprobt worden. Doch auf die bemerkenswerte Symmetrie von Hubberts Glockenkurve hatte all das keine Auswirkung. Die USA befinden sich mittlerweile in der zweiten Kurvenhälfte und haben dort schon die Hälfte des Weges zurückgelegt. Anders ausgedrückt, sie haben drei Viertel ihres ursprünglichen Vorkommens an förderbarem Öl aufgebraucht und werden mit jedem Tag abhängiger von ausländischen Ölimporten.

Später entschuldigte sich der damalige amerikanische Innenminister Stewart Udall öffentlich dafür, dass er dazu beigetragen hatte, den Amerikanern »ein gefährlich übergroßes Vertrauen« vorzugaukeln, indem er dem Rat des *US Geological Survey* so blind gefolgt war. V. E. McKelvey, ein langjähriger Direktor des geologischen Forschungsamtes, der die Kampagne gegen Hubbert angeführt hatte, musste 1977 zurücktreten.[62]

Diesen Gang der Ereignisse sollten wir im Gedächtnis behalten, wenn wir uns mit dem globalen Fördermaximum befassen.

Ölentdeckung und -förderung in der übrigen Welt

Inwiefern lässt sich Hubberts Glockenkurve für die amerikanische Ölförderung auf die Welt übertragen? Die Antwort lautet, dass die Kurve nur ein allgemeiner Leitfaden ist, aber keine feste Regel darstellt. Die amerikanische Förderung ergibt eine sehr ruhige und symmetrische Kurve, weil sehr viele Beteiligte nach den Gesetzen des freien Marktes agieren. Neben den großen Ölkonzernen gab es beispielsweise auch stets unabhängige Unternehmen, die bereit waren, hohe Risiken einzugehen. Anders ausgedrückt, wenn Öl in einem geeigneten Gebiet gefunden wurde, gab es immer zahlreiche Beteiligte, die alle eine Chance hatten. Nachdem das Öl gefunden worden war, wurde es ohne große Beschränkungen gefördert.

Die Kurven für die Entdeckung und Förderung sehen anders aus, wenn staatliche Unternehmen die Erschließung vornehmen oder wenn es (wie im Falle Saudi-Arabiens) so viel Öl gibt, dass der Hahn zur Beeinflussung des Preises weiter auf- oder zugedreht werden kann. In Ländern mit Ölvorkommen im Inland und vor der Küste kann es zwei Kurven geben, weil die Technologie für die Offshore-Ölförderung erst viel später entwickelt wurde als die herkömmliche Bohrtechnik. Auch große politische Ereignisse wirken sich auf die Kurven aus. Die iranische und irakische Ölförderung sank im Krieg zwischen den beiden Ländern in den achtziger Jahren drastisch ab. Auch der Zusammenbruch eines politischen Regimes kann die Kurve stören: Die russische Förderkurve fiel während des Zusammenbruchs des Kommunismus stark ab. Selbst große Unfälle wirken sich auf das Muster aus. Das Feuer auf der Ölbohrinsel Piper-Alpha 1988 beeinflusste die britische Förderkurve, weil die Unternehmen sich danach bemühten, die Sicherheitsmaßnahmen und den Schutz der Arbeiter auf den Bohrinseln zu verbessern.

Trotz dieser Faktoren folgt ein Land nach dem anderen sowohl bei der Ölentdeckung als auch bei der Ölförderung einer groben Glockenkurve. Heute haben über 60 der 65 Länder mit Ölvorkommen ihre Spitze der Entdeckungen überschritten, 49 haben auch schon ihre Förderspitzen hinter sich gelassen. Bei den USA ist der Abstand zwischen den beiden Spitzen besonders groß: 40 Jahre (von 1930 bis 1970). Großbritannien hat dagegen einen besonders kurzen Abstand: 25 Jahre (von 1974 bis 1999). Das liegt daran, dass die ersten

Ölvorkommen in Großbritannien viel später entdeckt wurden als in den USA, zu einer Zeit, als die Technologie sowohl für die Erschließung als auch für die Förderung weit fortgeschritten war. Allerdings konnten die Briten ihren Bedarf nicht lange aus eigenen Vorkommen decken. Heute ist Großbritannien ein Netto-Ölimporteur wie die USA.[63]

Wenn man alle Länder mit Öl zusammen betrachtet, wie sieht dann das globale Muster der Entdeckung und Förderung konventionellen Öls aus? Nicht ganz überraschend erinnert es grob an eine Glocke, allerdings eine etwas zerfranste, wie man in Grafik 3 erkennt.

Die Daten über jährliche Entdeckungen wurden von ExxonMobil zusammengestellt, wobei die Reservenberechnungen in bekannten Ölfeldern von der *Association for the Study of the Peak Oil* auf das Jahr der Entdeckung zurückdatiert wurden.[64] Die schwarze Linie zeigt die globale Förderung bis heute, die gestrichelte Linie repräsentiert die hochgerechnete zukünftige Entwicklung der Kurve gemäß den Erwartungen der meisten Ölgesellschaften und Regierungen. Die Zahl von 43 Milliarden Barrel erwarteter Förderung im Jahr basiert auf den Berechnungen der amerikanischen *Energy Information Administration* (Informationsbehörde für Energiefragen) für die globale Nachfrage im Jahr 2025, die bereits erwähnt wurde.

Die wichtigsten historischen Ereignisse sind in der Grafik nummeriert. Betrachten wir nun die Zahlen in chronologischer Reihenfolge und überlegen, was diese aussagen.

Grafik 3: Die globale Ölentdeckung und -förderung in der Vergangenheit

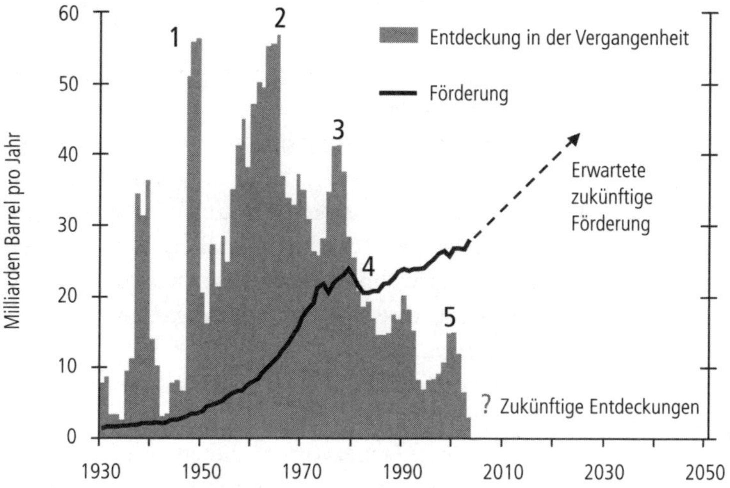

1. *Die größten Ölfelder der Welt wurden vor über einem halben Jahrhundert in den Jahren vor oder nach dem Zweiten Weltkrieg entdeckt.*
   Die großen Entdeckungen auf der Arabischen Halbinsel nahmen mit der Entdeckung des Burgan-Feldes 1938 in Kuwait ihren Anfang. Damals umfasste es vermutlich 87 Milliarden Barrel. Das etwas größere saudi-arabische Feld von Ghawar, das vor Beginn der Förderung wahrscheinlich 87,5 Milliarden Barrel enthielt, wurde 1948 entdeckt. Diese beiden Felder sind die größten auf der Welt und dominieren die globalen Zahlen im Jahr ihrer Entdeckung.
2. *Die Spitze der Entdeckungen wurde bereits 1965 erreicht.*
   Wie vielen Menschen ist das bewusst? Machen Sie doch einmal eine kleine persönliche Meinungsumfrage bei zehn Ihrer gebildeten Freunde. Flechten Sie, bevor Sie Ihre Fragen stellen, ein paar Erläuterungen darüber ein, wie viele Millionen Dollar die Ölgesellschaften täglich verdienen, erzählen Sie ein oder zwei Anekdoten über die technischen Wunderdinge, über die wir im letzten Kapitel sprachen, und geben Sie zu bedenken, wie viele Milliarden Dollar die Gesellschaften im Lauf der Jahre für die

Erschließung von Ölfeldern ausgegeben haben. Fragen Sie dann: Was glaubt ihr, in welchem Jahr wurde das meiste Öl entdeckt?

3. *In den siebziger Jahren gab es ein paar große Entdeckungen, seitdem keine mehr.*
   Der größte Ausschlag auf der absteigenden globalen Entdeckungskurve ist die Entdeckung von Öl im riesigen Feld von Prudhoe Bay in Alaska und in der Nordsee Ende der siebziger Jahre. Ich erinnere mich noch, wie fasziniert ich war, als die Ölfelder nacheinander entdeckt wurden. Als Jungjäger in der Ausbildung bewunderte ich die Geschichten der alten Jäger darüber, wie sie ihre Beute aufgespürt hatten. Allerdings wussten ich und die anderen Jäger nicht, dass die Tage der gigantischen Entdeckungen gezählt waren.
4. *Das letzte Jahr, in dem wir mehr Öl entdeckten als verbrauchten, liegt über ein Vierteljahrhundert zurück.*
   Seit damals haben wir trotz Generationen eifriger und indoktrinierter Geologen zunehmend mehr verbrannt und zunehmend weniger gefunden.[65]
5. *Seit damals gibt es einen kontinuierlichen Rückgang der Entdeckungen.*
   Ein kleiner Anstieg in den neunziger Jahren, der damals viel versprechend gewirkt haben muss, ist in den ersten Jahren des neuen Jahrhunderts auch wieder zurückgegangen.

Klingt das nach einer Welt ohne drohendes Ölproblem, wie uns BP-Chef Lord Browne glauben machen will? Werden die Menschen in Bezug auf den Ölvorrat in falscher Sicherheit gewiegt?

Erste Möglichkeit für zusätzliche Reserven: zukünftige neue Entdeckungen

Nun kommen wir zur ersten der beiden grundlegenden Fragen. In Grafik 3 habe ich den wichtigsten Teil absichtlich weggelassen: eine Schätzung über das Ausmaß zukünftiger Entdeckungen, dargestellt als graues Fragezeichen. Was glauben Sie angesichts der Tatsache, dass die Ölindustrie ihr Bestes gibt, um in den Anfangsjahren des 21. Jahrhunderts neue Ölvorkommen zu entdecken? Um das Förderniveau zu erreichen, mit dem die Regierungen und die meisten Branchenexperten für die kommenden Jahre rechnen, darf die Rate der Entdeckungen eindeutig nicht so weiterverlaufen, wie sie es seit den sechziger Jahren tut. Sie muss sich erheblich steigern.

Die Entdeckung großer Ölfelder

Wenn man schnell viel Öl finden muss, ist es sinnvoll, nicht nach Mäusen, sondern nach Elefanten Ausschau zu halten (wie es ein Branchenkenner formulieren würde). Eine Elefantenjagd ergibt noch aus anderen Gründen einen Sinn, vor allem für die fünf »megagroßen« Ölgesellschaften ExxonMobil, Chevron (bis vor kurzem noch Chevron-Texaco), BP, Shell und TotalFinaElf. Je mehr Öl man nach der Entdeckung findet, desto mehr Gewinn wirft das investierte Kapital ab. Daher wird eifrig nach neuen großen Feldern gesucht, und die Ergebnisse dieser Jagd liefern uns einen ersten Hinweis darauf, dass wir auf die Schnelle kaum neues Öl finden werden und können. Betrachten wir einmal den Trend bei der Entdeckung »megagigantischer« neuer Ölfelder, die jeweils über zehn Milliarden Barrel umfassen.

Das saudische Ghawar-Feld, das 1948 entdeckt wurde, umfasste vor Beginn der Förderung vermutlich 87,5 Milliarden Barrel. Das 1938 entdeckte Ölfeld Burgan in Kuwait war geringfügig kleiner. Was glauben Sie: Wie groß ist wohl das drittgrößte Ölfeld der Welt, und wann wurde es entdeckt?

Denken Sie an all das Fachwissen, das sich seit den ersten Ölbohrungen 1859 angesammelt hat. Denken Sie an die Billionen Dollar, die im 20. Jahrhundert mit Öl gescheffelt wurden, und die Hunderte Milliarden, die in die Erkundung und die Entwicklung von Hightechgeräten seit der Entdeckung der großen saudischen und kuwaitischen Ölfelder investiert wurden. Erinnern Sie sich an die komplizierte Reflexionsseismik. Denken Sie an das überaus wichtige Muttergestein und daran, dass dessen Verteilung relativ begrenzt ist. Oder wie Francis Harper, der ehemalige Reservenkoordinator bei BP, dem *Energy Institute* im November 2004 mitteilte: »Wir wissen, wie viel Muttergestein der Weltklasse es gibt und wo es sich befindet.«[66] Ist der Gedanke nicht nahe liegend, dass man mit moderner Technologie mindestens ein weiteres Feld mit über 80 Milliarden Barrel gefunden hat?

Das drittgrößte Ölfeld der Welt ist Samotlor in Russland mit 20 Milliarden Barrel und wurde 1961 entdeckt. Die viertgrößte Öllagerstätte namens Safaniya wurde 1951 in Saudi-Arabien entdeckt, damals umfasste sie wahrscheinlich ebenfalls 20 Milliarden Barrel. Das fünftgrößte Vorkommen ist Lagunillas in Venezuela, das 1926 entdeckt wurde und 14 Milliarden Barrel birgt. Nur ungefähr 50 megagigantische Ölfelder wurden je gefunden, das letzte im Jahr 2000 war das erste seit 25 Jahren: das problematische, da säurehaltige Feld von Kaschagan in Kasachstan mit neun bis zwölf Milliarden Barrel.[67]

Fassen wir den Maßstab etwas weiter und betrachten nicht nur die megagroßen, sondern auch die sehr großen Ölfelder. Die Hälfte des Erdölvorkommens der Welt lagert in den 100 größten Ölfeldern, die alle zwei Milliarden Barrel oder mehr umfassen. Fast alle wurden vor über einem Vierteljahrhundert entdeckt.[68] Betrachten wir außerdem die aktuelle Statistik über die Entdeckung großer Öl- oder Gasfelder mit über 500 Millionen Barrel Öl oder erdölähnlichen Substanzen. Eine halbe Milliarde Barrel (die Definition für ein »großes« Ölfeld), das klingt nach viel. Aber da die Welt derzeit jeden Tag 80 Millionen Barrel Öl verbraucht, ist das weniger als der weltweite Bedarf einer Woche. Im Jahr 2000 wurden 16 Ölfelder mit einem Vorkommen von 500 Millionen Barrel oder mehr entdeckt. 2001 waren es neun. 2002 nur noch zwei. Und 2003 wurde gar keins entdeckt.[69]

Anhand dieser Fakten stellt sich nun die Frage: Wird die Industrie das große graue Fragezeichen in Grafik 3 mit neuen Entdeckungen tilgen können? Francis Harper von BP glaubt offenbar nicht daran. »Weltweit geht die Häufigkeit, mit der große Ölvorkommen gefunden werden, seit Jahrzehnten zurück, und diese Entwicklung wird sich auch nicht mehr umkehren«, sagte er einem gespannt lauschenden Publikum bei einer vom *Energy Institute* veranstalteten Konferenz über Ölmangel im November 2004 in London. »Wir haben die Welt mehrfach abgesucht. Ich würde sagen, da gibt es keine zweite Nordsee. Und ganz sicher kein zweites Saudi-Arabien.«[70]

Am nächsten Tag war ich zufällig mit jemandem von BP zum Frühstück verabredet, der dort eine weitaus höhere Position bekleidete als Francis Harper, dessen Namen wir aber besser unerwähnt lassen. Während unseres Gesprächs äußerte ich meine Besorgnis über eine baldige Förderspitze und fragte mein Gegenüber nach dessen Meinung. »Machen Sie sich keine Sorgen«, versicherte er mir, »Peak Oil ist Panikmache. Es gibt jede Menge Öl.«

»Das sagen Sie, und Sie sollten es wissen«, antwortete ich. »Aber wo?«

Er zögerte nicht mit der Antwort. »In Saudi-Arabien und in Russland.« Öl in der Tiefsee oder unkonventionelles Öl erwähnte er gar nicht erst.

BP ist vielleicht die größte private Ölgesellschaft der Welt, aber sie produziert von den derzeitigen 84 Millionen Barrel der weltweiten Fördermenge nur vier Millionen Barrel am Tag.[71] Der Großteil des Öls wird von ineffizienten riesigen Staatsunternehmen geliefert, ein typisches Beispiel ist Saudi Aramco, das zugleich das größte Unternehmen ist. Ich fragte den BP-Mann, wie er sich denn bei den anderen Unternehmen in seiner Branche sicher sein könne?

Ich kannte die Antwort bereits. Sie wurde mir zwei Wochen später bestätigt, als ein sehr hohes Tier von Shell bei meiner Firma vorbeischaute und mit mir über Solarenergie, den Sinn des Lebens und Peak Oil sprach. Seiner Ansicht nach gibt es tatsächlich ein Problem mit dem konventionellen Öl. Doch auch er dachte, dass das Ölvorkommen weiter steigen könne. Für ihn lag die Lösung im unkonventionellen Öl, vor allem in Kanada, wo Shell mit Ölsand arbeitet. Auf diese Variante kommen wir gleich noch einmal zurück, zuerst sollten wir aber für das graue Fragezeichen die Zahlen einsetzen, die nach Ansicht der Verfechter der frühen Förderspitze für die konventionelle Ölförderung zutreffen.

Grafik 4: Globale Entdeckung und Förderung von Erdöl in der Vergangenheit und Zukunft

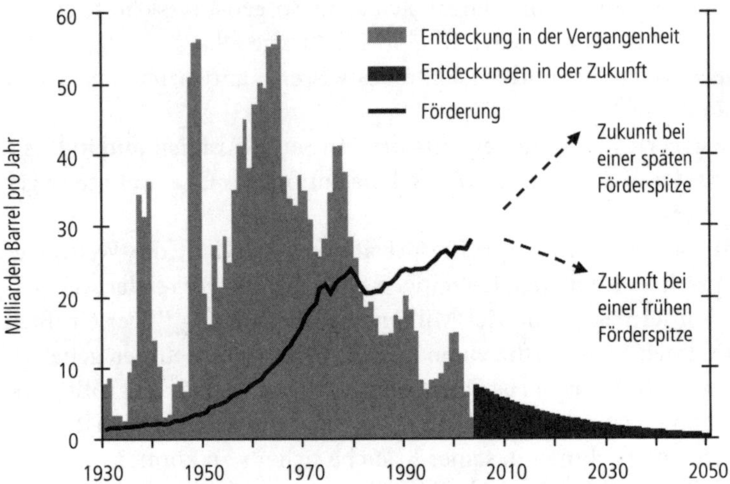

Wie wir gesehen haben, unterscheiden sich die Ansichten bei der Frage, wie viel »nachgewiesenes« förderbares Öl unter der Erde auf Bohrungen wartet, um mindestens 300 Milliarden Barrel. Es überrascht daher kaum, dass sie bei der Frage, wie viel förderbares Öl wir erwarten können, um über eine Billion Barrel voneinander abweichen. Die Hochrechnung von ASPO, die nach unten weisende gestrichelte Linie, setzt im Grunde den bestehenden Abwärtstrend bei den Entdeckungen bis zum Schluss fort.[72] Die Querdenker bei ASPO argumentieren, dass man jedes megagigantische Ölfeld inzwischen gefunden habe. Daher seien Spitzen und ein langer seitlicher Bogen bei dieser nach unten weisenden Kurve sehr unwahrscheinlich. Nach ihren Berechnungen können wir vernünftigerweise nur mit Neuentdeckungen in Höhe von insgesamt 150 Milliarden Barrel rechnen.

Rechnet man diese Summe zu den 920 Milliarden Barrel hinzu, die bis heute gefördert wurden, und zu den 780 Milliarden Barrel in bekannten Ölfeldern, kommt ASPO bei den globalen förderbaren Ölvorkommen auf eine Summe von 1.850 Milliarden Barrel.[73] Einige Verfechter der frühen Förderspitze sind etwas optimistischer, ihre Schätzung liegt häufig bei 2.000 Milliarden, also zwei Billionen

Barrel. Bei dieser Zahl würde die Förderspitze je nach Nachfrage zwischen 2005 und 2010 liegen.[74] Wie Grafik 4 zeigt, hat die Förderspitze eine flache Form, daher ist das genaue Datum weniger wichtig als der Tag, an dem die Ölhändler und ihre Kunden erkennen, dass die von den Verfechtern der späten Spitze prophezeite Zukunft unerreichbar ist.

Die Verfechter der späten Förderspitze schätzen, dass es bis zu 3,8 Billionen Barrel konventionelles Öl gibt. Das Geologische Forschungsamt der USA (USGS – *US Geological Survey*) führte im Jahr 2000 eine »Welt-Erdölschätzung« durch.[75] Unbeeindruckt von den bisherigen Fehleinschätzungen in Bezug auf Hubberts Prognosen variierte die Schätzung des USGS für die globalen förderbaren Erdölvorkommen zwischen 2.248 Milliarden und 3.896 Milliarden Barrel, was einen Durchschnitt von 3.003 Milliarden Barrel ergibt. Auf Grundlage dieser Zahlen sagt die *US Energy Information Administration* erst für das Jahr 2037 eine Förderspitze voraus, wobei sie von einer Steigerung der Nachfrage um zwei Prozent pro Jahr ausgeht.

Damit wir alle Steinchen des Mosaiks beisammenhaben, bevor wir zu einer endgültigen Schlussfolgerung über das Fördermaximum bei der weltweiten Erdölproduktion kommen, müssen wir noch Faktoren wie Tiefseeöl, verbesserte Fördertechniken, unkonventionelles Öl und Gas berücksichtigen. Wir werden sie nacheinander durchsprechen.

Tiefseeöl: Goldrausch oder viel Lärm um nichts?

Im April 2001 zeigte die Titelseite von *Business Week* ein Bild von einem Tiger mit einem Ölfass im Maul. »Exxon von der Leine gelassen«, posaunte die Schlagzeile: »Wie der mächtigste Konzern der Welt die neue Ära der Ölförderung dominieren will«. *Forbes*, das andere Schlachtschiff der Business-Magazine, wollte da natürlich nicht zurückstehen und konzentrierte sich auf BP. Auf der Titelseite prangte das lächelnde Gesicht von Sir John Browne. »Schwarzer Goldrausch«, lautete die Schlagzeile: »BP Amoco, die heißeste Schürfstelle im Ölrevier«.[76]

Eine neue Ära der Ölerschließungen! Ein Goldrausch! Der Grund für die ganze Aufregung war Tiefseeöl. »Wir haben heute Möglichkeiten, die wir uns vor zehn Jahren noch gar nicht vorstellen konnten«, tönte Exxon-Chef Lee Raymond. Die Erschließung des Tiefseeöls wurde als Lösung für eine steigende Ölnachfrage im kommenden Jahrzehnt propagiert. Ergiebige neue Felder liegen in über 300 Metern Tiefe, was noch vor wenigen Jahren die technischen Möglichkeiten überstiegen hatte, 2001 aber machbar schien. Raymond verglich die Herausforderung mit der bemannten Raumfahrt.

Die Öllagerstätten in der Tiefsee waren für Exxon und Shell umso wichtiger, weil BP den Konkurrenten beim Tiefseeöl die Führung abgejagt hatte. Das Unternehmen stieß Ende der neunziger Jahre auf größere Tiefseeölfelder. Für das Jahr 2005 rechnete es damit, dass 25 Prozent seiner Förderung aus einer Tiefe von über 600 Metern unter dem Meeresspiegel oder noch tiefer stammten, 2001 waren es erst sechs Prozent.[77] Ein altgedienter BP-Mitarbeiter erzählte *Forbes*: »Seit ich bei BP bin, gab es dreimal diese Goldgräberstimmung im Unternehmen: die Nordsee, Prudhoe Bay und jetzt das. Da ist das Gefühl, dass wir auf etwas Großem sitzen.«

Für die institutionellen Anleger klang das alles zweifellos sehr optimistisch und beruhigend. Aber machen wir einmal einen Sprung ins Jahr 2004. Ivan Sandrea, Öl-Analyst bei Merrill Lynch, fasst den aktuellen Stand zum Tiefseeöl im *Oil & Gas Journal* zusammen. »Die Entdeckungsrate beim Tiefseeöl hat ihren Zenit vielleicht schon überschritten«, erklärt er. Seit Mitte der siebziger Jahre wurden in 70 verschiedenen Gebieten weltweit über 1.800 Tiefseebohrungen durchgeführt. Bis Ende 2002 wurden 47 Milliarden Barrel Öl entdeckt. Die Hälfte des entdeckten Öls befand sich in vier Gebieten, die Analysten als die *Big Four* bezeichnen: vor den Küsten von Brasilien, Angola und Nigeria sowie im Golf von Mexiko. Das *US Geological Survey* rechnet optimistisch wie üblich mit einem Reservepotenzial von über 100 Milliarden Barrel an Tiefseeöl. Sandrea von Merrill Lynch sieht das anders: »Es gibt keinen Hinweis darauf, dass das Dreifache der Ölmenge, die bisher in den Big Four entdeckt wurde, noch einmal in diesen Gebieten gefunden wird, und außerhalb der Big Four ist das Potenzial begrenzt.« Was heißt das nun? »Das globale Erschließungspotenzial scheint begrenzter als je zuvor«, erklärt Sandrea.[78] Francis Harper von BP ist der gleichen Meinung: »Es ist unwahrscheinlich, dass noch eine weitere Lagerstätte wie Campos (Brasilien) oder im Nigerdelta auftaucht.«[79]

ASPO rechnet nur mit 70 Milliarden Barrel förderbarem Tiefseeöl und einer Förderspitze von etwa 7,5 Millionen Barrel am Tag im Jahr 2014.[80] Sandrea schätzt den Peak bei 6,2 bis 6,4 Millionen Barrel pro Tag zwischen 2011 und 2013.[81] Ein wichtiger geologischer Grund für die enttäuschenden Ergebnisse der Ölindustrie beim Tiefseeöl ist das schlechte Muttergestein. Ein Großteil des Sedimentgesteins an den Kontinentalhängen im Atlantik weist nur wenig organisches Material auf, und das organische Material, das vorhanden ist, erzeugt eher Gas als Öl.

Zweite Möglichkeit für zusätzliche Reserven: verbesserte Fördermethoden in vorhandenen Feldern

Dank der verbesserten Ölfördertechniken hat sich das Fördervolumen pro Bohrung in den USA seit 1985 verdoppelt. Das Wachstum der Reserven in bestehenden Feldern hat mehr zum verbleibenden amerikanischen Öl beigetragen als die Entdeckung neuer Felder, trotz der Hoffnungen auf das Tiefseeöl. Thomas Ahlbrandt, der Leiter des USGS-Weltenergieprojekts, behauptet, dass das potenzielle Wachstum der globalen Reserven in vorhandenen Feldern fast so viel neues Öl einbringt wie die Entdeckung neuer Felder, die noch gemacht werden müssen.[82]

Vom Öl einer Lagerstätte lassen sich im Durchschnitt höchstens 35 Prozent fördern. Die Saudis melden, dass das Förderpotenzial von Ghawar dank neuer Methoden wie den horizontalen Bohrungen auf 60 Prozent gestiegen sei. Jede einprozentige Steigerung der globalen Fördermenge würde weitere 55 bis 70 Milliarden Barrel an Reserven ergeben, was fast der Ölmenge in der Nordsee entspricht. Doch Francis Harper von BP nennt einen entscheidenden Grund, warum auch die kompliziertesten und teuersten Fördertechniken den Zeitpunkt der Förderspitze wahrscheinlich nicht sonderlich beeinflussen werden: »Zwischen 1997 und 2003 wurden die Reserven um ungefähr 200 Milliarden Barrel aus Feldern ergänzt, die zwischen 1950 und 1996 entdeckt wurden. Doch das Wachstum der Reserven gilt in erster Linie für die größeren, älteren Felder. Die neueren Felder weisen im Allgemeinen kein Reservenwachstum auf, weil wir in der Zwischenzeit effizienter fördern.«[83] Denn in den jüngeren Feldern werden die verbesserten Fördermethoden seit dem ersten Tag angewandt.

Eine repräsentative Umfrage über die Vertretbarkeit höherer Ölpreise, die im Juni 2004 von der Investmentbank Goldman Sachs in Auftrag gegeben wurde, kam zu folgendem Schluss: »Das Resultat lautet, dass die vorhandenen Mengen in den Lagerstätten viel schneller zurückgehen als in der Vergangenheit und daher mehr Kapital erfordern, um die Produktion auch nur auf gleichem Stand zu halten ... Wir schätzen, dass das Durchschnittsalter der bestehenden Felder 36 Jahre beträgt und sich alle um eine Infrastruktur konzentrieren, die im ›Zeitalter der Hochphase‹ der siebziger Jahre errichtet wurde.«[84]

Der Herausgeber der *Petroleum Review*, Chris Skrebowski, formuliert das gleiche Argument etwas deutlicher: »Niemand nimmt sich vor, ein Ölfeld mangelhaft zu erschließen. Die Vorstellung, dass es auf der ganzen Welt schlecht erschlossene Ölfelder gebe, die nur auf amerikanische Technologie warten [um die Produktion zu steigern], ist reine Phantasie.«[85]

Kenneth Deffeyes, der früher als Geologe für Shell arbeitete und ein Kollege von Hubbert war, verweist auf die umfangreiche Forschungsarbeit, die in den achtziger Jahren nach dem zweiten Ölschock betrieben wurde, als Milliarden Dollar in die Erforschung verbesserter Fördertechniken gesteckt wurden. Ein Großteil der Arbeit zeigte in den neunziger Jahren bereits Früchte. Seine Schlussfolgerung? »Das macht es schwierig, heute neue Technologien zu fordern. Die meisten Räder wurden bereits erfunden.«[86]

Diese Ansichten findet man auch in den OPEC-Ländern. A. M. Samsam Bachtiari von der bereits erwähnten Nationalen Iranischen Ölgesellschaft meldet für die iranischen Ölquellen eine primäre Förderquote von zehn bis 35 Prozent und bekennt: »Erfahrene iranische Experten bezweifeln stark, dass eine Ausbeute von 50 Prozent möglich ist, trotz allem technischen Brimborium.«[87]

Was machen wir nun mit der These, dass sich die Reserven durch verbesserte Fördermethoden erhöhen? Experten, die von einer frühen Förderspitze ausgehen, nehmen an, dass Thomas Ahlbrandt vom USGS nur die übertrieben optimistische Einschätzung geben würde, die die geldgebenden Regierungen hören wollten. Die verbesserten Fördermethoden hatten herzlich wenig Einfluss auf den unaufhaltsamen Rückgang der amerikanischen Erdölproduktion, und weltweit wird das auch nicht anders sein.

Schlimmer noch, meint Matthew Simmons, die verbesserten Fördertechniken haben sogar einen »Bumerangeffekt« geschaffen, der genau das Problem beschleunigt, von dem viele denken, er würde es lösen. Verbesserte Fördertechniken auf alten Ölfeldern heute beschleunigen nur den Abfall der globalen Förderkurve von morgen.[88]

Dritte Möglichkeit für zusätzliche Reserven: unkonventionelles Öl

Dieses Öl ist vielleicht unkonventionell, dafür gibt es davon aber jede Menge. Nach Ansicht der Internationalen Energieagentur enthalten die verschiedenen Arten von Bitumen 2,7 Billionen Barrel Öl, davon bis zu 1,5 Billionen in Kanada, hauptsächlich in den Teersanden von Alberta. Mit dem Öl im Teersand steuert Alberta 315 Milliarden Barrel Reserven bei. Das *Oil & Gas Journal* schloss sich dieser kanadischen Selbsteinschätzung in seiner jährlichen Zusammenfassung der globalen Reserven für das Jahr 2002 teilweise an und machte Kanada dadurch zum Land mit den zweitgrößten Ölreserven. Venezuela verfügt über 1,2 Billionen Barrel Bitumen und schweres Rohöl im Orinoco-Ölgürtel, von dem geschätzte 270 Milliarden Barrel als Reserven klassifiziert werden können. Das Ölschiefervorkommen birgt insgesamt 2,6 Billionen Barrel, von denen 160 Milliarden als Reserven gelten. Rechnet man alles zusammen, erhält man über sieben Billionen Barrel unkonventionelles Öl und über 700 Milliarden Barrel Reserven.[89]

700 Milliarden Barrel Öl sind fast so viel, wie nach Meinung der Verfechter der frühen Förderspitze noch an konventionellen Ölreserven vorhanden ist. Es sind über 60 Prozent der Menge, die laut BP angeblich noch in »nachgewiesenen« konventionellen Reserven vorhanden ist. Sollte das wirklich so sein, müssten wir uns wegen der Ölreserven deutlich weniger Sorgen machen.

Aber schauen wir uns an, wie viel von diesem Öl tatsächlich gefördert wird, welche Erfahrungen mit der Förderung bislang gemacht wurden, was angesichts der anstehenden Probleme für die kommenden Jahre geplant ist und was uns das alles sagt.

Das *National Energy Board* von Kanada nennt als Fördermenge bei Ölsand eine Million Barrel am Tag für das Jahr 2004. Die *Canadian Association of Petroleum Producers* prognostiziert für 2015 eine Steigerung auf 2,6 Millionen Barrel am Tag.[90] Eigentlich kein großer Fortschritt für zehn Jahre. Selbst wenn man alle derzeitigen Expansionspläne für den Teersand von Alberta umsetzt, werden 2012 nur drei Millionen Barrel am Tag produziert werden. Bei der prognostizierten weltweiten Nachfrage macht das nur einen Bruchteil aus.[91]

Und selbst die heutige Fördermenge wurde nicht ohne Probleme erreicht. Die *Petroleum Review* meldet »gewaltige Mehrkosten« bei den drei Projekten, die derzeit im Ölsandgebiet betrieben werden, sowie ein »Crescendo an Mengenreduzierungen und Verschiebungen« als deren Folge.[92] Das liegt daran, dass die Gewinnung von Schweröl schwierig und sehr kostspielig ist. Um ein Barrel Öl aus Teersand im Tagebau zu gewinnen, muss man zwei Tonnen Sand ausgraben, von dem das Öl in riesigen Waschmaschinen getrennt wird. Dabei entstehen enorme Abfallmengen, die in großen Rückstandsbecken gelagert werden. Ein Großteil des Teersands lagert jedoch in größerer Tiefe. Zur Ausbeutung müssen heißer Dampf (bis zu 200 Grad Celsius) und Lösungsmittel wie Naphtha (Chemiebenzin) eingeleitet werden. An dieser Stelle beginnen die Umweltprobleme erst so richtig. Unmengen von Wasser müssen erhitzt werden, wofür man ungeheure Mengen Gas verwendet, was natürlich alles zur Emission großer Mengen von Treibhausgasen führt.

Bereits jetzt schafft die Wassermenge, die von der derzeitig relativ kleinen Industrie zur Gewinnung von unkonventionellem Öl benötigt wird, in Kanada erhebliche Probleme. Lorne Taylor, die Umweltministerin von Alberta, sagte bei einem Seminar über Wasserwirtschaft im Juni 2004, die Ölindustrie müsse endlich aufhören, bei den verbesserten Fördertechniken zur Gewinnung von konventionellem Öl Wasser in die Ölquellen zu pumpen. Gemeinden, Farmer, Rancher und andere Landbesitzer seien zunehmend beunruhigt, die Provinz riskiere eine Wasserknappheit, bei der die Bevölkerung nicht mehr ausreichend versorgt werden könne und die Gesundheit von Seen und Flüssen nicht mehr gewährleistet sei. Ich betone: Die Besorgnis entstand aufgrund der konventionellen Ölförderung, nicht aufgrund der wesentlich wasserintensiveren Fördertechniken von unkonventionellem Öl.[93]

Ironischerweise gehen die kanadischen Gasvorräte so schnell zur Neige, dass man sich fragt, ob überhaupt noch genügend Energie zur Verfügung steht, um das Wasser für die Gewinnung von Ölsand zu erhitzen. Die *Petroleum Review* meldete im November 2004, dass die Gewinnung 16,8 Millionen Kubikmeter Gas am Tag verschlinge. Wenn die Produktion 2,2 Millionen Barrel am Tag erreicht, könnte der Gasverbrauch bis zu 70 Millionen Kubikmeter am Tag betragen. Die *Review* vermerkt, dass damit »eine erhebliche Nachfrage bei einem schwindenden Angebot« entstehen würde.[94] Die kanadische Erdgasproduktion betrug 2003 insgesamt 47 Millionen Kubikmeter am Tag, 2002 waren es noch 48,4 Millionen gewesen. Trotz Rekordbohrungen im Jahr 2003 ging die Erdgasproduktion um etwa drei Prozent zurück.[95] Ein Kritiker sagte dem *Oil & Gas Journal*, dass die Menge an Gas, die man für die Gewinnung der Ölreserven benötige, die kanadischen Gasreserven um das Zwei- bis Dreifache übersteigen würde. Um an die 300 plus X Milliarden Barrel zu kommen, erklärte er, müsse man Atomkraftwerke bauen, die alleine für die Stromversorgung der Ölgewinnung zuständig sein würden. Das könnte aber zu lange dauern, um mit unkonventionellem Öl die Lücke zu schließen, die das zur Neige gehende konventionelle Öl im Nahen Osten hinterlasse.[96]

Zur Erhitzung des Wassers wird so viel Energie benötigt, dass die Kohlendioxid-Emissionen mehr als dreimal so hoch sind wie bei der Förderung von konventionellem Öl.[97] Kanada hat das Kyoto-Protokoll unterzeichnet, den Vertrag der Vereinten Nationen, mit dem die Staatengemeinschaft versucht, den Treibhausgasausstoß zu verringern. Wir werden auf das Abkommen und seine Bedeutung noch in Kapitel 5 zu sprechen kommen.

Immerhin muss man BP zugute halten, dass man dort die Problematik erkannt hat. »BP ist in Kanada nicht aktiv«, erklärt Francis Harper. »Der Hauptgrund dafür sind die Umweltschäden und darunter wiederum die hohe Menge an CO_2, die entsteht.«[98] Diese löbliche Haltung steht in deutlichem Kontrast zu der von Shell. Für BP wird es allerdings schwer sein, sich auch in Zukunft von der Erschließung von unkonventionellem Öl fern zu halten, weil der Druck zur Überbrückung der Versorgungslücke wächst. Exxon hat bereits mit der Planung eines kanadischen Projekts zusammen mit Imperial Oil begonnen.[99] Lee Raymond sagte bei der Konferenz der OPEC-Länder im Oktober 2004: »Angesichts der bedeutenden Vorkommen an Schweröl, Teersand und anderen ›unkonventionellen‹ Ressourcen werden neue Technologien von entscheidender Bedeutung sein, damit aus den ›unkonventionellen‹ Energieressourcen von heute die ›konventionellen‹ Ressourcen von morgen werden. Wenn die Förderung dieser unkonventionellen Ressourcen erst einmal wirtschaftlich attraktiv ist, wird ein ausreichendes Angebot an fossilen Brennstoffen entstehen, die in den nächsten hundert Jahren zu erschwinglichen Preisen verfügbar sind.«[100] Hier liegt nach Raymonds Ansicht die neue Ära der Ölförderung.

Die restlichen unkonventionellen Ölvorkommen: kleine Brötchen

Von den sieben Billionen Barrel unkonventionelles Öl, das weltweit vorhanden ist, besitzt Kanada das Bitumen (36 Prozent der Gesamtmenge) und die USA besitzen den Ölschiefer (32 Prozent der Gesamtmenge). Die größten Ölschiefervorkommen liegen in den Bundesstaaten Colorado, Utah und Wyoming.[101] Im Fall des Ölschiefers ist der Optimismus unter seinen Anhängern groß, die Probleme beim Abbau sind jedoch noch erheblicher als beim Teersand. Schon der Begriff ist irreführend, weil es sich bei dem organischen Material im Schiefer nicht um organischen Kohlenstoff handelt, der den Ölentstehungsprozess durchgemacht hat, sondern in erster Linie um Kerogen, das sehr stark erhitzt und in einem komplizierten und teuren Verfahren weiterverarbeitet werden muss; ein Verfahren, das die gleichen Probleme an Energie- und Wasserverbrauch wie beim Teersand aufwirft und noch einige weitere dazu. Während und nach der Ölkrise in den siebziger Jahren interessierten sich die großen Ölgesellschaften sehr für die amerikanischen Schiefervorkommen und gaben mehrere Milliarden Dollar für verschiedene erfolglose Versuche aus, Öl aus Schiefer für die kommerzielle Nutzung zu gewinnen.[102] Da sich die nächste Krise schon abzeichnet, werden erneut gierige Blicke auf den Ölschiefer geworfen. In einem Bericht vom März 2004 gibt das *Office of Naval Petroleum and Oil Shale Reserves* des amerikanischen Energieministeriums tatsächlich zu, dass eine frühe Förderspitze eine reale und aktuelle Gefahr ist. Damit wird das Sofortmaßnahmenprogramm begründet, mit dem die USA, nicht zuletzt ihre Marine, flott und beweglich gehalten werden sollen. Der Bericht kommt zu dem Schluss, dass man letzten Endes 750 Milliarden Barrel Schieferöl gewinnen könnte. Allerdings heißt es weiter, dass keine der vorhandenen Erschließungsmethoden wirtschaftlich sei; und selbst wenn, wären gerade einmal zwei Millionen Barrel am Tag für das Jahr 2020 ein aggressives Produktionsziel. Eine Industrie könne erst 2011 ins Leben gerufen werden, weil bei Ölschieferprojekten von der Planung bis zum wirtschaftlichen Betrieb fünf bis zehn Jahre vergehe.[103]

Was das venezolanische Schweröl betrifft, ist auch hier eines der größten Probleme die Geschwindigkeit, mit der es gefördert werden kann. Im Gegensatz zu Bitumen ist es immerhin flüssig, allerdings fließt es nur langsam. Die Förderung und der Transport erfordern eine besondere Infrastruktur, und es wird zu lange dauern, die derzeitige Fördermenge von 3,4 Millionen Barrel am Tag so zu steigern, dass das venezolanische Schweröl Einfluss auf das Fördermaximum der weltweiten Ölförderung nehmen könnte.

Francis Harper von BP sieht darin allerdings kein Problem. »Unkonventionelles Öl spielt zweifellos eine Rolle bei der Erhaltung der Fördermenge, es bietet jedoch keine Lösung. Ich lasse den Ölschiefer zu meinen Lebzeiten und sogar zu denen meiner Enkel unberücksichtigt.« Die Internationale Energieagentur prognostiziert derzeit, dass die Fördermenge aus allen unkonventionellen Ölvorkommen um acht Prozent pro Jahr wächst und im Jahr 2030 etwa zehn Millionen Barrel am Tag erreichen wird: »Diese Menge lässt sich mit Saudi-Arabien vergleichen, allerdings sind wir noch ein Vierteljahrhundert davon entfernt. Im Vergleich zu konventionellem Öl sind das ziemlich kleine Brötchen.«[104]

Kann Gas das zur Neige gehende Öl ersetzen?

Gas hat ein großes Potenzial und könnte den aus Öl gewonnenen Treibstoff im Verkehr ersetzen. Doch wir verbrauchen schon viel Gas, damit die Lichter brennen und das Wasser heiß wird, daher ist es fraglich, ob noch viel für unsere Fahrzeuge übrig bleibt. Man rechnet damit, dass sich die Gasnachfrage bis 2030 verdoppeln wird und eine Höhe von 4,3 Milliarden Tonnen pro Jahr erreicht. Über 40 Prozent dieser prognostizierten Nachfrage werden der Stromerzeugung zugeschrieben, bei der Öl nur eine untergeordnete Rolle spielt.

Gasfelder gehen anders zur Neige als Ölfelder, da Gas viel flüchtiger ist als Öl. Bei einem Gasfeld ist es normal, dass im Lauf seiner Nutzung 70 bis 80 Prozent abgebaut werden, bei einem Ölfeld werden dagegen normalerweise nur 35 bis 40 Prozent des Öls gefördert. Bei den Bohrungen wird die Förderung meist weit unter der natürlichen Produktionskapazität angesetzt, damit man eine lange Plateauförderung hat, dennoch besteht die Gefahr, dass das Ende der Förderung ganz plötzlich und ohne Vorwarnung kommt.

Wie beim Öl gibt es konventionelle und unkonventionelle Gasvorkommen. Die konventionellen Lagerstätten befinden sich in Reservoirs, wie sie in Kapitel 2 beschrieben werden. Colin Campbell, der von einer baldigen Förderspitze ausgeht, schätzt, dass das ursprüngliche Vorkommen an konventionellem Gas auf der Welt ungefähr 280 Billionen Kubikmeter betrug (was 1,8 Billionen Barrel Öl entspricht), von denen bis jetzt etwa ein Viertel gefördert wurde. Er rechnet mit einem globalen Förderniveau von 3,6 Billionen Kubikmetern im Jahr für den Zeitraum von 2015 bis 2040, danach wird die Gewinnung seiner Meinung nach jäh abfallen. Jean Laherrère prognostiziert 336 Billionen Kubikmeter für das gesamte Gasvorkommen einschließlich der unkonventionellen Quellen (was zwei Billionen Barrel Öl entspricht). Er setzt die Förderspitze beim Gas mit 3,64 Billionen Kubikmeter pro Jahr im Jahr 2030 an.

In den USA lässt sich die Situation bereits mit der beim Öl vergleichen. So berichtete ein amerikanischer Geologe dem *Oil & Gas Journal*: »Der Rückgang bei der Gasfördermenge in den USA ist auf einen Mangel an großen neuen Lagerstätten zurückzuführen. Wir haben über eine Million Gasquellen in den USA gebohrt, und jetzt gehen uns die bedeutenden Fundstellen aus.« Das Branchenmagazin zieht seine eigenen Schlussfolgerungen: »Wenn sich so etwas wie ein allgemeiner Konsens bei der Frage des Gasangebots abzeichnet, dann dieser: Die USA stehen kurz vor einem Defizit bei der Gasversorgung, und auf der Angebotsseite ist kaum eine baldige Lösung in Sicht.« Angesichts dieser Tatsachen gibt sich das *US Geological Survey* bei den Gasreserven weniger zuversichtlich als beim Öl. Es prognostiziert ein Gesamtvorkommen von 420 Billionen Kubikmetern (was 2,56 Billionen Barrel Öl entspricht), nur 84 Billionen mehr als Laherrère. Die USA haben 40 Prozent ihres Erdgasvorkommens verbraucht und verfügen über weniger als zehn Prozent der verbleibenden weltweiten Reserven. Das Potenzial im Ausland ist hoch, doch 71 Prozent der globalen Reserven befinden sich im Nahen Osten und der ehemaligen Sowjetunion. Allein Russland und der Iran besitzen 45 Prozent. Hinsichtlich der Abhängigkeit vom Ausland birgt Gas die gleichen Probleme wie Öl, dazu kommen noch weitere Schwierigkeiten.[105]

80 Prozent des in den USA produzierten Stroms, der ans Netz geht, wird mit Gas erzeugt, und der Bedarf an Erdgas wird bis zum Jahr 2025 um über 50 Prozent steigen.[106] Die Gasimporte per Pipeline aus Kanada und in verflüssigter Form (LNG = *Liquid Natural Gas*) aus Übersee können diesen Bedarf wahrscheinlich nicht decken, ganz zu schweigen davon, dass sie im Energiemix das Öl ersetzen. In den USA sind vier LNG-Terminals in Betrieb, 30 weitere sind geplant. Doch in einer kürzlich erschienenen Analyse der *World Energy Review* heißt es: »Der Import von mehr LNG birgt weitere Probleme, von denen selbst die Optimisten in der Branche befürchten, dass sie nur schwierig zu überwinden sind. Die wichtigsten Probleme sind die Frage der Sicherheit, Bürgerinitiativen und Terrorismus.« In der Vergangenheit wurden bei Explosionen in LNG-Anlagen mehr als hundert Menschen getötet. Die Wähler wollen keine Anlagen zur Gasverdichtung in ihrer Nachbarschaft. Feuerwehrleute machen sich Sorgen, dass ein Selbstmordanschlag auf einen mehrere tausend Fuß langen Gastank eine ganze Stadt zerstören könnte.[107] Bob Ineson vom Forschungsinstitut *Cambridge Energy Research Associates* meinte gegenüber dem *Oil & Gas Journal*: »Die Unterbrechung der Nachfrage ist die einzige kurzfristige Alternative.«[108]

An diesem Punkt der Diskussion verweisen Anhänger der späten Förderspitze häufig auf die unkonventionellen Gaslagerstätten, wie sie es auch gern beim Öl tun. Und wie beim Öl sind die unkonventionellen Lagerstätten enorm. Im Fall von Erdgas ist es das so genannte Methanhydrat. Dabei handelt es sich um ein Methan-Wassergemisch in einem festen, eisähnlichen Aggregatzustand, das sich in Sedimenten anlagert und Erdgas einschließt, wenn es bei der natürlichen Aufspaltung von organischem Material in Sedimenten entsteht. Methanhydrat ist kein Eis, weil es sich über dem Gefrierpunkt bilden kann, wenn der Druck hoch genug ist. Das meiste Erdgas, das in Sedimenten entsteht, dringt einfach durch den Meeresboden und gelangt in den Ozean. Dort, wo sich unter den richtigen Bedingungen Hydrat bildet, baut sich Gas in der eisähnlichen Hydratschicht auf. Weil das Hydrat nichts durchlässt, befindet sich unter der Hydratschicht auch freies Gas.

Die amerikanische *Energy Information Administration* schätzt das weltweite Hydratvorkommen auf 20.776 Billionen Kubikmeter. Der Großteil ist mit konventionellen Bohrungen jedoch nicht zu erreichen, weil es in sehr tiefem Wasser liegt. Wo man an die Vorkommen herankommt, sind die Lagerstätten sehr instabil. Als ich noch als Geologe tätig war, stießen wir im Rahmen einer wissenschaftlichen Erkundungsfahrt vor der Küste von Mexiko bei Bohrungen auf Methanhydrat. Das geschah aus Versehen. Wir durften eigentlich nicht in diese Schichten bohren, weil wir möglicherweise durchstoßen oder sie sonst irgendwie zerstören konnten und dann das freie Gas darunter freigesetzt worden wäre. Schiffe schwimmen nicht allzu gut auf einer Mischung aus Gas und Wasser, daher bestand das Risiko zu sinken.[109]

Das amerikanische Energieministerium finanziert Probebohrungen in Hydratgebieten, und auch die Russen und Japaner haben Forschungsprogramme. Dennoch kommt das *Oil & Gas Journal* zu dem Schluss: »Niemand rechnet damit, dass in den kommenden Jahrzehnten exotische Gasressourcen einen wesentlichen Beitrag zum globalen Gasangebot leisten werden.«[110]

Wie das Öl auf den Markt kommt

Damit kommen wir zur dritten und letzten Frage, mit der wir uns beschäftigen müssen, um die grundlegende Frage nach dem Zeitpunkt der Förderspitze beantworten zu können: Wie schnell kann das Öl zu den Treibstofflagern und weiter zum Markt befördert werden?

Im 20. Jahrhundert musste sich die Ölindustrie immer weiter vorwagen, um Öl zu finden. Fast von Anfang an stieß man auf gigantische Ölfelder. Die ersten lagen in Peru, Texas und Mexiko. In den dreißiger und vierziger Jahren kam dann der Nahe Osten hinzu. In den sechziger Jahren waren es Alaska und die Nordsee, die zwar nicht weit von den Märkten entfernt lag, aber die Ölgesellschaften vor ganz neue Herausforderungen stellte, da die Öllagerstätten nun nicht mehr nur in der Tiefe, sondern auch noch auf dem Boden einer stürmischen See lagen. Heutzutage wird nur sehr wenig Öl dort gefunden, wo es auch verbrannt wird. Von den Märkten aus betrachtet, liegen die meisten Ölvorkommen am anderen Ende der Welt. Das Gleiche gilt für Gas.

Die Probleme waren schon 1967 schlimm genug, als das größte Ölfeld Nordamerikas ausgerechnet im Norden von Alaska gefunden wurde. BP und andere Ölgesellschaften, die am 12,5 Milliarden Barrel fassenden Ölfeld von Prudhoe Bay aktiv waren, wussten, dass man nicht nur spezielle Eisbrecher-Tanker benötigte, um das Öl um Alaska herumzutransportieren, sondern auch eine mindestens 1.200 Kilometer lange Pipeline bauen musste. Der Bau der Pipeline dauerte acht Jahre. Das erste Öl aus Prudhoe Bay traf erst 1977 am Schiffsterminal Valdez ein. 1980 flossen immerhin zwei Millionen Barrel am Tag durch die Pipeline, doch es hatte ein Jahrzehnt gedauert, bis es so weit war.[111]

Von Valdez aus musste das Rohöl per Tanker befördert werden. Damals waren Öltanker schon so groß wie Kathedralen. Als die *Exxon Valdez* im März 1989 im Prince William Sound auf Grund lief, gelangte fast eine viertel Million Barrel Rohöl ins Wasser.

Die zeitgenössische Ausgabe der Alaska-Pipeline führt von Baku am Kaspischen Meer nach Ceyhan an der türkischen Mittelmeerküste. Ein Konsortium aus elf europäischen Firmen baute unter Führung von BP eine 1.744 Kilometer lange Pipeline mit einem Durchmesser von 1,06 Meter durch erdbebengefährdete Bergregionen: eines der ungastlichsten Gebiete, in denen die Ölindustrie je tätig war. Von Ceyhan aus wird das Öl mit Tankern an Ölraffinerien auf der ganzen Welt geliefert. Die letzten Glieder in der Lieferkette vom Gestein zum Benzintank sind Menschen und Seevögeln wohl bekannt.

Fassen wir noch einmal zusammen. Es dauert lange, neues Öl zu finden, es dauert lange, Öl zu fördern, und nicht zuletzt: Es dauert lange, bis das Öl zum Verbraucher gelangt.

Schlussfolgerung: eine neue Version von »Houston, wir haben ein Problem«

Colin Campbell hat die Arbeit der ASPO zu den vorhandenen Reserven verschiedener Öl- und Gasarten zusammengefasst. Er verwendet für die Darstellung des Ergebnisses ein Haufendiagramm, das in Grafik 5 zu sehen ist.

Die abgebildeten Zahlen beruhen auf den Schätzungen der ASPO für bewiesene und wahrscheinliche Reserven, dazu kommen noch die ASPO-Schätzungen für zukünftige Ergänzungen der Öl- und Gasreserven, die noch gefunden werden.

»Reguläres Öl«, wie Campbell sagt, schließt konventionelles Öl aus der Tiefsee (tiefer als 500 Meter) aus, auch das konventionelle Öl aus Polarregionen und das so genannte nasse Erdgas (Gas mit einem höheren Anteil an Kohlenwasserstoffen, die in Gasfeldern gewonnen und von Gasfabriken produziert werden). Auch unkonventionelles Öl (das so genannte Schweröl) ist davon ausgenommen. Alle Ausnahmen sind separat dargestellt.

Grafik 5: Die ASPO-Verbrauchskurven für die gesamten Öl- und Gasvorkommen

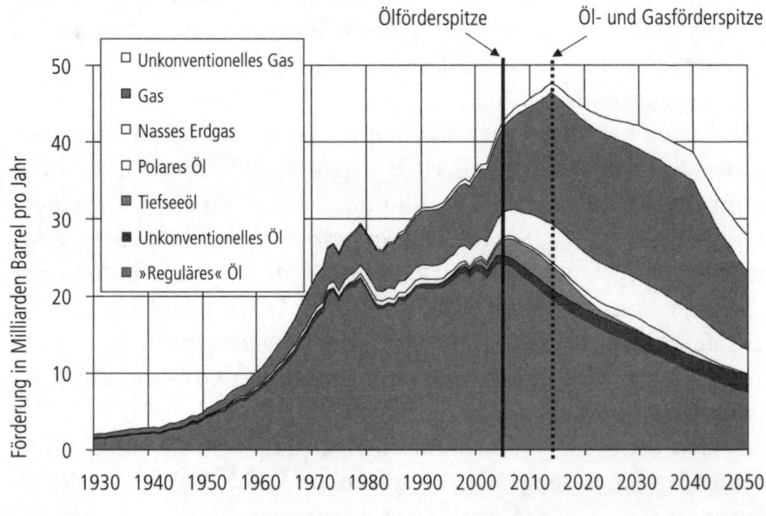

Das reguläre Öl erreicht um das Jahr 2005 eine flache Förderspitze.[112] Durch das Öl aus unkonventionellen Quellen, der Tiefsee, den Arktisregionen und durch das nasse Erdgas wird die Förderspitze bis ungefähr zum Ende des Jahrzehnts hinausgezögert. Rechnet man das Erdgas mit ein, verschiebt sich der Peak für Öl und Gas zusammen bis etwa 2015, doch dahinter beginnt ein steiler Abfall auf der anderen Seite der Kurve.

Manche Experten können oder wollen sich angesichts der Ungewissheiten und der flachen Spitze noch nicht auf ein bestimmtes Jahr festlegen. Kenneth Deffeyes glaubt, dass wir den Gipfel bereits erreicht haben, ihn aber noch nicht sehen können. Für ihn war 2005 das spätestmögliche Datum.[113] Matthew Simmons will sich nicht auf ein Jahr festlegen, sagt aber, die Förderspitze sei »wahrscheinlich nahe«.[114] Chris Skrebowski bevorzugt das Jahr 2008 plus/minus zwei Jahre.

In gewisser Hinsicht ist das genaue Datum, an dem die Welt es schafft, die größte Ölmenge zu fördern, zu der sie je in der Lage ist, eher von akademischem Interesse. Die Schlüsselfragen lauten vielmehr: Wann werden Gesellschaft und Märkte, auf denen unsere Wirtschaft basiert, von Panik ergriffen? Und was passiert, wenn dieser Tag heranbricht?

Wie ernst ist die Krise?

4

Hin und wieder spricht aus den Studien der Leute, die uns diesen Schlamassel eingebrockt haben, mangelnde Selbstsicherheit. Das US-Energieministerium veröffentlicht regelmäßig optimistische Berichte darüber, wie viel Öl wir brauchen und wie viel es noch zu verbrennen gibt. Seine Ableger, etwa der *US Geological Survey* und die *US Energy Information Agency*, blasen in das gleiche Horn. Doch ich habe bereits den Bericht einer Abteilung des Energieministeriums mit dem seltsamen Namen *Office of Naval Petroleum and Oil Shales Reserves* erwähnt. Diese Behörde wirbt um Unterstützung für eine umfassende Kampagne zur Förderung und Verarbeitung der amerikanischen Ölschiefer. Als Grund führt sie eine baldige Förderspitze an. »Eine ernst zu nehmende Angebots-Nachfrage-Diskontinuität«, behauptet der Bericht, »könnte zu weltweitem Wirtschaftschaos führen.«[115]

Diese Aussage beschreibt kurz und bündig den Ernst die Lage.

Die Glaubwürdigkeit der wichtigsten Experten

Besteht vielleicht eine kleine Chance, dass das alles gar nicht wahr, dass es nur ein schlechter Traum ist? Es tut mir Leid, aber das glaube ich nicht. Schließlich haben die Verfechter der frühen Förderspitze keine Freude daran, ihren Standpunkt vorzubringen oder gar zu propagieren. Die meisten verspüren eine große Zuneigung zu der Branche, in der sie ihr Leben verbracht haben. In gewisser Weise sind sie Denunzianten.

Der Gründer der *Association for the Study of Peak Oil* (ASPO) arbeitete 40 Jahre lang in der Ölindustrie, ehe er sich im Westen Irlands zur Ruhe setzte. Als Geologe promovierte er wie ich an der Oxford University. Wir hatten im Abstand von einem Vierteljahrhundert denselben Doktorvater.[116] Campbell arbeitete als Explorator, erst für Texaco, dann für BP, dann für Amoco. Bei Amoco war er als Geologe zuständig für Lateinamerika und wurde anschließend Chefgeologe für Ecuador; später arbeitete er als Explorationsmanager für Norwegen in der Nordsee. Anschließend wechselte er als Executive Vice President zu Fina in Norwegen. Ich erwähne diesen Lebenslauf, weil er einen Mann zeigt, der viele Ölfelder der Erde und diejenigen, die auf den übrigen Ölfeldern zugange waren, kennt. Der heute 73-jährige Campbell sieht aus wie ein Richter am Obersten Gerichtshof, der allerdings einen Haarschnitt gut vertragen könnte, und hat die Ausdrucksweise eines erfahrenen BBC-Auslandskorrespondenten. Gern sitzt er im örtlichen Pub und erklärt Besuchern wie mir anhand eines halb vollen Glases Guinness seine Studien zum Ölrückgang. Nachdem man, als er die Ölindustrie Mitte der neunziger Jahre verließ, seine Warnungen zunächst ignoriert hatte, war er nach dem Shell-Ölreserven-Fiasko ein gefragter Mann.

Ehe wir uns Campbells Arbeit und Ansichten zuwenden, brauchen wir etwas mehr Hintergrundwissen. Genaue Daten zu Öl- und Gasreserven galten lange als Unternehmens- und Staatsgeheimnis. Die Bekanntgabe-Richtlinien der US-Börsenaufsicht *Securities and Exchange Commission* (SEC) stammen aus den siebziger Jahren und gelten weithin als veraltet. Mehrere Unternehmen, die sich Ölfelder teilen, beziffern bisweilen die Reserven dieser Felder unterschiedlich. Die SEC überprüfte die Situation, nachdem Shell seine Zahlen nach unten korrigiert hatte, und bittet die Unternehmen seitdem, ihre Berechnungen in der Rubrik *Management's Discussion and Analysis* (MD&A) auszuführen. Doch offenbar betrachtet sie das nicht als gesetzlich verpflichtende, sondern als freiwillige Aufgabe.[117] Die Zahlen zu den weltweiten Reserven sowie die Import- und Export-Statistiken sind daher, in unterschiedlichem Ausmaß, immer noch geheimnisumwoben. In einem Artikel der *Financial Times* vom Dezember 2004 wird die Situation folgendermaßen beschrieben: »In wenigen Industriezweigen müssen sich Statistiker wie Spione verhalten; wer Daten über die Ölvorräte sammeln möchte, muss sich auf ein geheimes Informantennetzwerk verlassen.«[118]

Am Ende seiner Karriere beriet Campbell eine Organisation, die ein Ölinformationsnetzwerk dieser Art koordinierte: Petroconsultants in Genf. Hier begann er seine Studien zum Ölrückgang. Er arbeitete an einer Informationsdatenbank zur Größe und zu anderen Charakteristika von rund 18.000 Ölfeldern mit mindestens 100 Millionen Barrel Öl. Die einzige andere Informationsquelle, die damals verfügbar war, waren die Umfragen, die das *Oil & Gas Journal* sowie *World Oil* jedes Jahr durchführten. Die beiden Branchenzeitschriften schicken einfach Fragebögen an Unternehmen und Staaten und veröffentlichen die nicht verifizierten Auskünfte, die sie auf diesem Weg erhalten.

Im Jahr 1995 arbeitete Campbell mit dem französischen Geologen und Statistikexperten Jean Laherrère, der zuvor bei Total beschäftigt war, an der Datenbank von Petroconsultants. Auf einer Konferenz in Zypern präsentierte Campbell einen Bericht über ihre gemeinsame Arbeit. Er behauptete, es gebe weniger Öl, als allgemein in den angeblich erwiesenen Reserven vermutet wurde, und noch viel weniger in noch förderbaren. Texaco hatte einen Mitarbeiter zu dieser Konferenz entsandt. Der Explorationsmanager der Firma rief umgehend bei Petroconsultants an und teilte dem Unternehmen mit, es möge, wenn es weiter mit Texaco Geschäfte machen wolle, aufhören, Campbells Botschaft zu verbreiten. So begann ein neuer Lebensabschnitt für Campbell. Er hörte nicht auf zu reden. Stattdessen veröffentlichten er und Laherrère ihre Arbeit im einflussreichen Wissenschaftsmagazin *Scientific American.*[119]

Der Gründer der Firma Petroconsultants Harry Wassall führte sein Unternehmen wie einen Klub »bedeutsamer Flüchtlinge aus der Ölindustrie«, wie Campbell es formulierte. Campbell spricht voller Begeisterung über diese Zeit und die entspannte Atmosphäre, in der die alternden Ölmänner ihrer Arbeit nachgingen und Daten zusammenstellten, von denen es vielen Staaten und Ölfirmen lieber gewesen wäre, wenn sie sie nicht gesammelt hätten. Als Wassall im Jahr 1995 starb, wurde die Firma an das Datenbankunternehmen IHS verkauft. Die neuen Eigentümer waren eher geneigt, den wichtigsten Kunden nach dem Mund zu reden. Harry Wassalls Klub wurde in Pension geschickt, und die Datenbank ging in der IHS auf, bei der man heute für rund eine Million Dollar eine Lizenz zur Dateneinsicht erwerben kann. Ehe Sie so viel Geld investieren, denken Sie daran: Seit 1995 wurden nur wenige neue Ölfelder entdeckt. 80 Prozent der weltweiten Ölproduktion kommen heute aus Ölfeldern, die vor 1973 entdeckt wurden.[120]

Campbell aktualisiert seine eigene Version der Datenbank seit 1995. Im Jahr 2001 gründete er die ASPO, eine Gruppe lose verbundener Experten aus der Ölindustrie und den Universitäten, die sich mit dem Rückgang von Öl und Gas befassen. Ihren Sitz hat die Organisation an der Universität Uppsala. Sie veranstaltet eine Jahreskonferenz und bringt jeden Monat einen Newsletter heraus. Campbell aktualisiert einmal jährlich die Datenbank, indem er zunächst den Durchschnitt der fünf öffentlichen Datenbanken vom *Oil & Gas Journal*, dem *BP Annual Statistical Review*, der OPEC und der ENI errechnet, die jeweils eine andere Schätzung abgeben. Dann wendet er einen Faktor an, der auf vertraulichen Datensätzen basiert; diese erhält er exklusiv von wichtigen Personen seines alten Netzwerks. Allerdings reproduziert er die Daten nicht einfach. Er verfolgt alle aktualisierten Schätzungen, die auf einer wachsenden Förderung basieren, bis zu dem Datum zurück, an dem das jeweilige Ölfeld ursprünglich gefunden wurde, und zeichnet so ein zuverlässiges Bild des Ölrückgangs. Campbell räumt ein, dass diese Methode nicht so genau sein kann, wie er oder jeder andere es sich angesichts der Ernsthaftigkeit des Themas wünschen würde. Doch da die Staaten und Unternehmen sich nicht zu mehr Transparenz durchringen können, wird ein Einblick in die Ölreserven und Ölressourcen in Zukunft auf solche privaten Datenbanken angewiesen sein.

Was also hat Campbell zur *Statistical Review* von BP zu sagen, der gängigsten Informationsquelle zu den Ölreserven? Wenn uns das Öl nicht ausgeht, sondern wir immer mehr davon haben, so fragt Campbell, warum investieren BP und andere Unternehmen dann nicht in eine Tankerflotte, die der vorhergesagten steigenden Nachfrage entspräche? Warum lassen sie angesichts der prognostizierten Nachfrage eine sich abzeichnende Raffinerieknappheit zu?[121]

Man möchte meinen, der Herausgeber der *Petroleum Review*, der führenden Zeitschrift für die Ölbranche, würde Campbell vehement widersprechen. Tut er aber nicht. »Im Jahr 1995 hörte sich das alles ziemlich absurd an«, sagt Chris Skrebowski. »Ich habe mich nach Kräften bemüht, ihn zu widerlegen. Neun Jahre lang ist mir das nicht gelungen. Jetzt bin ich auf seiner Seite. Ich halte ihn sogar für ein bisschen zu optimistisch.«

Im Januar 2004 listete Skrebowski in seiner Zeitschrift alle Ölfeld-»Megaprojekte« mit mehr als 500 Millionen Barrel Öl auf.[122] Projekte dieser Größenordnung bringen in der Spitze rund 100.000 Barrel am Tag und machen etwa 80 Prozent des weltweiten Angebots aus. Nur drei solcher Projekte werden im Jahr 2007 neu angezapft, weitere drei im Jahr 2008. Zwischen 2003 und Anfang 2007 sollen insgesamt etwa acht Millionen Barrel an neuer Kapazität fließen. Diese »Mini-Schwemme«, wie Skrebowski es augenzwinkernd nennt, dürfte ausreichen, den Rückgang der weltweiten Produktion aus existierenden Ölfeldern von drei bis vier Millionen Barrel pro Tag und die prognostizierte Nachfragesteigerung von rund drei Millionen Barrel für diesen Zeitraum auszugleichen. Aber danach? »Es sind im Moment nicht genügend Großprojekte in der Entwicklung, um den Produktionsrückgang in den älteren Gebieten und die weltweite Nachfragesteigerung nach dem Jahr 2007 wettzumachen«, sagt Skrebowski.

In seiner Studie aus dem Jahr 2004 führte Skrebowski 23 weitere Projekte an, die möglicherweise in der Zukunft erschlossen werden. Bis auf zwei liegen alle in Russland und im Nahen Osten, wie es angesichts meiner oben zitierten Quelle aus der obersten BP-Etage nicht anders zu erwarten war. Doch Skrebowski kam zu dem Schluss, dass aufgrund der vielen politischen, rechtlichen und technischen Unsicherheiten wohl keine vor Ende dieses Jahrzehnts neuen Nachschub auf den Markt bringt. Im April 2005 aktualisierte er seine Studie und fügte Ölfelder hinzu, die weniger als 100.000 Barrel pro Tag bringen, jedoch Wachstumspotenzial haben. So entstand eine Gesamtliste von 73 Megaprojekten, die bis zum Jahr 2012 Öl liefern. Die wichtigste Änderung gegenüber der Version aus dem Jahr 2004 ist die Zahl der Projekte, bei denen sich der Termin für den Beginn der Ölförderung verschoben hat. »Nach wie vor sind nach 2007/2008 nur wenige Projekte verzeichnet«, beobachtet Skrebowski.[123]

Kompliziert wird die Sache noch durch einen weiteren Umstand. Fast alle Projekte, die von der *Petroleum Review* erfasst werden, sind Offshore-Projekte. Da die Kosten für die Infrastruktur und den Betrieb bei diesen weit höher liegen als an Land, werden sie für gewöhnlich so erschlossen, dass die Spitzenfördermenge schnell erreicht ist – etwa ein Jahr nach Beginn – und so lange wie möglich aufrechterhalten werden kann. Offshore-Felder lassen daher schneller nach.

Skrebowski kann in der von ihm herausgegebenen führenden Zeitschrift der Ölbranche, wenn er seinen Job behalten will, die Auswirkungen nicht beschreiben. Deshalb übernehme ich das. Es wird zwischen 2008 und 2012 nicht annähernd ausreichend neues Öl angezapft werden, um der Nachfragesteigerung zu genügen. Stünde dieses Öl zur Verfügung, käme es aus Projekten, von denen wir heute schon wissen – geben doch die Ölunternehmen gern vor ihren Aktionären mit jeder größeren Entdeckung an. Berücksichtigt man die Zeitspanne, die zwangsläufig zwischen Entdeckung und Produktion liegt, lässt sich diese Lücke unmöglich schließen. Und es kommt noch schlimmer. Die Leute in der Ölindustrie wissen das. Sie müssten Staaten und Verbraucher vor der unvermeidlichen Energieknappheit warnen, doch sie tun es nicht.

Im Juli 2004 versuchten Campbell und Skrebowski ihre Warnung gemeinsam im britischen Parlament vorzubringen. Im Thatcher Room hielten sie vor einem kläglich kleinen Publikum, unter dem sich lediglich drei Parlamentsabgeordnete und eine Hand voll Wissenschaftler befanden, ein Seminar ab. Ich saß dort, hörte zu und hatte dabei das Gefühl, in einer unwirklichen Situation zu sein. In den rund zehn Jahren, in denen ich an den Klimaverhandlungen teilgenommen hatte, schenkte man der Problematik der globalen Erwärmung doch zumindest Beachtung. Das lässt sich vom Ölrückgang wahrlich nicht behaupten. Wie konnten dermaßen überzeugende Hinweise in einer der wichtigsten Regierungen der Welt nahezu ungehört bleiben, obwohl der Ölpreis bereits verdächtig hoch war und im Nahen Osten Krisen brodelten, die so offenkundig mit dem Erdöl zusammenhingen?

Nachdem sie ihre Argumente vorgebracht hatten, erklärten die beiden, welche Folgen eine frühe Förderspitze haben würde. »Die Wahrnehmung des drohenden Rückgangs kann schlimmer sein als der Rückgang selbst«, sagte Campbell. »Es wird eine Panik ausbrechen. Der Markt reagiert bereits auf kleinste Gleichgewichtsstörungen unangemessen heftig. Wenn es keine Kapazitätsreserven mehr gibt, werden die Preise in die Höhe schießen, bis die Nachfrage wegen der Rezessionen nachlässt. Vor uns liegt eine wechselvolle Zeit eines sich zuspitzenden Teufelskreises aus Preisschocks und Rezessionen. Ein Börsencrash ist unvermeidlich.«

»Wenn die wirtschaftliche Erholung so weitergeht«, fügte Skrebowski hinzu, »wird das Angebot ab 2008 oder 2009 sehr knapp werden. Die Preise schießen in die Höhe. Es ist nur noch sehr wenig Zeit, und viele stecken den Kopf in den Sand.«

Matthew Simmons

Matthew Simmons, dessen Branchenreferenzen ich nicht zu wiederholen brauche, sieht die Krise in einem noch größeren Kontext. »Die Ölmärkte steuern auf eine Mauer zu«, sagt er. Doch nicht nur sie. Simmons betont, der Ölrückgang müsse im Kontext anderer globaler Energieprobleme von heute betrachtet werden. Die meisten Energiequellen seien voneinander unabhängige »Naben«. Öl dient zu 70 Prozent als Kraftstoff. Erdgas wird vorwiegend für Wärme und Strom verwendet. Kohle und Atomkraft liefern Strom. Jede dieser Energie-Naben hat ihre spezifischen Probleme. Alle haben eine festgelegte Kapazität und lange Vorlaufzeiten, wenn diese Kapazität ausgebaut werden soll, während die Substitutionsmöglichkeiten derzeit über jämmerlich kleine Märkte verfügen. Die Gaspreise steigen, weil das Angebot in der Nähe der Hauptmärkte schneller zurückgeht als erwartet. Weil so viel Gas für die Stromerzeugung verbrannt wird, werden auch die Stromrechnungen teurer. Derweil veraltet in vielen Ländern die Strominfrastruktur rapide; für die Netze muss viel Kapital aufgebracht werden. Mehr als ein Jahrzehnt lang, so Simmons, haben sich die Fachleute auf Wissen versteift, das falsch ist. Als Illustration verweist er auf ein Cover der Zeitschrift *Economist* aus dem März 1999. Es zeigt ölverschmierte Bohrarbeiter, die versuchen, eine emporschießende Ölquelle zu verpfropfen. »Wir ertrinken im Öl«, lautete die Überschrift. Die Energienachfrage sollte dem Artikel zufolge in den folgenden Jahren langsam wachsen, die Technik die Kosten für die Versorgung senken. »Alles grottenfalsch«, sagt Simmons. Die Ölkrise werde voll zuschlagen und von den Problemen in anderen Energiebereichen noch verstärkt werden. »Ist das ein böser Traum?«, fragt er. »Warum haben wir so lange gewartet?«[124]

Weitere Verfechter einer frühen Förderspitze

Chris Skrebowski ist nicht der einzige Top-Vertreter der Ölindustrie, der beim Versuch, Colin Campbell zu widerlegen, bekehrt wurde. Richard Hardman, ehemaliger Direktor von Amerada Hess, ging vor einigen Jahren in den Ruhestand und wollte fortan Argumente gegen Campbell sammeln. Doch er kam zu dem Schluss, dass es keine gibt. Nun versucht Hardman, mit der *Royal Society* eine hochrangig besetzte Konferenz zum Ölrückgang und zu anderen Energieproblemen zu organisieren. Er hofft, dass sie zum »Weckruf« für das britische Establishment wird.

Auch Roger Bentley, ehemals bei Imperial Oil in Kanada, schickte Warnungen in die Flure der Macht. Acht Jahre lang bearbeitete er das Ministerium für Handel und Industrie, BP, Shell, die Umweltschutzinstitution *Royal Commission on Environmental Pollution* und andere mehr. »Es ist so frustrierend«, fasste er seine Erfahrungen in einem Gespräch mit mir zusammen. »Ökonomen können Sie nicht bekehren. Ingenieuren müssen Sie es immer und immer wieder erklären, dann kapieren sie es vielleicht.« Der leitende wissenschaftliche Berater der britischen Regierung, Sir David King, bat Bentley um einen erneuten Besuch, nachdem seine Vorträge zum Ölrückgang in angesehenen Zeitschriften wie *Nature* veröffentlicht worden waren.

Ein weiterer Spätbekehrter ist Roger Booth, der seine gesamte Laufbahn bei Shell verbrachte, zuletzt im Programm für erneuerbare Energien. »Ich habe die zynische Lebensphase erreicht; ich fürchte, wenn der Peak in den nächsten paar Jahren tatsächlich zuschlägt, wird eine völlig irrationale Reaktion folgen«, sagte er mir.

»Ein Crash in der Größenordnung von 1929 ist wahrscheinlich. Wie ein chinesisches Sprichwort besagt: ›Mögest du in interessanten Zeiten leben.‹«

Eine Wirtschaftskrise wie in den Dreißigern? Wie konnten wir es nur so weit kommen lassen? Das sind Fragen, die viele Leute bald stellen werden.

Francis Harper von BP, der Mann, der bis vor kurzem die Zahlen für die Ölreserven zusammengestellt hat, lässt sich nicht auf ein Datum festlegen. Er geht aber nicht davon aus, dass die Förderspitze in weiter Ferne liegt, also in den zwanziger oder dreißiger Jahren. Das machte er auf der Konferenz des *Energy Institute* im November 2004 deutlich. »Meine Ansichten entsprechen nicht unbedingt denen des Unternehmens«, sagte er zu Beginn der Konferenz. »Die Welt steht nicht vor einer Krise, sollte aber auch nicht allzu selbstgefällig sein.« Da die Nicht-OPEC-Staaten die Förderspitze überschritten hätten, werde es von den größeren OPEC-Produzenten abhängen, ob die Lücke zwischen Angebot und steigender weltweiter Nachfrage zu schließen ist. Harper schließt kryptisch: »In welchem Ausmaß sie ihre Produktion steigern können, sowohl um den Rückgang bei den Nicht-OPEC-Staaten wettzumachen als auch um den Anforderungen des globalen Wachstums zu genügen, wird von den wirtschaftlichen und politischen Entscheidungen abhängen, die in den nächsten zehn oder gar fünf Jahren getroffen werden.«[125]

Da liegt aber das nächste Problem.

Investiert die Branche genug, um Öl zu finden und zu liefern?

Nehmen wir mal einen Moment lang an, die Verfechter einer späten Förderspitze hätten Recht: Die Förderspitze, definiert durch die prinzipiell verfügbaren Reserven, liege in den zwanziger oder dreißiger Jahren des 21. Jahrhunderts, und wir könnten uns noch ein Jahrzehnt oder länger wachsender Vorräte relativ billigen Öls erfreuen. Doch die Problematik birgt einen zweiten Aspekt, die Frage nämlich, ob die Produktionskapazität überhaupt ausreicht. Michael Smith, Analyst für die Ölindustrie, ist Experte auf diesem Gebiet. Er hat den Großteil seines Berufslebens als Geologe für die Ölindustrie in allen Teilen der Erde gearbeitet, besonders im Nahen Osten. »Die

Reserven sind für die Produktionsspitze eher unerheblich«, sagt er. »Die Produktionskapazität ist der springende Punkt – wie schnell man es herausholt. Das ist ein technisches Problem, kein geologisches.« Von den elf Ländern des Nahen Ostens sind fünf wichtige Ölproduzenten: Iran, Irak, Kuwait, Saudi-Arabien und die Vereinigten Arabischen Emirate, die man zuweilen als *Middle East 5* bezeichnet. Diese Länder fördern heute rund 20 Millionen Barrel pro Tag, ein Viertel der Weltproduktion. Wenn die weltweite Nachfrage im Durchschnitt weiter so stark zunimmt wie in den vergangenen 30 Jahren, also um 1,5 Prozent im Jahr, werden diese fünf Länder rund zwei Drittel der Nachfrage decken müssen, errechnet Smith. Nehmen wir an, sie könnten leisten, was sie behaupten: Was bedeutet das für uns? Die Saudis sagen, sie könnten die Produktion von heute 9,5 Millionen Barrel am Tag bis zum Jahr 2016 auf zwölf und danach auf 15 Millionen Barrel erhöhen. Und dies, obwohl 50 Prozent des Öls aus dem Ghawar-Feld kommen, wo bereits von einem hohen Wasseranteil berichtet wird. Smith addierte alle gemeldeten Kapazitäten der fünf Nahoststaaten und kommt zu dem Schluss, dass sie bei einem jährlichen Nachfragezuwachs von 1,5 Prozent bereits im Jahr 2011 die weltweite Nachfrage nicht mehr werden befriedigen können. Steigt die Nachfrage um 2,5 Prozent, so klafft schon 2008 eine Lücke. Liegt die Steigerungsrate bei 3,5 Prozent – wie jüngst in China und den USA –, haben wir die Lücke bereits heute. »Dazu kommt«, fügt Smith ironisch mit Blick auf die Ausgangsprämisse hinzu, »dass ich den Behauptungen der *Middle East 5* keinen Glauben schenke. Doch ich vermute, dass deren Politiker sie glauben. Ich gehe nicht von einer Verschwörung aus. Vielmehr führt wohl die Arbeitsteilung dazu, dass niemand die ganze Geschichte kennt und daher reichlich Spielraum für Irrtümer besteht. Das führt unweigerlich zur positivsten Schlussfolgerung, von der die Politiker profitieren. Ich habe das in allen Ölfirmen erlebt, für die ich gearbeitet habe.«[126] Auf der Konferenz zum Ölrückgang, die das *Energy Institute* im November 2004 durchführte, zeigte Michael Smith am Ende seiner Präsentation ein Dia, das seine Ansichten bildlich zusammenfasste. Es zeigte mehrere Feuerwehrleute, die vor einem brennenden Haus für die Kamera posierten.[127]

Die Investmentbank Goldman Sachs machte in ihrem viel zitierten Bericht des Jahres 2004 darauf aufmerksam, wie schwer das Öl weltweit zugänglich ist. »Der Branche geht nicht das Öl aus – die Reserven sind groß und wachsen noch«, heißt es in dem Bericht, der allerdings Beweise für diese Analyse schuldig bleibt. »Was der Branche ausgeht, ist die Fähigkeit, an dieses Öl heranzukommen.«

Verantwortlich für diesen Umstand sind die achtziger und neunziger Jahre, in denen chronisch unterinvestiert wurde. In dieser Zeit hat sich die Branche an den Vorräten gütlich getan, die in den sechziger Jahren und davor gefunden worden waren; die Infrastruktur war in den siebziger Jahren nach der ersten Ölkrise aufgebaut worden. Die weltweite Nachfrage nach Öl bringt nun die Speicher- und Raffineriekapazitäten an ihre Grenzen. Das Spitzenjahr für die Lagerkapazität war das Jahr 1981. Das Gleiche gilt für die Spitze der Raffineriekapazität. Auch die globalen *Rig Counts* – die Maßzahl für die Bohraktivitäten – hatten in jenem Jahr ihre Spitze.

Wie viel also muss investiert werden, um dieses Defizit zu beseitigen? Vorausgesetzt, die Ölnachfrage steigt wie gemeinhin vorausgesagt, wird man Goldman Sachs zufolge in den nächsten zehn Jahren ingesamt 2,4 Billionen Dollar aufbringen müssen. Das ist etwa dreimal so viel, wie die Ölindustrie in den neunziger Jahren investiert hat. Und wenn sie es nicht aufbringt? »Wenn die Kerninfrastruktur nicht besser wird, wird es sehr wahrscheinlich immer mehr, immer bedrohlichere und zerstörerischere Energiekrisen geben«, heißt es im Bericht der Investmentbank.[128]

Vereinfacht ausgedrückt, sieht es ganz danach aus, als würden uns, selbst wenn uns keine frühe Förderspitze bevorsteht, so doch die Folgen der über zwei Jahrzehnte ausgebliebenen Investitionen in die Infrastruktur und die Ölsuche treffen. Wenn man im Goldman-Sachs-Bericht zwischen den Zeilen liest, kann man die Furcht geradezu riechen.

Geopolitische Risiken

Selbst dort, wo in großem Umfang investiert wurde, gibt es häufig eine ganze Latte weiterer ungelöster Probleme. Das Öl im Kaspischen Meer ist in allen Szenarien, in denen die Deckung der Nachfrage bis in die zwanziger Jahre durchgespielt wird, von zentraler Bedeutung. Die Ölindustrie betrachtete die Baku-Ceyhan-Pipeline von

Aserbeidschan in die Türkei als unerlässliche Voraussetzung, um das kaspische Öl zum Markt zu bringen, ohne durch Tschetschenien und Russland zu müssen. Als die Pipeline am 25. Mai 2005 in Betrieb ging, hatte sie vier Milliarden Dollar verschlungen, fast drei Viertel davon in Form von Bankdarlehen. Die Schwierigkeiten mit dieser Pipeline beginnen mit Berichten über die Konstruktionsstandards. Vier Insider warnten erst kürzlich in einer überregionalen britischen Tageszeitung, dass die Pipeline keinem internationalen Konstruktionsstandard genügt; so wurden mangelhaft verschweißte Rohre installiert, ohne vorher geprüft worden zu sein. Die Pipeline verläuft durch ein besonders erdbebengefährdetes Gebiet. In der Türkei haben sich in den vergangenen 80 Jahren mehrere hundert Beben ereignet; die Pipeline ist auf eine Lebenszeit von 40 Jahren angelegt.[129]

Als die Pipeline geplant wurde, war in den Branchenberichten von mehreren 100 Milliarden Barrel Öl in der kaspischen Region die Rede. Heute schätzt man gemeinhin an die 50 Milliarden Barrel, etwa so viel wie in der Nordsee.[130] Die Entdeckung des letzten so genannten *Super Giant*, des riesigen Kaschagan-Ölfelds im Jahr 1990, trieb, wie vorherzusehen war, das Interesse an Kasachstan in die Höhe. Doch da in diesem Gebiet die Förderung einzelner Quellen eine Milliarde Dollar kostet und unter den gegebenen Bedingungen nur ausländische Unternehmen über das nötige Know-how und die Fördertechnik verfügen, erließ die kasachische Regierung neue Gesetze, die Investitionen unattraktiv machen. Ein ExxonMobil-Manager erklärte der *Petroleum Review*, es sei »noch unklar, ob all diese Hürden die Förderung in Kasachstan verzögern werden«.[131]

Dieses Beispiel illustriert, mit welchen Problemen die Ölindustrie heutzutage faktisch zu kämpfen hat, und wirft die Frage nach dem Wechselspiel zwischen einer frühen Förderspitze und der Öl-Geopolitik auf. Als größter Verbraucher der Erde werden die USA viel mit den Auswirkungen dieser Probleme zu tun haben – seien sie ausgelöst durch einen frühen Ölrückgang oder durch eine unzulängliche Infrastruktur und mangelnde Investitionen oder durch beides. Die Geopolitik Amerikas in Bezug auf seine Abhängigkeit vom Öl stellt Michael Klare in seinem jüngsten Buch *Blood and Oil* stimmig dar.[132] Er sieht vier zentrale Entwicklungen: mehr Importe, zunehmend unsichere und »unfreundliche« Lieferanten, ein steigendes Risiko antiamerikanischer Gewalt und einen wachsenden Wettbewerb um die abnehmenden Vorräte. Über die Importe haben wir bereits gesprochen. Zunehmend unfreundliche Lieferanten und die wachsende antiamerikanische Gewalt hängen zusammen. Die USA können zwar Beziehungen zu den Regierungen instabiler Staaten pflegen, nicht aber zur jeweiligen Bevölkerung. Der Terrorismus wird wohl mit jedem weiteren Auftritt der Amerikaner im Nahen Osten und in Zentralasien zunehmen. Die Pipeline vom Irak in die Türkei illustriert dieses Problem anschaulich. Im Jahr 2003 wurden fast täglich Anschläge verübt.

Der Wettbewerb um die schwindenden Vorräte wiederum birgt Stoff für Alpträume. Das Pentagon gründete 1983 die *Central Command*, die mit Hilfe von fünf Regionalkommandos rund um die Welt ausdrücklich den Auftrag hat, den globalen Erdölfluss zu schützen. »Langsam, aber sicher«, schließt Michael Klare, »wird die US-Armee zu einem globalen Ölprotektionsdienst umgebaut.« Bei einem Barrelpreis von 30 Dollar dürfte sich die Gesamtrechnung für das Importöl – das heute fast die Hälfte des Verbrauchs in den USA ausmacht und dessen Anteil ständig steigt – in den nächsten 25 Jahren auf 3,5 Billionen Dollar summieren, und da sind die Kosten für das Pentagon noch gar nicht mitgerechnet. Jenseits der *Middle East 5* zielt Bushs Diversifikationsstrategie auf acht Hauptlieferanten, die Klare als die »alternativen acht« bezeichnet: Mexiko, Venezuela, Kolumbien, Russland, Aserbaidschan, Kasachstan, Nigeria und Angola. Diese Länder und ihre Ölgeschäfte sind geprägt von folgenden Charakteristika: Korruption, organisiertem Verbrechen, Bürgerkrieg (in den letzten Jahren allein in fünf dieser Länder), bürgerkriegsähnlichen politischen Unruhen und skrupellosen Diktatoren. Die US-Armee verstrickt sich immer tiefer in die Zusammenarbeit mit solchen Regimen, unter anderem durch gemeinsame Militäraktionen.

Für Klare lautet das Fazit: »Jede Korruption, jede ethische oder politische Gewalt in diesen Regionen könnte nicht nur zur Falle für unsere eigenen Streitkräfte dort werden. Sie könnte auch zu einer tödlichen Konfrontation zwischen den Militärmächten der Welt führen.« Denn in einer Welt, die dermaßen dauerhaft vom Öl abhängig ist wie die unsere, versuchen natürlich auch andere, sich Vorräte zu sichern. Russland und China zum Beispiel. Ein Weltsicherheitsexperte formulierte es jüngst so: »Ich fürchte, wir werden im Lauf der Jahre erleben, dass China sich zunehmend in die Nahostpolitik einmischen wird. Die Chinesen werden sich Zugang zum Öl verschaffen wollen, indem sie Geschäfte mit korrupten Diktatoren der Region machen und vielleicht Bauteile für Massenvernichtungswaffen, ballistische Raketen und andere Dinge liefern, mit denen sie zu tun haben; das würde sie ganz sicher auf Kollisionskurs mit den USA bringen.«[133] Die Abhängigkeit vom Öl könnte noch zum Dritten Weltkrieg führen. Mit der Belastung, die eine frühe Förderspitze mit sich brächte, wird diese grausige Aussicht sicher nicht weniger wahrscheinlich.

II Ölrückgang und globale Erwärmung

Im Treibhaus

5

23. Dezember 2003, Waterloo, London
Es ist heute so kalt, wie es vor vier Monaten heiß war. Ein älteres Ehepaar ist in dem Haus, in dem es seit 60 Jahren gewohnt hatte, erfroren. Vor zwei Wochen hat man den beiden das Gas abgestellt, weil sie die kleine Rechnung nicht bezahlen konnten. Der Arzt hat eine »natürliche Todesursache« festgestellt.[134] Ich denke darüber nach, dass ich nun in einem Land lebe, in dem es nicht nur rechtmäßig, sondern auch natürlich ist, dass ein Energieunternehmen Menschen dem Tod durch Unterkühlung ausliefert, weil sie ihre Rechnung nicht bezahlt haben. Eine völlig neue Dimension des Bruttogewinns. In Finnland, wo es um einiges kälter ist als in Großbritannien, liegt die Zahl derer, die in ihrer eigenen Wohnung erfrieren, bei genau null. Die Zahl der Todesfälle durch Unterkühlung in britischen Wohnungen geht dagegen an die 50.000 im Jahr.[135] Zehntausende, die nicht gestorben wären, wenn sie im Land des Weihnachtsmannes in besser isolierten Wohnungen gelebt hätten! Um dieser Form des Totschlags in unserer Gesellschaft ein Ende zu bereiten, müssten wir lediglich unsere Häuser energieeffizienter machen. Aber die Mühe machen wir uns ja nicht. Wir lassen es zu, dass unsere vorsintflutlichen Häuser wie ein undichter Topf die Wärme hinauslassen und Treibhausgase in die Atmosphäre pusten, als seien das Leben unserer Alten, die drohende Energiekrise und die Durchschnittstemperatur auf der Erde völlig ohne Belang.

Es ist, als sei es gestern gewesen, als uns die Hitze so beunruhigte wie jetzt die Kälte. Tausende von Menschen, überwiegend ältere, starben im heißesten Sommer seit Beginn der Aufzeichnungen. Ich denke da an einen Tag Ende August. Schon ehe die Lichter ausgingen, lag etwas in der Luft, man harrte der seltsamen Ereignisse, die in einer Hitzewelle eben geschehen. Sie wissen schon, was ich meine. Sie gehen ins Büro und fragen sich, wer hier unzureichend mit Deodorant versorgt ist. Leute, mit denen Sie sonst kaum ein Wort wechseln, knurren Sie leise an. Workaholics bekommen schon um drei Uhr nachmittags Lust auf ein Bier.

Seit Wochen schon war es atemberaubend heiß gewesen in London. Am 10. August war das Thermometer erstmals in Großbritannien über 37 Grad Celsius gestiegen. Die Eisenbahnschienen verbogen sich, und Tausende von Fahrgästen saßen in Saunen fest, die einst Zugwaggons gewesen waren. Auf den Straßen kam man kaum besser voran, weil sie schmolzen.

Das Quecksilber blieb drei Wochen lang Tag für Tag da oben hängen. Im Londoner Zoo begann man hechelnde Löwen mit gefrorenem Blut zu füttern. Unser Büro hatte keine Klimaanlage, und bis zum Nachmittag schien sich das Hirn in Marshmallow verwandelt zu haben. Weil ich wusste, dass wir gegen sämtliche Gesundheits- und Sicherheitsregeln verstießen, sagte ich allen, sie könnten nach Hause gehen, wenn sie wollten, rannte aber los, um Eis zu kaufen und sie zum Bleiben zu bewegen. »Gefrorenes Blut«, sagte ich. »Kommt und holt es euch!« Die Guten saßen rosagesichtig vor ihrem Bildschirm, kramten nach vernünftigen Gedanken und versuchten, die Kunden und vor allem einander nicht anzugiften. Kurz nach fünf hatte etwa ein Dutzend von uns dem vernünftigsten aller Gedanken, der sich hartnäckig in unseren Köpfen eingenistet hatte, nichts mehr entgegenzusetzen. Da standen wir also in dem Pub mit dem bezeichnenden Namen *The Fire Station* und tranken kaltes Lager; in der Luft lag dieses gewisse Etwas.

Da gingen die Lichter aus.

Wir blickten einander an. Die Zeiten waren so sonderbar und ein Stromausfall so selten, dass die Spekulationen sofort ins Kraut schossen. Vielleicht war das der Terroranschlag in London, von dem uns unser Premierminister schon das ganze Jahr eingeredet hatte, er würde unausweichlich kommen? »Teufel nochmal«, sagte jemand und ging, noch schnell eine Runde zu bestellen. Er kehrte enttäuscht zurück. Die Pumpen funktionierten nicht. Die Leute versuchten, übers Handy zu telefonieren, und kamen nicht durch. Späher erkundeten die Außenwelt. Alle Lichter in der Umgebung waren aus.

War es womöglich ein landesweiter Stromausfall? Wir wären ja nicht die Einzigen. Zwei Wochen zuvor hatte Nordamerika den bis dahin schlimmsten Stromausfall aller Zeiten erlebt. 21 Kraftwerke waren zusammengebrochen, 60 Millionen Menschen in New York, Detroit, Toronto und Dutzenden weiterer Städte die ganze Nacht ohne Strom gewesen; Pendler waren in überhitzten Zügen und Aufzügen eingesperrt, Tausende mussten auf der Straße übernachten. Die Fluglinien mussten weltweit Flüge stornieren. Wir hatten die Fernsehbilder gesehen: Tausende von Menschen, die an der Brooklyn Bridge vor einem stromlosen Manhattan standen und trampten; Wall-Street-Banker, die auf Parkbänken nächtigten.

Szenen wie vom Untergang der Zivilisation.

Einen Tag später war es vorbei, ohne schlimmere Folgen, wie man versicherte, abgesehen von der halben Milliarde Dollar an Geschäftseinbußen, die aus der amerikanischen Bilanz gestrichen werden musste. Doch einige Fragen blieben unbeantwortet. Beim letzten Stromausfall dieser Größenordnung in Amerika im November 1965 erfuhren wir überrascht, dass der Fehler auf ein einziges fehlerhaftes Relais in Ontario zurückzuführen war. Dieses Mal zankten sich die USA und Kanada darüber, in welchem Land – nicht etwa in welchem Ort – der verantwortliche Fehler zu suchen war. (Später stellte sich heraus, dass es zwei defekte Hochspannungsleitungen in Ohio waren.) Die Überraschung wich Befremden, als ein ehemaliger US-Energieminister den Medien mitteilte, das amerikanische Stromnetz sei nicht besser als die Stromnetze der Dritten Welt. Ein britischer Stromexperte schaffte es auf Anhieb in die Schlagzeilen, als er voraussagte, die Chancen stünden eins zu fünf, dass auch das schrottreife britische Stromnetz noch vor Weihnachten zusammenbreche.

Vielleicht waren die Franzosen an allem schuld, wagte sich jemand aus der Reserve. Erst kurz zuvor war ein Viertel der französischen Kernkraftwerke dermaßen heiß geworden – die Hitzewelle hatte ganz Europa erfasst –, dass man sie abschalten musste. 75 Prozent der französischen Energie kommen aus Kernkraftwerken, die auch das britische Netz von der anderen Kanalseite her anzapft. Hatte womöglich die Tatsache, dass die Franzosen in der Hitze ihre Kernkraftwerke nicht mehr kühlen konnten, etwas mit dem unerfreulichen Umstand zu tun, dass in unserem Pub kein Lager mehr gezapft werden konnte? Ja, zum Teufel! Vielleicht waren ja wirklich die Franzosen schuld!

Eine halbe Stunde später gingen die Lichter wieder an. Jubel erfüllte die Schankstube, und alles drängelte sich um den Tresen. Da der Pub direkt neben dem Waterloo-Bahnhof liegt, war er zum Bersten voll. Wer in der Stadt arbeitete, war sich im Klaren darüber, dass ein Stromausfall die landesweite Verkehrsinfrastruktur so außer Kraft setzen würde, dass das kurzfristig nicht zu beheben war. Daher richtete man sich hier und in anderen Pubs der Hauptstadt darauf ein, die Nacht durchzuzechen. Unser Stromausfall dauerte nicht annähernd so lange wie der in Amerika, und dennoch schliefen in dieser Nacht Banker auf Parkbänken.

Teil I des Buches basierte auf der Annahme, dass wir weiterhin nach Herzenslust Öl und Gas verbrennen können, solange wir welches finden und fördern. Die meisten Wirtschaftswissenschaftler und Finanzanalysten setzen auch genau das voraus. Aber das ist falsch. Wir können es eben nicht. Der Grund dafür ist ein Phänomen mit einem etwas unzureichenden Namen: die globale Erwärmung. Wenn wir Öl, Gas und Kohle weiterhin in dem Tempo verbrennen, wie wir es gerade tun, kann uns die globale Erwärmung durchaus in die nächste Wirtschaftskrise stürzen und nebenbei unsere Ökosysteme zerstören. In Großbritannien haben sowohl Sir David King, der derzeitige leitende wissenschaftliche Berater der Regierung, als auch Sir John Houghton, der frühere Leiter des britischen Wetterdienstes, erklärt, die globale Erwärmung stelle mittlerweile eine größere Bedrohung dar als die Massenvernichtungswaffen.[136] Mit dieser Ansicht stehen sie vor allem in Europa nicht alleine da.

Zunächst möchte ich erklären, warum diese Ansicht gerechtfertigt ist. Danach werde ich eine Risikoeinschätzung für die globale Erwärmung vornehmen – der erste große Denkfehler in der Geschichte der Blauen Perle. Dazu kommt das Zusammenspiel mit dem Ölrückgang – der zweite große Denkfehler.

Die globale Erwärmung als Massenvernichtungswaffe

Stellen Sie sich einmal vor, die CIA hätte im Kalten Krieg entdeckt, dass die Sowjetunion heimlich zwei furchtbare neue Massenvernichtungswaffen entwickelt hätte und einsetzen würde. Die eine wäre eine ökonomische Zeitbombe, die sämtliche westlichen Volkswirtschaften zerstören, ja sogar den Kapitalismus selbst zu Fall bringen könnte. Die andere wäre eine biologische Waffe, die ein ganzes Ökosystem, das in der UdSSR nicht vorkommt, auslöschen könnte – ein für die Wirtschaft lebenswichtiges Ökosystem, auf dem die Volkswirtschaft vieler Länder gründet. Im Licht der heutigen Ereignisse kann man sich die Reaktion leicht vorstellen.

Warum betrachten wir die Sicherheit unserer Umwelt dagegen mit ganz anderen Augen? Denn auf dem Planeten Erde existieren diese »Massenvernichtungswaffen« hier und jetzt, auch wenn sie nicht von einer Supermacht erfunden wurden. Schlimmer noch, sie zeigen bereits Wirkung. Aus wirtschaftlicher Sicht bedroht die globale Erwärmung das Überleben der Billionen Dollar schweren Versicherungsindustrie mit Folgewirkungen für die globalen Finanzmärkte. Biologisch betrachtet stellt die globale Erwärmung zum Beispiel eine reale, unmittelbare Gefahr für das Überleben der Korallenriffe dar.

9. Februar 2000, Finanzbezirk von London

Ich sitze in einem Raum mit 40 Fondsmanagern, die ein Vermögen von 250 Milliarden Pfund verwalten. In den zwei Stunden, die ich in der »City«, dem Finanzbezirk von London, verbracht habe, ging auf dem globalen Finanzmarkt über eine Billion Dollar von Hand zu Hand.

Die Fondsverwalter haben sich an diesem Morgen hier versammelt, um Analysen über die Bedrohung für ihre Milliarden und Billionen zu hören. Fondsmanager kommen oft zu solchen Seminaren zusammen, doch noch nie wurden so viele aus ihren Büros gelockt wie beim heutigen Thema. Ich habe meinen Vortrag hinter mir und sitze jetzt zwischen den Trägern von Nadelstreifenanzügen und höre einem weiteren Redner zu: Dr. Julian Salt vom *Loss Prevention Council*, einer Denkfabrik der Versicherungsbranche.

»Das Versicherungssystem von heute weist einen grundlegenden Fehler auf«, beginnt er. »Das System basiert auf einer Datensammlung von Ansprüchen in der Vergangenheit, mit der in der Gegenwart die unbekannten Ansprüche der Zukunft abgesichert werden.« In einem System, in dem sich nichts verändere, sei das völlig in Ordnung, erläutert Salt, in einer Welt, in der sich das Klima ändere und daher unkalkulierbare Ansprüche entstehen könnten, sei das jedoch unhaltbar. Die Versicherungsindustrie nehme jährlich über zwei Billionen Dollar ein und mache damit zehn Prozent der Weltwirtschaft aus. Aufgrund der globalen Erwärmung sei die ganze Branche in großer Gefahr. Den Versicherungen drohe der Bankrott. Das könne einen Dominoeffekt auslösen. Rentenversicherungen seien in Gefahr. Banken könnten stürzen. Ja, der ganze globale Kapitalmarkt könnte zusammenbrechen.

Die offensichtlichen Folgen muss Salt gar nicht erst nennen. Wenn das passiert, können die Fondsmanager ihre Investitionen in den Wind schreiben.

Die einzige Antwort, verkündet Salt, sei ein sofortiges Verbot aller fossilen Brennstoffe, denn ihre Verbrennung sorge dafür, dass die Versicherungen in einem sich verändernden Klima mit nicht kalkulierbaren Ansprüchen konfrontiert würden.

»Wir müssen den Kohlendioxid-Ausstoß drastisch einschränken«, meint Salt.

Dieser Ansicht bin ich schon lange. Seit 1993 versuche ich, Versicherungen und Banken davon zu überzeugen.

Salt trägt seine Rede ganz nüchtern und trocken vor. Den Menschen werde der Ernst der Lage mit jedem großen Versicherungsverlust und mit jedem Mal, bei dem es gerade noch einmal gut ging, immer deutlicher werden. Damit meint er, dass Städte und Ansiedlungen knapp einem Hurrikan, durch Dürre ausgelösten Feuersbrünsten oder einer Flutkatastrophe entgehen; Naturkatastrophen, die immer häufiger auftreten, je höher das globale Thermometer steigt. Schon ein paar Katastrophen – ein Wirbelsturm, der Tokio trifft, oder ein Waldbrand, der auf Los Angeles übergreift – könnten genügen, die Reserven der gesamten Versicherungsbranche aufzuzehren. Die Branche hat über 300 Milliarden Dollar für sämtliche Verluste durch Katastrophen in einem Jahr zurückgelegt. Diese Summe könne im Prinzip über Nacht dahin sein. Noch hat keine größere Naturkatastrophe eine Stadt heimgesucht, und die Versicherungsbranche benimmt sich, als ob es auch nie dazu kommen würde.

Salt bietet ein einfaches und klares Fazit: »Die Botschaft für zukünftige Investitionen sollte lauten ›Silizium kaufen, Kohlenstoff verkaufen‹.«

Bei der derzeitigen Lage birgt diese Devise allerdings einige Probleme, wie Salt zugeben muss. »Die Marktkapitalisierung konventioneller Aktien von Nutzern fossiler Energieträger ist zu hoch. Die Kapitalisierung alternativer Aktien ist zu niedrig. Um die Dinge zu ändern, brauchen wir hundert Unternehmen wie Microsoft und zehn Kyoto-Protokolle.« Er meint Microsofts Engagement auf dem Gebiet alternativer Energien und Abkommen, die zehnmal so hart wären wie das Protokoll, das 1997 von den meisten Staaten ausgehandelt wurde. Wenn wir unseren Planeten retten wollten, warnt er, müsse das geschehen, und zwar bald.

Nach dem Vortrag spreche ich Julian Salt am Buffet an. »Was sagen Ihre Kollegen von den Versicherungen dazu, wenn Sie intern diese Art der Analyse vorlegen?«, frage ich.

»Sie hören zu«, erwidert er mit grimmigem Lächeln. »Und dann gehen sie normalerweise an die Bar.«

»Wann werden sie aufwachen?«, frage ich Salt. »Wann kommt der Meinungsumschwung, was meinen Sie? Gibt es nicht bereits genügend Beweise? Ich wette, die Typen marschieren schnurstracks zurück in ihr Büro und investieren weiterhin Abermillionen in Öl, Gas und Kohle.«

»Die Finanzdienstleistungsbranche hat ein enormes Talent, die Augen vor der Wirklichkeit zu verschließen«, antwortet Salt.

Das ist mir nur allzu bekannt. Aber wie groß ist es genau? Das will ich wissen. Um zu überleben, sind die Kapitalmärkte irgendwann aufgrund der Last der Beweise zu einem Verhalten gezwungen, das sie vor dem Selbstmord bewahrt.

Das neue Jahrhundert ist erst sechs Wochen alt, doch wer Augen hat, um zu sehen, kann schon jede Menge düsterer Vorzeichen erkennen. Ein Vorgeschmack darauf, was uns in einer weiterhin von fossilen Brennstoffen abhängigen Welt erwartet, traf Frankreich am Vorabend des neuen Jahrhunderts: zwei Nächte lang, vom 26. bis zum 28. Dezember, tobten starke Stürme über das Land und verursachten dabei Kosten in einer Höhe, wie sie in der europäischen Geschichte noch nicht aufgetreten waren. Über die Hälfte aller Dächer in Paris war beschädigt, und 300 Millionen Bäume stürzten um, was drei Prozent des gesamten französischen Baumbestands ausmacht. Das Elektrizitätsnetz erlitt den größten Schaden, der mit Ausnahme von Kriegszeiten je in einem Industrieland verzeichnet wurde: Direkt nach dem Sturm waren zwei Millionen Menschen ohne Strom, und viele blieben es lange Zeit. Tausende von Soldaten waren im Einsatz und versuchten, das Land wieder auf die Beine zu bringen.

Bei CNN ist man anscheinend aufgewacht. In den neunziger Jahren war die Berichterstattung des Nachrichtensenders über die globale Erwärmung das, was ihre Produzenten für ausgewogen hielten. Dazu gehörte, dass auf jedes Interview, in dem auf eine Reduzierung der Treibhausgase gedrängt wurde, eine Stellungnahme der Gegenseite folgte – normalerweise ein ganzer Trupp hartgesottener Experten, die von der Ölindustrie bezahlt wurden und versicherten, es gebe keine Bedrohung oder wenn, dann nur eine ganz kleine. In der ersten Woche des neuen Jahrhunderts wurde ich in das Londoner Studio von CNN eingeladen und sollte live eine Stunde lang in einer weltweit ausgestrahlten Sendung über die globale Erwärmung auftreten. Ich rechnete damit, unter meinen Gesprächspartnern auf die üblichen unter Bluthochdruck stehenden Kandidaten zu stoßen, die hartnäckig die naturwissenschaftliche Realität verleugnen. Bisher war ich ihnen bei allen früheren derartigen Sendungen von CNN begegnet. Doch ich wurde überrascht. Die Sendung begann damit, dass der Moderator im gedämpft tragisch umflorten Tonfall, der sonst für die jüngste Gewalttat oder Schießerei in Amerika reserviert ist, fragte, ob das kommende Jahrhundert angesichts der düsteren Belege für die drohende globale Erwärmung nicht sogar das letzte für die Menschheit sein könne.

Der Meinungsumschwung bei CNN wurde offenbar durch die Feststellung amerikanischer Wissenschaftler bewirkt, dass die Eisdecke der Arktis in den vergangenen 40 Jahren um 40 Prozent zurückgegangen sei. Der Beweis, der in der Sendung einen großen Raum einnahm, stammte von den Aufzeichnungen amerikanischer Atom-U-Boote, die im Kalten Krieg mit ihren sowjetischen Kontrahenten Versteck gespielt hatten. Das Pentagon hatte die Informationen jahrelang zurückgehalten. Anscheinend beschränken sich die Vorstellungen von nationaler Sicherheit im kollektiven Denken der Staatsbediensteten darauf, dass Atomwaffen die nationale Wirtschaft schädigen – die Gefährdung des Planeten, auf dem wir leben, wird dagegen ignoriert.

Die Verwüstung von Volkswirtschaften und Ökosystemen

Julian Salt gab letztlich nichts Neues zum Besten. Versicherungen warnen seit Anfang der neunziger Jahre, dass ihre Branche durch die globale Erwärmung Bankrott gehen könnte, wenn wir weiterhin Treibhausgase in die Atmosphäre blasen. Die globalen Reserven, die die Branche für Versicherungsleistungen im Katastrophenfall zurückgelegt hat, könnten entweder durch eine oder zwei *Mega-Cats* vernichtet werden, wie Versicherer schwere Schläge gegen große Städte nennen, oder durch ein Maschinengewehrfeuer kleinerer

Katastrophen. Bereits jetzt zeichnet sich ein Trend ab: Die Verluste aufgrund von Naturkatastrophen steigen seit vier Jahrzehnten inflationsbereinigt um etwa zehn Prozent pro Jahr. Bedeutende Versicherungsgesellschaften wie die beiden größten Rückversicherer der Welt, die Münchner Rück und die Schweizer Rück, stellen in ihren Jahresberichten nicht mehr die Frage nach dem »Was wäre wenn«. Der Trend ist real und größtenteils auf die globale Erwärmung zurückzuführen.

Wenn das so weitergeht, werden wir im Jahr 2060 Reichtum so schnell vernichten, wie wir ihn schaffen, selbst wenn man ausklammert, dass die Wirtschaft zwischenzeitlich aus dem Takt gerät.[137] Vor langer Zeit, genauer gesagt 1993, hörte ich einen Direktor von Lloyd's of London warnen, dass eine Verstärkung des Treibhauseffekts nicht nur Lloyd's, sondern die gesamte Versicherungsbranche weltweit ruinieren könne. 1995, als ich mich bereits auf das Problem spezialisiert hatte, warnten auch andere Branchenführer vor einem durch den Treibhauseffekt ausgelösten globalen Versicherungscrash in Tokio, New York, München, Zürich und auf den Bermudas – den wichtigsten Zentren der Versicherungsbranche.[137] 1997 ging die größte Rückversicherungsgesellschaft der Welt sogar noch weiter. Die Münchner Rück schrieb in einem Bericht über die Katastrophenstatistik von 1996: »Aktuellen Schätzungen zufolge wäre das mögliche Ausmaß der durch extreme Naturkatastrophen in einer der Weltmetropolen oder Industriezentren verursachten Verluste so groß, dass die gesamten Wirtschaftssysteme der Länder zusammenbrechen und sogar die Finanzmärkte der Welt kollabieren könnten.«[138] Der Jahresbericht 2004 der Schweizer Rück meldet: »Es besteht die Gefahr, dass die natürlichen Klimaveränderungen durch menschliches Eingreifen so beschleunigt und verstärkt werden, dass es unmöglich sein wird, unsere Wirtschafts- und Gesellschaftssysteme rechtzeitig anzupassen.«[140]

Diese Warnungen, das sollte noch einmal betont werden, kommen nicht von Umweltschützern, sondern von zwei der größten Unternehmen weltweit.

Die Hiobsbotschaften über ein massives Absterben der Korallenriffe stammen wiederum von einer breiten Mehrheit von Biologen, die sich damit befassen. Wenn die Wassertemperaturen auch nur für einen kurzen Zeitraum von wenigen Wochen um ein Grad Celsius steigen, beginnen die Korallen auszubleichen. Dieser Farbverlust ist mit einer Störung des Stoffwechselvorgangs verbunden, bei der die Photosynthese nicht mehr möglich ist. Wenn das Wasser zu warm bleibt, sterben die Korallen ab. Meeresbiologen meldeten bereits in den neunziger Jahren ein beunruhigendes Maß an Ausbleichungen. Heute kann die Krankheit in jedem Ozean gefunden werden, wo Korallen existieren. Einige Experten befürchten, dass die globale Erwärmung schon in den nächsten 30 Jahren zum völligen Aussterben der Korallen führen könnte.[141]

Die Bedrohungen zusammengefasst: ein rundes Dutzend

Das sind bei weitem nicht die einzigen Bedrohungen, die uns durch die globale Erwärmung drohen. Schon vor über zehn Jahren warnten Experten: Wenn wir das Verbrennen der Hauptschadstoffverursacher (Öl, Gas und Kohle) nicht gewaltig einschränken würden, kämen die Auswirkungen der globalen Erwärmung »gleich nach denen eines Atomkriegs«.[142] In meinem Buch *The Carbon War* habe ich die zwölf wichtigsten Gründe dafür zusammengefasst, warum wir uns Sorgen machen müssen, wenn die Schadstoffemissionen auch in den kommenden Jahrzehnten auf heutigem Niveau bleiben. Zusammengestellt aus umfangreichem Forschungsmaterial von Klimaexperten auf der ganzen Welt und dargestellt in den Berichten der *Intergovernmental Panel on Climate Change*, der Zwischenstaatlichen Kommission zum Klimawandel (IPCC)[143], wiederhole ich sie hier in Kürze:

Das Ausmaß der Erwärmung: Die prognostizierten Temperaturen können von vielen Ökosystemen nicht mehr toleriert werden, vor allem aber sind sie so hoch, dass sie nicht lineare Reaktionen wie etwa das Ausschalten des Golfstroms auslösen.

Die Geschwindigkeit der Erwärmung: Die prognostizierte Geschwindigkeit der Erwärmung ist, wenn man die Bemühungen zur Reduzierung der Schadstoffemissionen unberücksichtigt lässt, so hoch, dass sich viele Ökosysteme nicht anpassen können. Ökologen rechnen beispielsweise damit, dass ganze Wälderarten verschwinden werden.

Der Verlust der Artenvielfalt: Korallen sind nur ein Beispiel von vielen. Kürzlich erstellte Klimamodelle des britischen Wetterdienstes zeigen, dass der tropische Regenwald (das vielfältigste Ökosystem überhaupt) langfristig besonders gefährdet ist.
Der Anstieg des Meeresspiegels: In einer Welt, in der ein Großteil der Infrastruktur und viele Großstädte in den Küstengebieten liegen, stellt selbst ein geringfügiger Anstieg des Meeresspiegels durch die Ausdehnung wärmeren Meerwassers ein großes Problem dar. Durch das Schmelzen des Eises vor allem in Grönland und der Antarktis kann der Anstieg über einen längeren Zeitraum betrachtet auch mehrere Meter betragen.
Die Gefahr für die Versicherungsbranche und die Finanzmärkte: Stellen Sie sich zum Beispiel die Verwundbarkeit von versicherten Vermögenswerten in Höhe von zwei Billionen Dollar an der Küste eines einzigen Staates wie etwa Florida vor und damit das Risiko für eine Branche, die weniger als eine halbe Milliarde Dollar als Reserve zur Deckung aller Verluste durch Katastrophen weltweit in einem Jahr zurückgelegt hat.
Unzureichende Versorgung mit Nahrungsmitteln: Die Zunahme von Überschwemmungen, Dürreperioden, Stress durch Hitze und die wachsende Ausbreitung von Schädlingen und Krankheiten ist schon jeweils für sich genommen ein großes Problem für die Versorgung der Weltbevölkerung mit Nahrungsmitteln. Schlimmer noch sind jedoch die Synergieeffekte zwischen diesen und anderen Faktoren.
Die Bedrohung der Trinkwasserversorgung: In einer Welt, die ihre Grundwasservorkommen rasch abbaut, werden die zunehmenden Dürreperioden, die mit einer Erwärmung einhergehen, erhebliche Probleme aufwerfen.
Die Bedrohung für die Gesundheit der Menschen: Besonders besorgniserregend ist die Ausbreitung der Gebiete, in denen Krankheitsüberträger wie Moskitos gedeihen.
Ein wachsendes Konfliktpotenzial: Oft führen wichtige Flüsse durch mehrere Länder. Bei einigen gab es auch ohne die Auswirkung der globalen Erwärmung bereits Konflikte um das Wasser.
Die Bedrohung durch gesellschaftliche Instabilität: Man muss mit Hunderten Millionen Flüchtlingen rechnen.
Die Wahrscheinlichkeit »positiver« Rückkopplungseffekte: Durch

Wärme verursachte Emissionen aus schmelzenden Permafrostböden, austrocknenden Böden, absterbenden Wäldern, Ozeanen mit veränderten Strömungsverhältnissen und schmelzenden Methanhydraten machen die globale Erwärmung möglicherweise noch schlimmer, als sie in den ohnehin schon düsteren Prognosen der IPCC dargestellt wird. Rückkopplungen mit einem dämpfenden Effekt wie etwa eine verstärkte Wolkenbildung, durch die die Sonneneinstrahlung reflektiert wird, haben wenig Potenzial, die Erwärmung etwas zu bremsen.

Die Gefahr unkontrollierbarer Effekte: Bei der »Worst-Case-Analyse« ist das Risiko einkalkuliert, dass die durch Rückkopplungen entstandenen Emissionen die ursprünglichen Emissionen noch übertreffen, wodurch die Entwicklung nicht mehr rückgängig zu machen ist. Darauf werde ich später noch zurückkommen.

Wie groß ist die Erwärmung und wie groß die Gefahr?

Wie diejenigen, die den Treibhauseffekt leugnen, Ihnen eilfertig versichern werden, bestehen hinsichtlich der Erwärmung noch viele Ungewissheiten. Es gibt aber auch viele beunruhigende Aspekte des Problems, bei denen wir sicher sein können. Wir wissen, dass Treibhausgase die Hitze speichern. Wir wissen, dass Kohlendioxid das wichtigste Treibhausgas ist und dass es in erster Linie durch das Verbrennen von Öl entsteht. Die Konzentrationen in der Vergangenheit kennen wir genau, Messungen eingeschlossener Luft in Eisbohrkernen der Antarktis und in Grönland bieten Rückschlüsse bis in eine Zeit von vor 750.000 Jahren. Wir können die frühere Lufttemperatur berechnen, weil das Verhältnis der Sauerstoffisotope im Eis je nach Temperatur unterschiedlich ist.[144] Der Zusammenhang zwischen dem Kohlendioxidgehalt und der Lufttemperatur ist so eng, dass es sich kaum lohnt, zwei getrennte Kurven einzuzeichnen. In Grafik 6 werden die Konzentrationen aus den Eiskernen vor 400.000 Jahren bis zum Beginn der Aufzeichnungen mit modernen Instrumenten im 19. Jahrhundert dargestellt.[145]

Das regelmäßige Auf und Ab im Verlauf Tausender von Jahren sind die Eiszeiten, in denen die Kohlendioxidkonzentrationen um die 200 ppm (Parts per Million = 1 Milligramm pro Kilogramm) betrug, und die wärmeren Zwischeneiszeiten, in denen die Konzentrationen bei 260 bis 270 ppm lagen. Achten Sie bitte auf die Konzentrationen, bevor der Mensch ernsthaft mit der Verbrennung fossiler Brennstoffe begann und den Anstieg auf 380 ppm und mehr verursachte. Wenn wir fossile Brennstoffe weiterhin so nutzen wie heute, wird die Konzentration in der Atmosphäre gegen Ende des jetzigen Jahrhunderts 700 ppm betragen.

Grafik 6: Kohlendioxidkonzentrationen in der Vergangenheit, Gegenwart und Zukunft (wenn wir den Verbrauch von Öl, Kohle und Gas nicht gravierend einschränken)

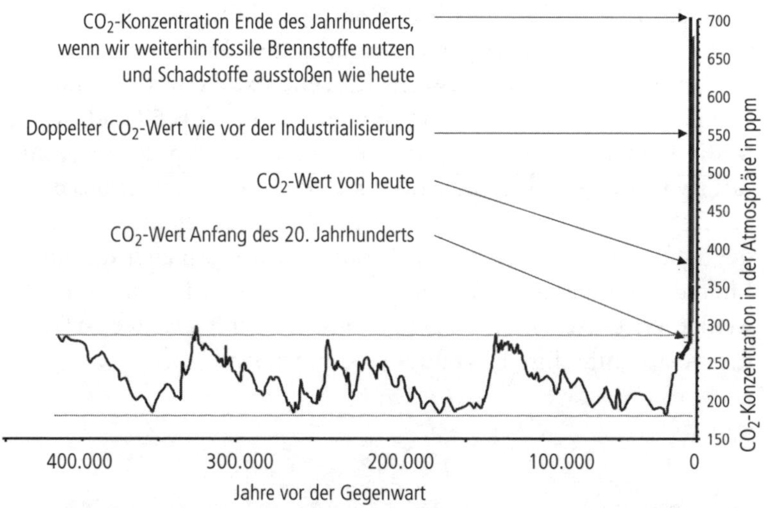

Betrachten wir die letzten 1.000 Jahre und die nächsten 100 etwas genauer. Wie haben sich Kohlendioxid und die anderen Treibhausgase entwickelt, wie werden sie sich den Prognosen nach entwickeln, und wie lässt sich das in den durchschnittlichen Temperaturanstieg übersetzen? Grafik 7 zeigt Daten aus dem dritten Klimaschutzbericht der IPCC.[146] Die Welt befindet sich seit etwa 1.000 Jahren in einer Warmzeit. Die Kohlendioxidkonzentration in der Atmosphäre betrug zu Beginn der Industrialisierung um die 280 ppm, was eine relativ konstante Durchschnittstemperatur bedingte. In

Grafik 7 ist das mit einem gleitenden Durchschnitt dargestellt, der auf Annäherungswerten aus den Eiskernen, den Erkenntnissen aus Korallen und Jahresringen an Bäumen in der nördlichen Hemisphäre basiert und Unsicherheitsfaktoren in den Daten einschließt, die grau dargestellt sind. Wir sehen, dass, seit dem Beginn der weltweiten Instrumenten-Aufzeichnungen 1861, die globale Durchschnittstemperatur bis zum Jahr 2004 um 0,8 Grad Celsius gestiegen ist, wie Wetterstationen auf der ganzen Welt festgehalten haben. Der Trend ist eindeutig. Tatsächlich wurden seit 1990 die zehn wärmsten Jahre gemessen, seit 1997 sogar in ununterbrochener Folge.[147]

In welche Richtung entwickelt sich die globale Durchschnittstemperatur, wenn wir weiterhin fossile Energieträger im selben oder ähnlichen Ausmaß verbrennen? Die dargestellte Temperaturspanne zeigt die Hochrechnungen der Computersimulationen des britischen Wetterdienstes anhand verschiedener Emissionsszenarien. Die Spitze der atmosphärischen Kohlendioxidkonzentrationen in Grafik 6 treibt das globale Thermometer um 2,5 bis 5 Grad Celsius in die Höhe. Das bedeutet, dass die globale Durchschnittstemperatur von 14,8 Grad Celsius aus der Zeit vor der Industrialisierung auf fast 20 Grad Celsius steigen würde. Wir begeben uns damit eindeutig auf völlig unbekanntes Terrain, selbst wenn eher das untere Ende der Temperaturspanne gilt. Heutzutage findet man nur sehr wenige Wissenschaftler, die leugnen, dass damit massive Gefahren für die Erde und ihre Bewohner verbunden sind.

Grafik 7: Durchschnittstemperaturen der Atmosphäre in Gegenwart und Zukunft (wenn wir den Verbrauch von Öl, Kohle und Gas nicht gravierend einschränken)

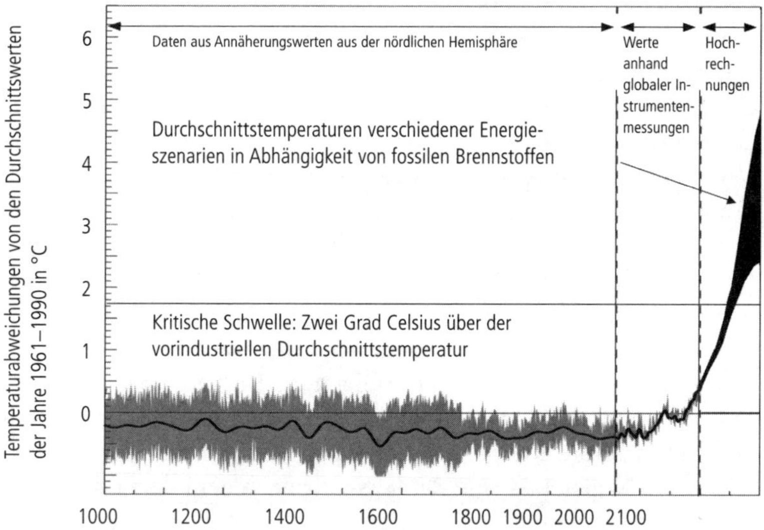

Die Gefahrenschwelle

Ab wann ist der Punkt erreicht, an dem Gefahren nicht mehr hinnehmbar sind? Weit verbreitet ist die Ansicht, dass die globale Durchschnittstemperatur nicht mehr als zwei Grad Celsius über dem Niveau vor der Industrialisierung liegen sollte. 1996 akzeptierten das alle damaligen EU-Mitgliedsländer als gemeinsames Ziel. Wie die Dinge jetzt liegen, durchbrechen wir diese Schallmauer noch vor oder kurz nach der Mitte dieses Jahrhunderts.

Wie hoch genau die Kohlendioxidkonzentration in der Atmosphäre sein wird, wenn wir diese zwei Grad Celsius erreichen, lässt sich noch nicht sagen, weil es schwierig ist, die Auswirkung der Rückkopplungen auf die Geschwindigkeit der Erwärmung vorherzusehen. Die letzte Prognose des britischen Wetterdienstes für den Anstieg der globalen Durchschnittstemperatur infolge einer Verdopplung des atmosphärischen Kohlendioxids von 280 ppm auf 520 ppm liegt bei 3,5 Grad. Die tatsächliche Zahl könnte auch »nur«

bei 2,4 Grad Celsius liegen, allerdings mit 5,4 Grad Celsius auch deutlich höher ausfallen.[148] Sir David King formulierte es 2004 so: »Ich denke, dass wir auf gar keinen Fall auch nur annäherungsweise Werte von 550 ppm in unserer Atmosphäre erreichen sollten.«[149]

Analysen wie diese veranlassten die britische Regierung zu der Ankündigung, sie werde die globale Erwärmung zu einem ihrer beiden Schwerpunkte machen, als sie den Vorsitz der Gruppe der führenden Industrienationen, der G8, im Jahr 2005 übernahm. Im Januar 2005 veröffentlichte Großbritannien einen Bericht britischer Wissenschaftler und ihrer Kollegen aus den USA und Australien und des Vorsitzenden der IPCC. Darin hieß es, dass die Gefahrenschwelle von zwei Grad Celsius unvermeidlich sei, wenn die CO_2-Konzentration in der Atmosphäre erst einmal 400 ppm erreicht habe. So niedrig war die Gefahrenschwelle in einem offiziellen Bericht noch nie angesetzt worden. Die Wissenschaftler warnten: »Über einer Schwelle von zwei Grad Celsius steigen die Risiken eines abrupten, beschleunigten und unkontrollierbaren Klimawandels.« Wenn man bedenkt, dass die 400 ppm nur 20 ppm über der derzeitigen Konzentration liegen, bedeutet das, dass wir nach dem derzeitigen globalen Schadstoffausstoß nicht einmal mehr zehn Jahre vom »point of no return«, wie es in den Medien heißt, entfernt sind.[150]

Einer der wichtigsten Gründe für diese Befürchtungen ist die Tatsache, dass sich die Geschwindigkeit, mit der sich das Kohlendioxid in der Atmosphäre anreichert, noch erhöhen könnte. Die besten Aufzeichnungen über die atmosphärische Kohlendioxidkonzentration lassen sich auf Hawaii machen, wo ein Observatorium seit fast einem halben Jahrhundert detaillierte Messungen durchführt. Meistens stieg die Konzentration um durchschnittlich 1,84 ppm im Jahr. 2003 und 2004 sind sie jedoch um drei ppm jährlich gestiegen. Wissenschaftler wissen noch nicht, ob es sich dabei um einen vorübergehenden Anstieg handelt oder ob wir es bereits mit den ersten Auswirkungen der positiven Rückkopplungen zu tun haben. Als wichtigste Ursachen könnte man die nachlassende Fähigkeit der zunehmend belasteten Wälder nennen, bei der Photosynthese Kohlendioxid aus der Luft aufzunehmen, oder die abnehmende Fähigkeit des Phytoplanktons, die gleiche Aufgabe im Ozean zu erfüllen. Milde ausgedrückt sind die Wissenschaftler besorgt. Die Werte von 2005 und darüber hinaus werden genau beobachtet.[151]

Die meisten Regierungsbehörden, die für die Untersuchung des Klimawandels zuständig sind, erklären, dass wir derzeit mit den extremen Wetterverhältnissen weltweit die ersten Auswirkungen der globalen Erwärmung erleben. Der Sommer 2004 in Kalifornien war der heißeste seit Menschengedenken, was eine Rekordzahl von Waldbränden zur Folge hatte, in Großbritannien gab es untypische Sturmfluten, in Florida eine ungewöhnlich hohe Zahl an zerstörerischen Hurrikanen, und in Schottland brachen ganze Seevögelkolonien zusammen, weil ihre Nahrungsgrundlage im viel zu warmen Wasser einfach verschwand. Ob derartige Ereignisse nun definitiv auf die globale Erwärmung zurückzuführen sind oder nicht, ist jedoch nicht die dringlichste Frage. Viel wichtiger ist, dass wir mit großer Sicherheit noch viel schlimmere Katastrophen vorhersagen können, wenn wir zulassen, dass die Konzentration an Treibhausgasen in der Atmosphäre weiter nach dem üblichen Schema ansteigt. Ob wir nun so viel Öl und Gas zum Verbrennen haben, wie die Verfechter der späten Förderspitze uns glauben machen möchten, oder so wenig, wie die Verfechter der frühen Förderspitze denken: Es genügt, um uns in den weltweiten wirtschaftlichen Ruin infolge der globalen Erwärmung zu treiben.

Rückkopplungen: schlafende Riesen

Unser Klimasystem besitzt das Potenzial zu abrupten Veränderungen, die unumkehrbare Prozesse in Gang setzen können, eine Fähigkeit, die bei den Klimaforschern schwerwiegende Befürchtungen auslöst. Wissenschaftler des *Tyndall Centre*, einem der nationalen britischen Klimaforschungszentren, haben etwa ein Dutzend besonders gefährlicher Wendepunkte, so genannter *Tipping Points*, identifiziert. Sie bezeichnen sie als »schlafende Riesen«. Bei einer internationalen Konferenz von Wissenschaftlern im Februar 2005 zur Vorbereitung des G8-Gipfels in Edinburgh waren die »schlafenden Riesen« wichtiges Thema. Das Ergebnis war eine schrille Warnung an die G8-Führer: Es bestehe die unmittelbare Gefahr, dass die Riesen geweckt würden. Professor Hans-Joachim Schellnhuber, Direktor des *Tyndall Centre*, drückte es so aus: »Wenn wir die zwei Grad Celsius überschreiten, ist die Hölle los.« Die Wissenschaftler vertraten die Ansicht, dass schon 400 ppm Kohlendioxid ausreichen und dass diese Konzentration bereits in zehn Jahren erreicht werden könnte.[152]

Meine persönliche Top-Fünf-Liste der besonders beunruhigenden Entwicklungen:

1. *Die Methanhydrat-Destabilisierung*
   Bedeutende Wissenschaftler befürchten mittlerweile, dass die globale Erwärmung durch eben jene Lagerstätten mit unkonventionellem Gas, die manche auf der verzweifelten Suche nach neuen Energiequellen erschließen wollen, eskalieren könnte. Meiner Meinung nach ist das ein hervorragendes Beispiel für die pervertierte Anwendung naturwissenschaftlicher Erkenntnisse in unserer modernen Welt. Wissenschaftler vom amerikanischen *Geological Survey* haben ausgerechnet, dass in den Methanhydratlagerstätten bis zu 10.000 Milliarden Tonnen Kohlenstoff stecken könnten.[153] Sie und andere Forscher im Dienst der Energiekonzerne verwenden ihre Zeit auf die Frage, wie man die Probleme der Energiegewinnung mit dem Abbau und Verbrennen der eisähnlichen Hydratfeststoffe lösen kann. Und das obwohl sie vermutlich wissen, dass Methan als Treibhausgas viel stärker ist als CO_2 und dass beim Abbau unvermeidlich Methan in die Atmosphäre gelangen würde, ganz abgesehen von den Kohlendioxidemissionen beim Verbrennen des Gases. In der Zwischenzeit sitzen die Klimaforscher da und machen sich Sorgen darüber, dass schon die vorhandenen Gas- und Ölvorräte zu viel Kohlenstoff enthalten, um unter dem kritischen Schwellenwert für Kohlendioxid in der Atmosphäre zu bleiben.
2. *Böden, die dafür sorgen, dass die Biosphäre an Land nicht mehr Treibhausgase absorbiert, sondern ausstößt*
   Eine sich erwärmende Landmasse würde mehr Kohlendioxid abgeben als heute. Derzeit reduzieren die Pflanzen an Land das Kohlendioxid in der Atmosphäre mit Hilfe der Photosynthese, die etwa ein Viertel des Kohlendioxids absorbiert, das beim Verbrennen fossiler Energieträger frei wird. In einem wärmeren Klima beschleunigt sich die Zersetzung organischen Materials im Boden, wodurch die Biosphäre an Land schließlich Kohlen-

stoff nicht mehr aufnehmen, sondern abgeben würde. Einige Klimamodelle gehen davon aus, dass dies ab einer Kohlendioxidkonzentration von 400 ppm bis 500 ppm passieren könnte, anders ausgedrückt, in 50 oder in 100 Jahren.[154]

3. *Das »Fließband« in den Ozeanen bleibt stehen*
   Das Strömungssystem im Nordatlantik wird von einem natürlichen Fließbandprinzip angetrieben: Vor Grönland sinkt kaltes, salziges Wasser nach unten und zieht dadurch warmes Wasser aus der Karibik in den Norden. Die Strömung an der Oberfläche, besser bekannt als Golfstrom, hat einen stark mildernden Einfluss auf das Klima in Westeuropa. Dieses Transportsystem könnte ausfallen, wenn in Grönland und der Arktis so viel Eis schmilzt, dass das Oberflächenwasser nicht mehr salzig genug ist, um abzusinken. Das ist schon einmal vor 12.000 Jahren passiert. Bei einer Klimaerwärmung könnte es demnach in Westeuropa erheblich kälter werden.[155]
4. *Die Eiskappe in Grönland schmilzt*
   Etwa sechs Prozent des Süßwassers der Erde, 2,6 Millionen Kubikkilometer, liegen gefroren in einer zwei Kilometer dicken Schicht auf Grönland. Dieses Eis kann schmelzen. Wenn es das täte, würde der Meeresspiegel weltweit um durchschnittlich sieben Meter steigen und die Küstenstädte und -gebiete überschwemmen, wo der Großteil der Weltbevölkerung lebt und wo sich die wirtschaftliche und agrarische Tätigkeit konzentriert. Klimaforscher befürchten, dass sich der Meeresspiegel in einem langsamen, aber unumkehrbaren Prozess hebt, wenn die regionale Erwärmung 2,7 Grad Celsius übersteigt.[156] Es kann über ein Jahrtausend dauern, bis dieser Vorgang abgeschlossen ist, aber Sie können sich sicher vorstellen, was in den Geschichtsbüchern des Jahres 3004/3005 (falls sie je geschrieben werden) über die Regierungen und Wirtschaftskapitäne des Jahres 2004 stehen wird, wenn es tatsächlich so weit kommen sollte.[157]
5. *Die Eiskappe der Westantarktis rutscht ins Meer*
   Nicht nur die Eiskappe Grönlands kann den Meeresspiegel weltweit um mehrere Meter heben. Das Eis der Westantarktis ist über drei Kilometer dick und über schwimmendes Schelfeis mit dem Kontinentalschelf verbunden. Wenn dieses Schelfeis von unten her im sich erwärmenden Wasser schmilzt, könnte die

ganze Kappe ins Rutschen geraten und ins Meer stürzen. Dann würde der Meeresspiegel innerhalb von einigen hundert Jahren steigen, egal ob das antarktische Eis schmilzt oder nicht.

Bei der in Exeter stattfindenden Konferenz im Februar 2005 zur Vorbereitung des G8-Gipfels warnte Chris Rapley, der Direktor des *British Antarctic Survey*: »Wir könnten den Beginn eines unkontrollierbaren Zusammenbruchs der Eiskappe erleben.« Grund für diese Besorgnis ist die Beobachtung, dass die drei größten Gletscher des Kontinents, die bei Pine Island liegen, derzeit massiv an Eis verlieren: etwa 250 Kubikkilometer im Jahr. Wenn dieser schlafende Riese erst einmal geweckt und losgelassen wird, könnte er leicht einen weiteren Riesen wachrütteln. Der Verlust der westantarktischen Eiskappe könnte die noch größere ostantarktische Kappe destabilisieren, wodurch der Meeresspiegel dann weltweit um 50 Meter steigen würde.

Weitere schlafende Riesen

Die anderen schlafenden Riesen liegen auf der ganzen Welt verstreut. Für die Sahara ist mehr Regen vorausgesagt, der trockene Staub, der derzeit von den vorherrschenden Winden wichtige Nährstoffe in den Atlantik bläst, wird dann vielleicht nicht mehr wehen. Weil aber die Nährstoffe als Dünger für das Plankton am Ende der Nahrungskette dienen, könnte die Artenvielfalt im Ozean leiden. Durch den Planktonverlust würde außerdem Kohlenstoff nicht mehr gebunden, sondern in die Atmosphäre gelangen.

Im Amazonasgebiet rechnet man mit einem Rückgang der Regenfälle, wodurch der Regenwald allmählich absterben würde. Die Artenvielfalt wäre massiv reduziert, und auch hier würde durch die bereits erwähnte positive Rückkopplung zusätzliches Kohlendioxid in die Atmosphäre gelangen. Die Kohlenstoffmenge, die allein durch diesen Prozess freigesetzt werden würde, entspricht im schlimmsten Fall dem gesamten Schadstoffausstoß aus fossilen Brennstoffen im 20. Jahrhundert.

Im tibetischen Hochland würde durch schmelzende Schnee- und Eismassen die Rückstrahlung des Sonnenlichts (der so genannte »Albedo-Effekt«) reduziert. Das bedeutet, dass die auf den Boden auftreffende Sonnenenergie nicht reflektiert, sondern in Wärme umgewandelt wird, wodurch sich die Erdatmosphäre weiter erwärmt.

Über ein Drittel des von Menschenhand produzierten Kohlendioxids landet als Kohlensäure im Meer. Der höhere Säuregehalt der Ozeane ist bereits messbar, eine weitere Steigerung hätte verheerende Auswirkungen auf das Meeresleben.

Damit ist eines klar. Man weiß vielleicht nicht genau, welche dieser Prognosen eintreffen wird, doch keine davon ist ermutigend. Im schlimmsten Fall kehren sich die meisten oder alle Wendungen, die das Rad des Schicksals zu unseren Ungunsten nehmen könnte, tatsächlich gegen uns. Deswegen spricht mittlerweile eine wachsende Zahl von Wissenschaftlern über den schlimmsten anzunehmenden Fall eines unumkehrbaren Prozesses.

Die bisherigen internationalen Bemühungen, etwas gegen die Gefahr zu unternehmen

Mitte der achtziger Jahre, als Wissenschaftler erstmals zukünftige Klimamodelle mit realistischen Annahmen über die Treibhausgas-Emissionen erstellten und eine erschreckende zukünftige Erwärmung prognostizierten, zeigten sich erste Anzeichen der Beunruhigung. 1988 wurde der amerikanische Kongress aufmerksam, nachdem eine schwere Dürre den Mittleren Westen der USA heimgesucht hatte, Waldbrände den Westen des Landes verwüstet und den Yellowstone Park teilweise zerstört hatten. Unter der Schirmherrschaft des Umweltprogramms der Vereinten Nationen und der *World Meteorological Organization* stellten die Regierungen ein Beratergremium zusammen, die schon zitierte Zwischenstaatliche Kommission zum Klimawandel (IPCC), die das Problem untersuchen und Bericht erstatten sollte.[158] Zusammenfassend lässt sich sagen, dass der erste Klimaschutzbericht der IPCC, der im Mai 1990 fertig gestellt war, über ein Jahrzehnt an Verhandlungen nach sich zog, die immer noch andauern. Das Fazit des Berichts lautete, dass die Treibhausgase die globale Durchschnittstemperatur in den kommenden Jahren in einem Besorgnis erregenden Ausmaß in die Höhe treiben würden.[159] Bei der Weltklimakonferenz im November 1990 in Genf einigten sich über 100 Regierungen darauf, 1991 mit den

Verhandlungen zur Kontrolle des Problems zu beginnen. Ziel war ein bindender Vertrag, der bis zum Umweltgipfel im Juni 1992 in Rio de Janeiro vorliegen sollte.

Die Klimarahmenkonvention der Vereinten Nationen von 1992

Der Vertrag kam zustande, allerdings war ihm zuvor jegliche Schärfe genommen worden. Die Rahmenkonvention zum Klimawandel, die von den Ländern unterschrieben wurde, hatte keine konkreten Ziele und keinen Zeitplan. Dafür sorgten George Bushs Chefunterhändler und ihre wichtigsten Verbündeten, die Lobbyisten der amerikanischen Öl-, Gas- und Automobilkonzerne, sowie die Regierungen der OPEC-Länder, die im Grunde die diplomatische Drecksarbeit übernommen hatten.

Allerdings hatte die Klimarahmenkonvention ein ernsthaftes oberstes Ziel. Ausdrücklich wurde erklärt, Ziel des Vertrags sei die Stabilisierung der Treibhausgaskonzentrationen auf einem Niveau, das keine Gefahr für Wirtschaft, Nahrungsmittelversorgung und Ökosysteme darstelle.[160] Die Wissenschaftler der IPCC hatten gezeigt, dass irgendwann eine Reduzierung der Emissionen um 60 Prozent erforderlich sein würde, wenn die Konzentration der Treibhausgase in der Atmosphäre stabilisiert werden sollte. Im Vertrag hatte man sich darauf geeinigt, dass ab einem bestimmten Zeitpunkt (kurz vor der kritischen Gefahrenschwelle) die meisten fossilen Brennstoffe durch andere Energieformen und eine effizientere Energienutzung ersetzt werden sollten. Seitdem wird darüber gestritten, wo diese Gefahrenschwelle liegt. Die europäische Haltung dazu haben wir bereits besprochen. Die USA vertreten die Ansicht, dass man die Schwelle nicht definieren könne.

Das Kyoto-Protokoll, 1997

Die Verhandlungen begannen mit den Bemühungen zur Senkung der Emissionen. Auf die Regierung von Bush senior folgte die Regierung Clinton, und mit ihr stiegen auch die Hoffnungen auf eine Einigung, die allerdings allmählich wieder schwanden. Zwischen

1993 und 1995 verloren die Verhandlungen an Schwung. 1995 wurden sie durch die Fertigstellung des zweiten Klimaschutzberichts der IPCC neu belebt. In der ersten Einschätzung lautete das Fazit noch, ein »Anzeichen« für eine vom Menschen verursachte Beschleunigung des Klimawandels ließe sich nicht feststellen, wahrscheinlich könne man sie in den kommenden zehn Jahren oder darüber hinaus auch noch nicht von einer natürlichen Klimaabweichung unterscheiden. Im zweiten Bericht wurde diese Ansicht korrigiert; nun hieß es, das erste schwache Anzeichen seien die extremen Temperaturschwankungen. Außerdem wurden die Hochrechnungen für die Erwärmung anhand von Klimamodellen nach oben korrigiert.[161]

Diese neue Warnung brachte die Verhandlungen immerhin genug in Schwung, um den Vertrag etwas zu verschärfen. Das Kyoto-Protokoll, bei dessen Fertigstellung sich im Dezember 1997 emotionale Szenen abspielten, ist ein rechtlich bindendes Dokument, mit dem sich die Regierungen der Industrieländer verpflichten, die Emission einer Gruppe von Treibhausgasen einschließlich Kohlendioxid um verschiedene, gemeinsam festgelegte Mengen innerhalb eines Zeitfensters von 2008 bis 2012 unter das Niveau von 1990 zu senken. Die gesamte weltweite Senkung beträgt 5,2 Prozent: ein bescheidener Anfang für die angestrebte Verringerung um 60 Prozent, aber ein wichtiger Anfang.

Seit Kyoto

Natürlich musste das Protokoll ratifiziert werden, bevor es in Kraft treten konnte. Dafür war eine bestimmte Zahl von Ländern notwendig, die zusammengerechnet mehr als 55 Prozent der Emissionen verursachten, wobei die USA und Russland eine Schlüsselposition einnahmen. Clinton hatte von Anfang an mit dem Ratifizierungsprozess zu kämpfen. Als George W. Bush im Januar 2001 seine Nachfolge antrat, war die Situation zumindest geklärt: Im März 2001 verkündete er, Amerika habe nicht die Absicht, den Vertrag zu ratifizieren. Und das obwohl 2001 der dritte und noch beunruhigendere Klimaschutzbericht der IPCC erschien.[162]

Viele hielten die Klimakonvention daraufhin für gestorben. Doch in einer für internationale Beziehungen bahnbrechenden Entscheidung stimmten die Regierungen beim Klimagipfel im November 2001 dafür, auch ohne die USA weiterzumachen.

Im Anschluss ratifizierten viele Länder das Protokoll. Nun waren alle Augen auf Russland gerichtet. Die Zeit verging. Lange Zeit sah es so aus, als ob Präsident Putin nicht unterschreiben würde. Aber im Oktober 2004 ratifizierte die russische Duma schließlich das Protokoll, wodurch es im Februar 2005 in Kraft trat.

Einer der Mechanismen, die von den Ländern für das Protokoll ausgehandelt wurden, ist der Handel mit Emissionsrechten, an dem Regierungen und Unternehmen beteiligt sein können. Wenn man dem angestrebten Ziel hinterherhinkt, so die Idee, kann man Emissionsrechte von anderen kaufen, die ihren Zielvorgaben voraus sind. Die EU, Japan und Kanada stehen alle kurz davor, ihre Ziele nicht zu erreichen, und sind deswegen Kandidaten für den Emissionshandel. Russland, das seit 1990 den Übergang von der staatlichen Planwirtschaft zur Marktwirtschaft vollzieht, ist einer der führenden Anbieter auf dem Markt.[163] Die EU begann im Januar 2005 mit einem eigenen System der Emissionsverteilung. Ein globales Schema wird für das Jahr 2008 erwartet. Wie lukrativ der Emissionshandel sein wird, weiß man noch nicht, er könnte sich jedoch durchaus als einträglich erweisen. Eine Schätzung für den europäischen Markt beläuft sich auf zehn Milliarden Euro bis 2007.[164] Auf jeden Fall wird der Emissionshandel in den kommenden Jahren ein wichtiges neues Merkmal der Energiepolitik innerhalb der Wirtschaft und zwischen den Ländern sein.

Der Kontrast zwischen Europa und Amerika könnte bei diesem Thema kaum deutlicher ausfallen. George W. Bush hält auch nach seiner Wiederwahl im November 2004 an seinem unilateralen Kurs auf diesem wie auf anderen Gebieten der internationalen Beziehungen fest. Ein Großteil der amerikanischen Industrie unter Führung von ExxonMobil vertritt die gleiche Haltung. In Großbritannien dagegen drängte die *Royal Commission on Environmental Pollution* (ein Expertengremium mit Mitgliedern aus staatlichen Einrichtungen, aus der Wirtschaft und aus der Forschung) im Jahr 2000 darauf, dass die Regierung das ehrgeizige Ziel einer Reduzierung der Emissionen um 60 Prozent bis zum Jahr 2050 übernehmen solle, so ernst wurde die Gefahr der globalen Erwärmung genommen.

Insgesamt jedoch fällt die internationale Reaktion auf die globale

Erwärmung kläglich aus, vor allem wenn man das offensichtliche Ausmaß der Bedrohung bedenkt. Wenn mir jemand 1990, als ich enthusiastisch mit einer Kampagne von Greenpeace über den Klimawandel begann, gesagt hätte, dass die Welt bei der Schadstoffreduzierung bis 2005 nichts Substanzielles erreicht haben, sondern stattdessen wie gebannt auf den (wie die Dinge liegen) kontinuierlichen und schnellen Anstieg der globalen Emissionen starren würde, hätte ich die Bemerkung als unerträglich zynisch abgetan. Überschwemmt von einer Flut von wohltönenden Reden von Staatschefs und führenden Politikern, die sich über die Bedeutung des Problems ausließen, war ich in meiner Naivität davon überzeugt, dass etwas bewegt werden könnte.

Aber mittlerweile bin ich nicht mehr sicher, ob die globale Erwärmung ausreichend als gegenwärtige Gefahr wahrgenommen wird, um den Status quo der Energieerzeugung aus fossilen Brennstoffen zu verändern.

Und hier trifft die globale Erwärmung frontal mit dem Rückgang der Ölvorräte zusammen. Die Gesellschaft wird *gezwungen* sein, sich mit diesem Problem auseinander zu setzen, und zwar bald.

Allerdings gibt es dazu keine schönen Reden von Politikern und Staatsführern und noch viel weniger aktive politische Maßnahmen. Die meisten haben wahrscheinlich noch nicht einmal von dem Problem gehört.

Ölknappheit und globale Erwärmung: Welche Menge fossiler Energieträger können wir uns noch »leisten« zu verbrennen?

Experten, die sich mit Peak Oil beschäftigen, neigen dazu, die globale Erwärmung zu ignorieren oder herunterzuspielen. Beispielsweise sagten die Mitglieder eines Forscherteams von der Universität Uppsala bei der Veröffentlichung ihres Berichts im Oktober 2003 auf CNN, aufgrund der globalen Erwärmung sei kein »Szenario wie am Tag des Jüngsten Gerichts« zu erwarten, weil Öl und Gas schneller zur Neige gehen, als die meisten Menschen glauben würden.[165] Das ist leider falsch, wie ich noch zeigen werde.

Bevor ich die Gründe nenne, möchte ich noch hinzufügen, dass Umweltschützer entsprechend dazu neigen, die Ölknappheit zu ignorieren oder herunterzuspielen. Das ist vielleicht auf fehlendes geologisches Wissen zurückzuführen. Aber selbst ich begriff das Ausmaß des Problems erst, als das Reservenfiasko von Shell mich Anfang 2004 darauf brachte, mich genauer damit zu beschäftigen. Umweltschützer äußerten mir gegenüber auch schon, das Thema sei einfach zu deprimierend: Wenn das mit der frühen Förderspitze stimme, würde sich die Welt auf Kohle als Alternative stürzen und die globale Erwärmung vergessen. Darauf werde ich später noch zurückkommen.

Die Kohlenstoffarithmetik

Wie viel Kohlenstoff dürfen wir noch verbrennen, und wie lassen sich die Zahlen in Zusammenhang mit der frühen und späten Förderspitze einordnen? Beim Versuch, die Frage zu beantworten, müssen wir verschiedene Annahmen treffen. Nehmen wir zunächst einmal an, dass wir unter der Zwei-Grad-Celsius-Schwelle bleiben wollen, die von der Europäischen Union als kritischer Schwellenwert für die Klimaerwärmung festgelegt wurde. Nehmen wir außerdem an, dass das Klima auf die Hitze speichernden Fähigkeiten der Treibhausgase so reagiert, wie es kürzlich von der Zwischenstaatlichen Kommission für den Klimawandel errechnet wurde. Aufgrund dieser Annahmen können wir es uns »leisten«, weitere 400 Milliarden Tonnen Kohlenstoff aus fossilen Energieträgern zu verbrennen.[166]

Wie verhält sich diese Zahl nun zu den verfügbaren »Ressourcen« Öl, Gas und Kohle? Nehmen wir für einen Augenblick an, dass die Verfechter der späten Förderspitze Recht haben und es noch eine Reserve von Billionen Barrel Öl gibt und eine weitere Billion (um mit runden Zahlen zu arbeiten) noch auf ihre Erschließung wartet. Das ergibt zusammen eine »Ressource« von etwa 270 Milliarden Tonnen Kohlenstoff. Darüber hinaus rechnet die IPCC mit 440 Milliarden Tonnen »Ressourcen« in Form von unkonventionellem Öl, was zusammen über 700 Milliarden Tonnen ergibt. Dann kommen noch gute 500 Milliarden Tonnen Kohlenstoff im Gas hinzu (ohne die Methanhydrate). Und ganz oben auf die über 1.200 Milliarden Tonnen aus Öl und Gas addieren wir noch die Kohle, wodurch wir insgesamt über 3.500 Milliarden Tonnen erhalten.[167]

Die Aussage ist eindeutig: Wir können es uns nicht leisten, das ganze Öl zu verbrennen, das Gas muss größtenteils im Boden bleiben, und an die Kohle dürfen wir gar nicht erst denken. Es sei denn, wir wollen wissen, wie sich der bisherige Anstieg der Kohlendioxid-Konzentration in unserer Atmosphäre auf unsere Zivilisation auswirkt und ob der Vergleich mit Massenvernichtungswaffen zutrifft.

Es ist ein Ansatz, das Problem mit der Frage anzugehen, wie viel Kohlenstoff in fossilen Brennstoffen unter der Erde bleiben muss. Ein anderer Ansatz ist es, auszurechnen, wie hoch die Kapazität erneuerbarer Energie sein muss, um die fossilen Energieträger zu ersetzen, wie es eine Gruppe amerikanischer Wissenschaftler von der *Union of Concerned Scientists* und dem amerikanischen *National Renewable Energy Laboratory* getan hat. Selbst wenn wir die Konzentration bei 750 ppm stabilisieren wollten (was weit über dem kritischen Schwellenwert von 400 ppm liegt), müssten wir jahrzehntelang jeden Tag 450 Megawatt Strom aus erneuerbaren Energieträgern ans Netz nehmen. Um ein stabiles Niveau von 550 ppm zu erreichen, was immer noch weit über der gefährlichen Schwelle liegt, würden wir täglich 920 Megawatt brauchen. Das würde bedeuten, dass 49 Prozent im globalen Energiemix aus erneuerbaren Energiequellen stammen müssten.[168] Ich betone noch einmal, mit diesen Werten würden wir uns immer noch auf einer Forschungsreise befinden, bei der wir der Frage nachgehen würden, wie gefährlich die globale Erwärmung ist, selbst wenn wir diese ehrgeizigen Zielvorgaben umsetzen könnten. Im letzten Kapitel des Buchs werde ich noch einmal auf diese unglaubliche Herausforderung eingehen.

Das Schreckgespenst eines Kohlebooms

Die Anziehungskraft der Kohle wird, zumindest für diejenigen, die glauben, Natur lasse sich irgendwie beherrschen, enorm sein. Erstens lassen sich aus Kohle Flüssigkeiten gewinnen, die man anstelle von Öl verbrennen kann. Zweitens wird bereits ein Großteil der Energie aus Kohle gewonnen. Drittens schlagen Anhänger der Kohle vor, die Emissionen aus der Kohleverbrennung oder -verflüssigung ließen sich »sequestrieren« – abscheiden und unterirdisch einlagern oder sonst wie aufbewahren, ohne dass sie in die Atmosphäre gelangen.

Die Kohleverflüssigung basiert auf der Fischer-Tropsch-Synthese, einem Verfahren, das vor allem während des Zweiten Weltkriegs im nationalsozialistischen Deutschland aufgrund des Ölmangels angewandt wurde. Dabei werden unter hohem Druck und hohen Temperaturen Dampf und Sauerstoff über Kohle geleitet. Es entstehen Wasserstoff und Kohlenmonoxid, die dann chemisch zu flüssigem Kraftstoff kombiniert werden. Vor kurzem hat China mit einem südafrikanischen Unternehmen ein Abkommen über den Bau von zwei Verflüssigungsanlagen unterzeichnet, die jeweils drei Milliarden Dollar kosten und insgesamt 440 Millionen Barrel im Jahr erzeugen sollen. Die hohen Kosten verhinderten lange den Bau derartiger Anlagen, doch nun, da sie sich auf 15 Dollar pro Barrel belaufen, ist der Bau aufgrund der derzeitigen Ölpreise wieder attraktiv – wenn man über die Bedenken hinsichtlich der Umweltverschmutzung hinwegsieht.[169]

Es ist durchaus möglich, dass schon bald auf der ganzen Welt derartige Anlagen aus dem Boden schießen, weil viele Länder bereits Unmengen Kohle zur Stromerzeugung verwenden und es enorme Reserven gibt. Der Anteil der Kohle an der Stromerzeugung in der EU beträgt 27 Prozent. In den USA sind es fast 50 Prozent, in China über 76 Prozent und in Polen und Südafrika sogar über 90 Prozent.[170] Die meisten Kohlereserven besitzen die USA, dort wird wahrscheinlich auch der Druck am größten sein, um fast jeden Preis Benzin herzustellen.

Die Vertreter der These, dass man das Kohlendioxid aus der Verbrennung von Kohle unter der Erde einlagern könnte, finden sich in wachsender Zahl an den höchsten Stellen. Lord Oxburgh, der Vorsitzende von Shell, sprach vor kurzem in einem Interview nicht nur über die unmittelbaren Sorgen bei Shell hinsichtlich der Ölreserven, sondern auch über die globale Erwärmung. »Ich mache mir wirklich sehr große Sorgen um unseren Planeten«, sagte er zur Bestürzung vieler in der Branche. »Zwischen David King [der wissenschaftliche Berater der britischen Regierung, der die globale Erwärmung für eine schlimmere Bedrohung als Massenvernichtungswaffen hält] und mir passt bei dieser Haltung kein Blatt Papier.« Im gleichen Interview sagte er auch: »Wenn wir keine Möglichkeit zur CO_2-Sequestrierung finden, sehe ich wenig Hoffnung für die Welt.«[171]

Aber wie sieht es in diesem Zusammenhang mit erneuerbaren Energien aus? Shell gehört eines der größten Unternehmen für erneuerbare Energien auf der Welt. Anhand von Lord Oxburghs Aussagen wäre man allerdings nie darauf gekommen.

3. November 2004, Berlin
Meine Mutter als treuer Fan des Königshauses wäre stolz auf mich. Die Queen macht einen Staatsbesuch in Deutschland. Sie hat in aller Öffentlichkeit verkündet, dass sie sehr beunruhigt über die globale Erwärmung sei. Sie will, dass sich die britischen Experten mit ihren deutschen Kollegen in Berlin treffen, während sie dort zu Gast ist. Die Wissenschaftler sollen ihr, dem Premierminister und dem deutschen Kanzler sagen, was ihrer Meinung nach vor sich geht und was man dagegen unternehmen kann. Ich bin auch eingeladen.

Ich schlängle mich durch die strengen Sicherheitsvorkehrungen der zu einer Art Festung ausgebauten britischen Botschaft. Innen werden Kaffee und Croissants serviert, während die beiden Delegationen auf die Ankunft Ihrer Majestät warten. Ich schlendere hin und her und begrüße alte Bekannte. Einer davon ist Sir John Houghton, der ehemalige Vorsitzende der wissenschaftlichen Arbeitsgruppe des Zwischenstaatlichen Ausschusses zum Klimawandel. Wir lernten uns 1990 kennen, als er bei den Verhandlungen zur Abfassung des ersten IPCC-Klimaschutzberichts den Vorsitz führte, der Bericht, der die seit 14 Jahren währenden Verhandlungen über den Klimaschutz in Gang brachte. Sir John hatte auch beim zweiten Klimaschutzbericht der IPCC von 1995 diese Aufgabe, damals belebten die dringlichen Warnungen des Berichts die Klimaverhandlungen neu und führten letztendlich zum Kyoto-Protokoll von 1997. Ich spreche mit einem Mann, dem die Welt sehr viel zu verdanken hat.

»Ich wette, Sie sind nicht wirklich im Ruhestand«, wage ich mich vor. Er lächelt und erzählt mir von seinem jüngsten Projekt. Sir John ist ein gläubiger Christ und versucht nun, die amerikanischen Kirchen davon zu überzeugen, dass wir Gott beleidigen, wenn wir die Erde ruinieren. Er beschreibt verschiedene Gespräche, die er bereits geführt hat und deren Ausgang sehr ermutigend war. Viele wichtige Kirchenführer hätten eine Verpflichtung unterzeichnet, etwas gegen das Problem zu unternehmen, erklärt er mit leuchtenden Augen. Dazu gehöre auch die Einflussnahme auf den amerikanischen Kongress. Sir John ist sichtlich aufgeregt, und das mit gutem Grund. Wenn die amerikanischen Kirchen nicht die Wählerschaft stellen, die etwas in der Politik bewegen kann, dann weiß ich auch nicht weiter.[172]

Etwas an Sir Johns Verhalten hat sich verändert. Aus ihm spricht ein starkes Gefühl der Dringlichkeit. Sogar eine Ahnung von Leidenschaft ist zu spüren. Daher erzähle ich Sir John von meiner letzten Reise zu einer Konferenz über die globale Erwärmung in der Toskana. Ich weiß, dass ihn das interessieren wird, und so ist es auch. »Es war wie eine Zeitreise«, sage ich. Al Gore hielt eine Rede. Wie schon in seinen Reden Anfang der neunziger Jahre ging es dabei hauptsächlich um die Klimaforschung. Schon damals prahlte er gern damit, was er alles über die Klimaforschung wisse, und anscheinend hat sich wenig geändert. Ein Mann, der acht Jahre lang Vizepräsident der Vereinigten Staaten von Amerika war, hätte vielleicht auch ein paar interessante Dinge darüber zu erzählen, wie schwierig es ist, die globale Erwärmung auf die politische Agenda zu setzen. Aber die Frage »Was kann man dagegen tun?« hakte er am Ende seiner Rede in wenigen Minuten ab. Es war einfach unglaublich.

Dann erzähle ich Sir John, dass der problematischste Querdenker, mit dem er damals in der IPCC fertig werden musste, Richard Lindzen, ebenfalls bei der Konferenz war. Während Sir John die in Jahren erarbeiteten Einschätzungen der IPCC zusammentrug, war Lindzen, Professor für atmosphärische Physik am MIT, unter dem halben Dutzend derer, die in den Medien lautstark den Klimawandel leugneten, der einzige Wissenschaftler von Weltrang. Lindzens Theorie musste aufgrund seines Ansehens weitaus ernster genommen werden als die anderer Querdenker. Es ging dabei um die Wolkenbildung, durch die der Atmosphäre mittels einer massiven negativen Rückkopplung wieder die Wärme entzogen würde. Obwohl Lindzen unter den Wissenschaftlern seines Fachs allein auf weiter Flur stand, hatte er Sir John das Leben schwer gemacht, das wusste ich. In den Medien war er gern von den Lobbyisten fossiler Brennstoffe angeführt worden. Sein Auftritt in der Toskana unterschied sich wenig von seinen Auftritten in den neunziger Jahren: Dieses Mal verglich er seine Rolle in der Klimaforschung allerdings mit Galileos einsamem Kampf gegen die Kirche. Außerdem zitierte er mit Blick auf die IPCC doch tatsächlich Goebbels: Nur wer die Probleme auf die einfachste Formel bringen kann und den Mut hat, sie auch gegen die Einsprüche der Intellektuellen ewig in dieser vereinfachten Form zu wiederholen, der wird auf die Dauer zu grundlegenden Erfolgen in der Beeinflussung der öffentlichen Meinung kommen.[173]

Sir John erzählt, vor kurzem hätten die Russen Lindzen sogar eigens in Moskau auftreten lassen, um die Ratifizierung des Kyoto-Protokolls zu verhindern. Er lässt sich gerade schwungvoll über die Moral bezahlter Wissenschaftler aus, als sich uns zwei Gentlemen nähern, um uns zu begrüßen. Der eine ist Lord Ron Oxburgh, Vorsitzender von Shell und einer meiner alten Mentoren in Oxford. Oxburghs Karriere und meine sind in unterschiedliche Richtungen verlaufen, er ging den üblichen Weg, ich hielt mich an die Alternativen. Als ich leitender Wissenschaftler für Greenpeace in Großbritannien wurde, war er leitender Wissenschaftler im Verteidigungsministerium. Während ich in der Solarindustrie ein Unternehmen leitete, war er in den Chefetagen der Ölindustrie zu Hause. Ich mag und respektiere Oxburgh. Er ist entsetzt über die globale Erwärmung und versucht verzweifelt, etwas dagegen zu unternehmen. Den anderen Mann stellt er mir als Kurt Döhmel vor, Vorsitzender der Shell-Geschäftsführung Deutschland.

»Was unternimmt Shell gegen die globale Erwärmung?«, fragt Sir John, sobald die Begrüßung und Vorstellung vorüber sind. Ich habe Recht, er hat sich wirklich verändert. Er wirkt wie ein Mann, der von einer ungeduldigen Leidenschaft angetrieben wird. Die zehn Jahre, in denen er gegen Amerikaner kämpfte, die alles hinauszögerten, gegen die Lobbyisten der Ölindustrie und die OPEC-Diplomaten, die sich als Wissenschaftler ausgeben, haben ihn radikaler werden lassen.

Die beiden Shell-Männer versichern Sir John, dass erneuerbare Energien für ihr Unternehmen immer wichtiger werden würden. Döhmel berichtet von einer großen Fabrik zur Herstellung von Photovoltaikanlagen in Gelsenkirchen. Die Anlagen seien ein Jahr im Voraus ausverkauft. Die Nachfrage sei weitaus größer als das Angebot.

»Warum bauen Sie dann keine größere Fabrik?«, fragt Sir John fast grob.

Ich stelle mir vor, dass Döhmel nun sagen wird, man sei gerade dabei. Aber nein.

»Weil das vier Jahre dauert, und dann sind die Anlagen veraltet.«

Sir John Houghton macht sich nicht die Mühe, die Verzweiflung in seinem Blick zu verbergen.

Wie wir in den Schlamassel geraten sind: ehe wir Bescheid wussten

6

Die wichtigsten Ölfirmen sind heute größer und mächtiger als die meisten Staaten. Sie haben enge Beziehungen zu den Staaten geknüpft, die im Zentrum der Krise liegen. Diese Unternehmen werden sich nicht in Luft auflösen und dem gemeinen Bürger die Probleme überlassen. Sie müssen sich verändern. Sie müssen Teil der Lösung statt Teil des Problems werden. Die Kultur, die sich in den Unternehmen und Staaten entwickelt hat, wird darüber entscheiden, inwieweit dies geschehen kann und wie schnell.

Im Fall der großen Ölfirmen hat sich die Unternehmenskultur über mehr als ein Jahrhundert entwickelt. Exxon, BP, Shell, Mobil, Chevron, Texaco und Gulf waren alle schon vor dem Ausbruch des Ersten Weltkriegs riesige Ölunternehmen. Sie kontrollierten alles, was nötig war, um im weltweiten Ölgeschäft aus eigener Kraft agieren zu können: von den Ölfeldern bis hin zu den Tanks, von den Raffinerien bis hin zu den Verkaufsstellen. Beim Aufbau ihrer transnationalen Imperien arbeiteten sie dermaßen eng zusammen, dass sie im Grunde ein Imperium bildeten und unter dem Namen »Sieben Schwestern« bekannt waren. Damals trugen sie noch nicht die heutigen Firmennamen, doch im Folgenden bezeichne ich die ursprünglichen Firmen mit den heute üblichen Namen.

Unamerikanische Umtriebe: 1859–1911

Wie heute sollten damals Gesetze verhindern, dass Unternehmen so groß und mächtig wurden, dass sie den kleinen Mann ungestraft schröpfen konnten. Man bezeichnete sie als Antitrust-Gesetze. Im Jahr 1911 geriet der Exxon-Vorgänger Standard Oil in Konflikt mit diesen Gesetzen. Das Unternehmen betrieb ein milliardenschweres internationales Kartell; dieses verdrängte gnadenlos kleine Wettbewerber, die in den Ölhandel einsteigen wollten. Man bestach Senatoren und Kongressabgeordnete und hielt sich ein weltweites Spionagenetzwerk. Im ersten Jahrzehnt des 20. Jahrhunderts galt solch ein Verhalten unter Millionen von Amerikanern als unamerikanisch. Der Vater der Journalistin Martha Tarbell wurde von Exxon bei dem Versuch, Öl dort zu fördern, wo es als Erstes gefunden wurde, nämlich in Pennsylvania, in den Ruin getrieben. Die Tochter schrieb ein Buch über die Mätzchen des Unternehmens, das zum Bestseller avancierte. Es gilt seither als das Buch, das in der Geschichte den größten Einfluss auf die Unternehmenswelt hatte.[174] Vor allem diesem Buch war es zu verdanken, dass Exxon nachgesagt wurde, es vertrete nicht die nationalen Interessen – der Riese trample gleichgültig auf dem amerikanischen Unternehmer herum und bediene sich dabei unethischer, wenn nicht gar ungesetzlicher Methoden.

Der damalige Exxon-Chef John Archbold versuchte, den amerikanischen Präsidenten Theodore Roosevelt zu bestechen, indem er ihm eine Wahlkampfspende von – nach heutigem Geldwert – zwei Millionen Dollar zukommen ließ.[175] Ja, damals nannte man das Bestechung. Roosevelt schickte das Geld entrüstet zurück und teilte seinem Justizminister mit, er möge um Himmels willen endlich die Antitrust-Gesetze anwenden. Im Jahr 2000 schickte ExxonMobil George W. Bush eine Wahlkampfspende von über einer Million Dollar.[176] Er bedankte sich recht herzlich.

Angesichts Roosevelts Zorn riet ein leitender Standard-Oil-Manager in einer Notiz: »Ich halte dieses Antitrust-Fieber für eine Manie, der wir auf sehr würdevolle Art begegnen sollten, indem wir Antworten geben, die zwar absolut der Wahrheit entsprechen, aber den grundlegenden Fakten ausweichen.« Eine interessante Definition von Wahrheit.

Doch die Machenschaften erwiesen sich als nutzlos. Der ExxonMobil-Vorläufer wurde verurteilt, und der Oberste Gerichtshof bestätigte das Urteil. Das Unternehmen wurde angewiesen, sich innerhalb von sechs Monaten aller Tochterunternehmen zu entledigen, sich mit anderen Worten in kleinere Unternehmen aufzuspalten. Man untersagte ihm sogar die Ölförderung in Texas.

Damals war das zwar eine Riesensache, doch wie es sich herausstellte, war die Wirkung gering. Die Ölindustrie wuchs einfach zu schnell. Henry Ford hatte die Massenproduktion der pferdelosen Kutsche entwickelt. Überall wurden Straßen gebaut. Die Marine hatte von Kohle auf Öl umgestellt, und ein Krieg zeichnete sich ab. Standard Oil in kleine Stücke zu teilen war in etwa so, als schlüge man einer Hydra ein paar ihrer Köpfe ab. Die Muttergesellschaft von Standard Oil entwickelte sich später zu Exxon. Aus Standard Oil New York wurde Socal (später Chevron), aus Standard Oil Indiana Amoco. Waren das voneinander unabhängige Unternehmen? Im Jahr 1915 kam die Bundeskartellbehörde Federal Trade Commission zu dem Schluss, dass die »Standard Group« gemeinsam agierte und noch immer in der Lage war, den Wettbewerb zu beschränken.

Wie viele große Ölunternehmen gibt es heute weltweit? Nach einer Fusionsorgie in den neunziger Jahren des 20. Jahrhunderts sind es fünf: ExxonMobil, BP (das sich Amoco einverleibt hat), Chevron Corporation (der Texaco angehört), TotalFinaElf und Shell, das irgendwie nicht dazu kam, eine größere Firma zu schlucken. So viel zu einem Jahrhundert Antitrust-Gesetze. Wir sind wieder da, wo wir vor 100 Jahren begonnen haben, nur dass ExxonMobil in den Augen der meisten Amerikaner inzwischen wohl alles andere als unamerikanisch ist. Der Unterschied liegt darin, dass die Unternehmen zu Beginn des 21. Jahrhunderts weit mächtiger sind als vor 100 Jahren. Gewinne von mehreren Millionen Dollar pro Stunde und dazu 100 Jahre Lobbyarbeit – was soll man da anderes erwarten? Zu Beginn des 20. Jahrhunderts kümmerte es die Menschen, zumindest in den USA, wie der Staat die Macht der Ölunternehmen zügeln könne. Heute dagegen, da das Land Ölkonsument Nummer eins ist, *sind* die Ölunternehmen der Staat.[177]

Verschwörung und Verrat: 1928–1945

Bis 1928 hatten die »großen drei« – Exxon, Shell und BP – miteinander im Wettbewerb gestanden, wie es sich für gute Flaggschiffe des

Kapitalismus gehörte. Die Folge war, dass die Welt im Öl schwamm und wenig dafür bezahlte. Doch niedrige Preise sind nicht gut für die Gewinne. Daher beschlossen die Chefs, das zu ändern. Sie trafen sich in einem Schloss in Schottland und brüteten eine Übereinkunft aus, deren empörende Einzelheiten erst über 30 Jahre später an die Öffentlichkeit drangen. Sie beschlossen, Preisdumping und Überproduktion ein Ende zu bereiten. Und sie beschlossen, ihren jeweils aktuellen Anteil am internationalen Ölgeschäft zu akzeptieren und zukünftige Steigerungen gleichmäßig unter sich aufzuteilen. Sie bezeichneten das als »As Is«-Übereinkunft Sie einigten sich sogar auf eine Preisberechnungsformel.

Die Behauptung, dass sie damit gegen die US-Antitrust-Gesetze verstießen, die Standard Oil – vorübergehend – zur Strecke gebracht hatten, ist untertrieben. Es war ein Angriff auf die Demokratie: Diese feinen Herren manipulierten im Jahr 1928 die gesamte Welt. Einer von ihnen, Henri Detering, Präsident von Shell, schloss sich später der NSDAP an. Als er sechs Jahre vor Kriegsbeginn starb, schickten Hitler und Göring Kränze zur Beerdigung. Ein anderer, Walter Teagle, Präsident von Exxon, tauschte nach Hitlers Machtergreifung Informationen mit einem deutschen Chemieunternehmen aus; so kamen die Nationalsozialisten an Patente heran, die sie für die Herstellung von Flugbenzin brauchten. Selbst nach Hitlers Polen-Invasion verkaufte Teagle weiter wichtige Informationen. Als die Japaner die malaysischen Gummiplantagen überrannten, blockierte er die Forschung zum Synthetikkautschuk in den USA; in diesem Bereich hatte sein Unternehmen zahlreiche Patente. Dafür wurde er von US-Präsident Harry Truman des Verrats beschuldigt. Teagle behauptete gern, die Kommunisten würden die ethischen Regeln der Zivilisation nicht anerkennen. Er selbst vertrat eine recht eigenwillige Ethik.

Den übrigen Ölunternehmen kam die »As Is«-Übereinkunft durchaus gelegen: 15 weitere amerikanische Firmen übernahmen sie später, einschließlich der anderen vier US-Schwestern. Die Unternehmen verfügten nun über ein globales Geheimkartell.

Das US-Justizministerium, erzürnt wegen des perfiden Versuchs, Profit aus dem Gummigeschäft zu schlagen, nahm im Jahr 1940 mit den Antitrust-Gesetzen noch einmal Exxon ins Visier, hatte damit aber einen schlechten Zeitpunkt gewählt. Der Kriegseintritt der

Amerikaner stand unmittelbar bevor. Der Staat würde die Ölunternehmen brauchen. Man kann nur Krieg führen, wenn man jede Menge Öl hat; das sollten die Deutschen und Japaner noch herausfinden.

Mittlerweile hatte die Ölindustrie einen starken und treuen Bettgefährten gefunden, einen Industriezweig, der ebenso schnell wuchs wie die Ölbranche: die Autoindustrie. Auch die Autofirmen waren, um ihre Märkte voranzubringen, einer kleinen Verschwörung nicht abgeneigt. Ende der dreißiger Jahre kaufte General Motors gemeinsam mit Chevron das elektrische Straßenbahnnetz auf, um das man die Vororte von Los Angeles geplant hatte. Dann legten sie es still. Dies wiederholte GM mit anderen Ölfirmen in anderen amerikanischen Großstädten. Die Menschen und ihre Kommunalverwaltungen schlossen eine Zwangsehe mit Öl und Autos.

Rückeroberungsversuche: 1951–1956

Das Vorgängerunternehmen von BP, die Anglo Persian Oil Company, hatte im Iran, damals Persien, bereits 1908 riesige Ölvorkommen entdeckt. Doch der damalige Schah von Persien war ein wenig liebenswerter und daher ungeliebter Mensch. Im Jahr 1951 wurden nach einer Streikwelle, der Verhängung des Kriegsrechts, Überstunden der Geheimpolizei und anderen Umständen, die sich kurz vor dem Fall eines Tyrannen ereignen, im Iran endlich Wahlen abgehalten. Ein populärer Politiker, ein Herr Mossadegh, wurde zum Premierminister gewählt. Umgehend riss er sich die Ölfelder von BP unter den Nagel.

Die britische Labour-Regierung hatte dem Iran zwar mit ihrer eigenen Innenpolitik vorgemacht, wie man Industrien verstaatlicht, doch nun wetzte sie die Messer, wie es sich für ein anständiges Kolonialreich gehört. Der Außenminister, der Verteidigungsminister und mehrere führende Militärberater empfahlen unisono eine Militäraktion zur Rückeroberung der Ölfelder. Man schickte die britische Marine los, um an der iranischen Küste zu patrouillieren und Ölexporte zu blockieren. Eine Fallschirmbrigade war schon einsatzbereit. Doch da sandte Präsident Truman aus dem Weißen Haus ein »Stopp« über den Atlantik. Die Briten machten einen Rückzieher.

Zwar entging ihnen dadurch die Chance, ihren Durst nach einer Militäraktion zu stillen und dabei grandios baden zu gehen, doch das holten sie ein paar Jahre später auf spektakuläre Weise nach, als sie 1956 in Ägypten einmarschierten, um den Suezkanal zu erobern.

Saddam Husseins Einmarsch in den Iran im Jahr 1980 und nach Kuwait 1990 waren demnach nicht die ersten ölbedingten Invasionen im Nahen Osten. Man fragt sich schon, wie viele der Briten, die die Irak-Invasion 2003 leidenschaftlich unterstützten, wissen, dass eine britische Regierung in der Vergangenheit bereits einem Nahost-Staat, der sein eigenes Öl verstaatlicht hatte, mit dem Einmarsch gedroht hatte, und dass sie anschließend in einen anderen Nahost-Staat einmarschiert war, weil dieser einen Schiffskanal für Öltanker, der durch das eigene Hoheitsgebiet führte, verstaatlicht hatte.

Was wurde eigentlich aus Herrn Mossadegh? Die CIA wurde ihn durch einen von ihr eingefädelten Staatsstreich los, der sie weniger als eine Million Dollar kostete.[178] Das war natürlich viel billiger und sauberer als ein Krieg. Warum haben die es mit Saddam Hussein eigentlich nicht genauso gemacht?

Ein Kartell gegen das Kartell: 1960–1972

In den dreißiger und vierziger Jahren wurden in den Ölstaaten des Nahen Ostens gewaltige Ölmengen gefunden. Die Ölfirmen, die ihr behagliches Geheimkartell betrieben, berappten für die Entdeckungen genug Geld, um aus armen Stammesfürsten einige der reichsten Menschen der Welt zu machen. Doch verglichen mit dem Geld, das sie mit dem Verkauf an die nunmehr gründlich abhängigen Menschen in den USA und Europa verdienten, zahlten sie mickrige Beträge. Die Produzenten wussten das und machten sich 1960 daran, das zu ändern. Saudi-Arabien, Kuwait und Venezuela gründeten die Organisation erdölexportierender Länder (OPEC). Weitere Ölproduzenten schlossen sich später an.

Ihr Ziel war es, durch koordiniertes Auftreten den Preis zu heben, doch weil sie ein streitsüchtiger Haufen waren, brauchten sie eine Weile, bis sie so weit waren. Dazu kam, dass die USA ihre eigene

Produktionsspitze noch nicht erreicht hatten und Importe daher noch nicht so dringend benötigten wie ab den siebziger Jahren.

Im Jahr 1967 marschierten die Israelis in Ägypten ein. Das brachte die arabischen Staaten, wie nicht anders zu erwarten, auf die Palme. Sie beschlossen, die, wie sie es nannten, »Ölwaffe« einzusetzen: In einer gemeinsamen Aktion drosselten sie die Förderung oder drehten die Ölhähne sogar ganz zu. Doch ehe dieses Embargo Wirkung zeigen konnte, wurde es vom Iran und von Venezuela gebrochen. Ein ehemaliger Exxon-Manager beschrieb die damalige Haltung seiner Firma: »Bei Exxon war man sich sicher, dass sich die Araber nie zusammenraufen würden. Die Leute bezogen ihr Araber-Bild aus dem Film *Lawrence von Arabien.*«

Tja, das war ein Fehler.

Die erste Ölkrise: 1972

Bei dem, was nun folgt, sollte man einmal darüber nachdenken, wie die Geschichte verlaufen wäre, wenn es der Westen nicht mit der westlich orientierten Königsfamilie des Hauses Saud zu tun gehabt hätte, sondern mit einem fundamentalistischen Regime, das Amerika und Großbritannien so gehasst hätte wie der saudische Durchschnittsbürger von heute.

Im Jahr 1971 gelang es den OPEC-Ländern endlich, an einem Strang zu ziehen. Mittlerweile hatte die US-Ölproduktion ihre Spitze erreicht und begann bereits zu sinken. Bei einem Treffen in Teheran einigten sich die OPEC-Minister darauf, den Ölpreis kräftig anzuheben. Die Unternehmen und ihre Regierungen konnten dagegen nicht viel ausrichten. Unter Führung des liebenswürdigen und gewieften Scheich Jamani aus Saudi-Arabien verabredeten die Minister auch, wenn nötig noch einmal die Ölwaffe zu zücken. Jamani beherrschte meisterhaft die Kunst, mit Zuckerbrot und Peitsche umzugehen. Sein Ziel sei die »Beteiligung« der Ölunternehmen, eine »unauflösliche Ehe«, wie er es formulierte.

Der iranische Schah fiel begeistert ein. Im Jahr 1973 teilte er der *New York Times* mit, ein deutlicher Ölpreisanstieg sei unabwendbar und gerechtfertigt. »Sie haben den Preis des Weizens, den Sie uns verkaufen, um 300 Prozent angehoben; das Gleiche gilt für Zucker und Zement ... Sie kaufen Rohöl und verkaufen es uns in Form von Petrochemikalien zum Hundertfachen des Preises, den Sie uns bezahlt haben ... Es ist nur gerecht, wenn Sie uns von nun an mehr fürs Öl bezahlen. Sagen wir, das Zehnfache.«[179]

Im Jahr 1973 fielen Israel und seine Nachbarn im Jom-Kippur-Krieg übereinander her. Ägypten und Syrien versuchten, das Land, das Israel 1967 erobert hatte, zurückzubekommen. Der ägyptische Präsident Anwar as-Sadat war ein schlauer Fuchs und hatte sich beim saudischen König Faisal seine Armeen mit der Ölwaffe absichern lassen. Faisal belegte gemeinsam mit den übrigen Staaten des Nahen Ostens alle Lieferungen an die USA und die Niederlande mit einem Embargo und sorgte dafür, dass die Lieferungen an Länder, die der arabischen Sache feindlich gegenüberstanden, zurückgefahren wurden.

Die Saudis schwangen ihre Ölwaffe nur wenige Monate lang. Zur schlimmsten Zeit führte das Embargo zu einer Nettosenkung der weltweiten Öllieferungen von 4,4 Millionen Barrel am Tag bei einem Marktvolumen von rund 50 Millionen Barrel, also um lediglich knapp neun Prozent.[180] Doch schon dieser Rückgang reichte aus, Chaos anzurichten. Obwohl der Ölpreis nach heutigem Dollarwert niedriger lag als heute, erschütterte er die Welt. Aus dem Nichts kochte die Furcht vor einem drohenden wirtschaftlichen Zusammenbruch hoch. Zügellose Hamsterkäufe der Verbraucher verschlimmerten die Lage. Amerikaner und Europäer mussten zum ersten Mal in der Geschichte an den Tankstellen Schlange stehen. In Deutschland wurde ein Sonntagsfahrverbot verhängt; Spaziergänger wanderten über die verlassenen Autobahnen. In Großbritannien, wo der Ölpreisanstieg mit einem Streik der Kohlearbeiter zusammenfiel, musste die Regierung die Dreitagewoche ausrufen, weil für eine normale Fünftagewoche die Energie nicht reichte. In den USA wurde landesweit ein Tempolimit von 88 Stundenkilometern eingeführt, um den Verbrauch zu drosseln, und die Verbraucher ließen den Buick zugunsten kleiner japanischer Autos stehen. Stromausfälle waren an der Tagesordnung.

Das Öl war in der Tat zur Waffe geworden. Das Embargo wurde bereits nach wenigen Monaten wieder aufgehoben, vor allem weil die Saudis befürchteten, ihr Embargo könne eine Weltwirtschaftskrise auslösen; damit hätten sie sich selbst ebenso geschadet wie allen anderen. Scheich Jamani teilte dem Westen mit: »Wenn ihr untergeht, würden auch wir untergehen.«[182] Dem Embargo von 1973 folgte eine schwere Rezession, doch die Weltwirtschaft rutschte nicht in eine Krise ab.

Als sich in den USA an den Tankstellen Schlangen bildeten, drohten die Amerikaner mit einer Invasion Arabiens. Denn die innenpolitisch angeschlagene Regierung Nixon wusste, dass sie für ihr Säbelrasseln ein dankbares Publikum hatte. Ein Vertreter des US-Verteidigungsministeriums sagte: »Im *Naval War College* verkündeten die Obersten des *Marine Corps*: ›Wir setzen diese gottverdammten Lumpenhunde wieder auf ihre Kamele.‹« Später freigegebene Unterlagen der britischen Regierung zeigen, dass man in den USA bereits errechnete, wie viele Soldaten man brauche: zwei Brigaden, um es mit den Saudis aufzunehmen, und je eine für Kuwait und Abu Dhabi.[183] US-Außenminister James Schlesinger sagte später: »Militärisch hätten wir einen der arabischen Staaten einnehmen können. Und der Plan hat sie tatsächlich erschreckt und verärgert. Nein, wir haben nicht nur den starken Mann markiert. Es war wirklich als Warnung gedacht. Ich glaube, die Araber beunruhigte das nach '73 erheblich.«[184]

Offenbar waren die Araber auch schon 1973 beunruhigt. Der saudische König wies seine Nationalgarde an, die gefährdeten Ölanlagen darauf vorzubereiten, dass sie für den Fall einer US-Invasion gesprengt werden konnten. Er war offenbar bereit, sich ins eigene Fleisch zu schneiden. Der Quelle dieser Information zufolge hätten die USA ein Jahr gebraucht, um in dem Land wieder zur vollen Produktion zu gelangen.[185]

Was würde Amerika heute tun, wenn im Haus Saud Leute das Sagen hätten, die mehr Zorn auf Onkel Sam verspürten als König Faisal im Jahr 1973? Leute, die ihr Öl vielleicht lieber den Chinesen und Indern mit ihrer rasant steigenden Nachfrage verkauften und den Großen Satan zur Hölle wünschten? Welche Reden würde man dann im *Naval War College* und in der Republikanischen Partei schwingen?

Wir kennen die Antwort auf diese Frage bereits. Sie ist nicht nett.

Backlash nach der ersten Krise: die großen Ölschwankungen

Das Problem mit den hohen Ölpreisen damals wie heute ist, dass sie so ziemlich jedem wirtschaftlich wehtun, nur nicht den Ölfirmen. Als sich die Ölknappheit im kalten Winter 1973–1974 zuspitzte, verkündeten die großen Unternehmen Rekordgewinne. Exxon stellte mit seinem Jahresgewinn einen Weltrekord auf: 2,5 Milliarden Dollar. Den Verbrauchern stieß diese Summe sauer auf. Die Unternehmen rechtfertigten daher mit aggressiven Werbekampagnen ihre gewaltigen Profite und behaupteten, sie bräuchten das Geld für kostspielige neue Explorationen. Doch Mobil führte diese Argumentation ad absurdum, als die Firma eine halbe Milliarde ihrer Gewinne außerhalb des Ölgeschäfts, ja sogar außerhalb des Energiegeschäfts anlegte: Sie kaufte eine Kaufhauskette.

Umfragen ergaben, dass die Amerikaner den Unternehmen nicht glaubten. Sie gaben ihnen eine größere Schuld als den Arabern. In den Straßen sah man nun vermehrt den beliebten Anstecker mit der Aufschrift »Impeach Nixon« (»Amtsenthebung von Nixon«).

Im März 1974 endete das Embargo, und wenig später trat auch Nixon zurück. Nun wurden die Vorgänge genauer unter die Lupe genommen. Die aufsehenerregendste Attacke gegen die Unternehmen erfolgte in den Senatsanhörungen des ständigen Untersuchungsausschusses unter Leitung von Senator Jackson. Vertreter der »sieben Schwestern« gaben bei ihrer Befragung jämmerliche Vorstellungen ab, die im Fernsehen ausgestrahlt wurden. »Die amerikanischen Bürger wollen wissen, ob diese so genannte Energiekrise nur ein Vorwand ist«, schäumte Jackson, »um die unabhängigen Firmen auszuschalten, Preise zu erhöhen, Umweltschutzgesetze auszuhebeln.« Seine hartnäckig wiederholte Losung von den »obszönen Gewinnen« wurde in Amerika landesweit zum geflügelten Wort.

Kaum zu glauben: 45 von 100 Senatoren auf dem Capitol Hill stimmten damals für die Zerschlagung der Ölunternehmen. Eine solche Zerschlagung hätte es mit sich gebracht, dass jedes der miteinander verflochtenen Unternehmen in völlig unabhängige Firmen für die Produktion, den Transport, die Raffinerie oder die Vermarktung überführt worden wäre. Die Ölleute bezeichneten das als »Verstümmelung«, und genau das wäre es tatsächlich gewesen.

Als die Araber ihr Ölembargo aufhoben, hatten die amerikanischen Autohersteller bereits mit dem Bau kleinerer Fahrzeuge begonnen. Die Stadtplaner machten sich Gedanken über den öffentlichen Nahverkehr. Die Preise für Immobilien am Stadtrand befanden sich im Sturzflug. All diese Entwicklungen hätten damals Bewegung in die Sache bringen können, weg von der Abhängigkeit vom Öl aus dem Nahen Osten. Und man hätte den anhaltenden Ausstoß von Treibhausgasen in die Atmosphäre spürbar eindämmen können.

Die Unternehmen kokettierten nach 1973 ernsthaft mit einer Kursänderung. Öl war schon damals immer schwerer zu finden und zu fördern. Im Jahr 1975 kam das erste mühsam gewonnene Öl aus der stürmischen Nordsee an Land; doch seit seiner Entdeckung waren sechs Jahre vergangen. Im Jahr 1976 wurde dem Vorstand eines der größten Ölunternehmen ein Planungsdokument vorgelegt, in dem davor gewarnt wurde, dass »die Zukunft der privaten Ölunternehmen zunehmend ungewiss ist. Der Trend, dass vorgelagerte Geschäftsbereiche in staatliche Hände übergehen, wird sich fortsetzen ... Eine größere staatliche Beteiligung, direkt oder indirekt, ist auch nachgelagert zu erwarten.«[186] Die Unternehmen investierten dennoch weiterhin in großem Umfang in die Exploration. Doch sie steckten nun auch erstmals riesige Summen in völlig andere Bereiche, investierten unter anderem in Kohle, Chemie und Kupfer. Shell und Gulf engagierten sich sogar umfangreich in der Atomkraft. Fast alle diese Diversifikationsversuche scheiterten irgendwann. Ich habe Leute aus dem Ölgeschäft gebetsmühlenartig wiederholen hören, was seither gilt: »Wir sind im Ölgeschäft. Darin sind wir gut. Wir sollten bei unseren Kernprodukten und in unserem Kerngeschäft bleiben.« Und seit den achtziger Jahren haben sie das auch getan.

Doch die Geschichte zeigt, dass man sie zu Veränderungen zwingen kann.

Die unlösbare Ehe: 1974–1978

In den ersten drei Monaten des Embargos war der Benzinverbrauch in den USA um mehr als sieben Prozent zurückgegangen. Doch nach Ende des Embargos schnellte er sofort wieder nach oben. Im Kongress machte sich umgehend wieder Lethargie breit. An die 800 Gesetzesvorhaben in Sachen Energie kursierten während der Ölkrise auf dem Capitol Hill; viele waren dazu angetan, erneuerbare Energien, erneuerbare Kraftstoffe und Energiesparmaßnahmen zu fördern. Doch im Juli 1974 waren nur acht davon umgesetzt; eins dieser acht hob Gesetze zur Umweltverschmutzung auf, ein anderes eröffnete die Transalaska-Ölpipeline. Im Weißen Haus saß Präsident Ford, der Mann mit dem passenden Namen. Er kürzte das Budget zur Förderung des öffentlichen Nahverkehrs in den Großstädten auf fast die Hälfte. Wenig später bediente er die Autolobby mit den Worten: »Ich komme aus Michigan und heiße Ford.«

Im April 1975 zwang die US-Börsenaufsicht *Securities and Exchange Commission* im Rahmen der Untersuchung politischer »Zuwendungen« das Unternehmen Gulf zu dem Eingeständnis, dass es in den USA und im Ausland zwischen 1960 und 1973 über zehn Millionen Dollar an Firmenkapital, häufig gesetzwidrig, an »Zuwendungen« vergeben hatte. Auch Exxon musste einräumen, im Ausland »politische Zuwendungen« gemacht zu haben. Diese Zahlungen waren ungeachtet der Aktivitäten der Rechnungsprüfer, Tausender von Aktionären und der Regierung in Washington jahrelang unentdeckt geblieben.

Im Mai 1975 überholte Exxon General Motors und wurde damit zum größten Unternehmen der Welt. Die fünf US-»Schwestern« teilten sich mit General Motors und Ford die ersten sieben Plätze der *Fortune*-Liste. Die Wahrheit lag nun offen zutage. Die Politik hatte in Krisenzeiten ihre Antitrust-Instrumente eiligst beiseite gelegt; nun merkte sie, dass sie sie nicht mehr wirkungsvoll einsetzen konnte. Niemand wusste, wie man es mit einem solchen Kartell aufnehmen sollte – der »unlösbaren Ehe« zwischen den transnationalen Unternehmen und den ausländischen Produzentenstaaten, um Scheich Jamanis Worte zu zitieren.

Die zweite Ölkrise: 1979–1981

Der Schah von Persien versuchte rastlos, einen Katalog spleeniger Träume umzusetzen; bei einem Barrelpreis von 100 Dollar, so bekundete er, sei das Öl durchaus nicht überteuert. Gern argumentierte er, dass Coca Cola 89 Dollar pro Barrel kostete. Die Saudis sahen das anders. Sie wollten bei der Ölpreisgestaltung den Bogen nicht überspannen. Jamani wiederholte ein ums andere Mal, dass es nicht viel brauche, um den Westen zu einer ernsthaften Suche nach Alternativen zu treiben. Im Jahr 1981 verkündete er: »Wenn wir die westlichen Staaten dazu zwingen, alternative Energiequellen zu finden, dann werden sie es auch tun. Sie werden höchstens sieben bis zehn Jahre dazu brauchen und dann so viel unabhängiger vom Öl sein, dass es den Interessen Saudi-Arabiens gefährlich wird.«[187]

Sieben bis zehn Jahre? Wenn wir es damals konnten, dann doch sicher auch heute.

Derweil war im Iran eine Revolution losgebrochen. Obwohl seine Geheimpolizei noch brutaler vorging als die seines Vaters und obwohl die Streitkräfte über die beste Ausrüstung verfügten, die Amerika und Großbritannien aufzubieten hatten, fiel der Schah Anfang 1979.[188] Ein islamistisches Regime trat an seine Stelle. Die Königsfamilien in Saudi-Arabien und Kuwait beten bis zum heutigen Tag, dass dies kein Präzedenzfall für Tyrannensturz durch Fundamentalisten war.

Die iranische Ölproduktion reduzierte sich während der Revolution natürlich, und der Preis stieg wieder an. Mit über 70 Dollar pro Barrel in heutigem Geldwert (Spitze 2 in Grafik 1, S. 31) war die daraus entstehende Ölpreisspitze von 1979 die schlimmste aller Zeiten. Die Krise verschärfte sich, als der neue irakische Präsident Saddam Hussein im Jahr 1980 das Chaos nach der Machtübernahme durch Ajatollah Khomeini ausnutzen wollte und im Iran einmarschierte, um in einem dreisten Coup das Öl an sich zu reißen. Er hatte sich aber verrechnet. Die Iraner leisteten erbitterten Widerstand gegen Saddam. Am Ende verlor er einen großen Teil seiner eigenen Ölproduktion. Da nun in beiden Ländern der Nachschub einbrach, blieben die Preise bis Ende 1981 hoch.

Die Krise betraf wie die vorangegangene nur einen kleinen Teil des Öls. Im Rückblick scheint es unglaublich, dass damals ein so großes wirtschaftliches Chaos folgte, wenn man bedenkt, dass die Nettoproduktion während der Revolution im ersten Viertel des Jahres 1979 in der nicht kommunistischen Welt nur um zwei Millionen Barrel pro Tag fiel, rund vier Prozent der weltweiten Gesamtproduktion. Warum also stieg der Preis so schnell von 13 Dollar auf 34 Dollar an? Die Antwort hat zum großen Teil mit einem ziemlich menschlichen Aspekt zu tun: Es herrschte Panik.

Diesen Punkt möchte ich betonen. Wir neigen, wenn die Ölvorräte auch nur ein bisschen nachlassen, zu kollektiver Panik.

Niemand wusste, ob der Staatsstreich im Iran auf andere Ölstaaten im Nahen Osten übergreifen würde oder wie die religiösen Eiferer ihren Öljoker einsetzen würden. Daher horteten Handelsfirmen wie Verbraucher Vorräte. Die Welt katapultierte sich schnell in einen Teufelskreis. Die Autoschlangen an den US-Tankstellen reichten wieder bis um die nächste Straßenecke, und die stehenden Autos vergeudeten einer Berechnung zufolge 150.000 Barrel am Tag.[189]

Diesmal ging mit der weltweiten Rezession eine Inflation einher. Die Wähler, denen die komplexen Zusammenhänge nicht klar waren, gaben sowohl den Ölbaronen als auch ihren Regierungen die Schuld. Die Krise von 1979 war der Anfang vom Ende des damaligen US-Präsidenten Jimmy Carter. Er bezeichnete das neue Gebot des Energiesparens als »moralischen Ersatz für den Krieg« und rief ein landesweites Förderprogramm für synthetische Kraftstoffe ins Leben, forderte die amerikanische Automobilindustrie auf, den Benzinverbrauch zu senken, verlangte Energieeffizienz-Mindeststandards für Gebäude und ließ Sonnenkollektoren auf dem Weißen Haus installieren. Keine dieser Maßnahmen nutzte ihm. Er verlor 1980 die Wahl gegen Ronald Reagan, einen guten Freund der Ölindustrie, der die Solaranlage auf dem Weißen Haus wieder abmontieren ließ.

Die Krise endete Ende 1981. Erstens pumpten die Saudis, erneut aus Furcht vor einer Weltwirtschaftskrise, schneller, um den Rückgang der iranischen und irakischen Öllieferungen auszugleichen. Zweitens gab man aus den Vorratstanks Lagerbestände auf den Markt, sodass bald ein Überangebot entstand. Drittens floss nun auch Öl aus den großen neu entdeckten Ölfeldern Alaskas und der Nordsee.

Wie bereits erwähnt, ist in der anstehenden Krise keine dieser Lösungen in Sicht: Die Saudis können nicht mehr schneller pumpen, es gibt nirgends mehr freie Kapazitäten und nur wenig Öl auf Lager, und es besteht nur eine geringe Chance, dass neue Entdeckungen in einem Umfang möglich sind, der der schnell wachsenden globalen Nachfrage gerecht wird. So schlimm es damals gewesen sein mag – wenn die nächste Krise kommt, wird es viel schlimmer werden.

Die Förderjahre: 1981–1990

Goldman Sachs analysiert die Geschichte der Ölindustrie seit den sechziger Jahren als Abfolge von Phasen der »Exploration« und der »Investition«, die jeweils durch niedrige und hohe Ölpreise gekennzeichnet sind. In den sechziger Jahren, als die Preise niedrig waren, lebte die Ölindustrie von den Entdeckungen der vorangegangenen Jahrzehnte, ohne in größerem Ausmaß in die Infrastruktur für die nächste Generation zu investieren. Im Jahr 1973 begann eine zehn Jahre währende Investitionsphase, die von den hohen Preisen der ersten Ölkrise ausgelöst und der zweiten verstärkt wurde. Damals wurde ein Großteil der heute von der Ölindustrie genutzten Infrastruktur geschaffen. Diese Phase endete 1983. Nach einer Übergangszeit von vier Jahren, 1983 bis 1986, begann eine neue, 15 Jahre währende Förderphase, in der das Investitionsniveau deutlich unter dem der siebziger Jahre lag.[190] Wie dargestellt, vertritt man bei Goldman Sachs die Ansicht, dass der Samen für eine größere künftige Infrastrukturkrise ungewollt in dieser Phase gelegt wurde. Das bedeutet Ärger, selbst wenn die Förderspitze nicht wie angenommen bald eintritt.

Das Gleiche gilt für die globale Erwärmung. Dieser Samen ging vor den Augen der Öffentlichkeit im Jahr 1990 auf; damals gab die Zwischenstaatliche Kommission zum Klimawandel (IPCC) ihren ersten Klimaschutzbericht heraus, und es begannen internationale Verhandlungen, um den gefährlichen Klimawandel abzuwenden. Mit dem Wissen, das man ab diesem Zeitpunkt hatte, war die zuvor gängige Haltung zum Ölverbrauch überholt. Ich bezeichne die Jahre seit 1990 daher als Jahre der Komplizenschaft, weil wir, kollektiv und individuell, seither keine Entschuldigung dafür haben, mit der Verschwendung fossiler Brennstoffe fortzufahren. Ungeachtet der deutlichen und frühen Warnung davor, dass wir unseren eigenen Lebensraum auf diesem Planeten langsam zerstören, haben wir jedoch starrsinnig an unserem Kurs der Ölabhängigkeit festgehalten.

Wie wir in den Schlamassel geraten sind: die Jahre der Komplizenschaft

7

Der Carbon Club

Jeder, der Zeitung liest, kann wissen, dass die globale Erwärmung ein Thema von großer Tragweite ist. Die Risiken und Auswirkungen sind seit der Fertigstellung des ersten Klimaschutzberichts der IPCC 1990 klar. Am Tag der Veröffentlichung schafften es die Schlussfolgerungen des Berichts auf die Titelseite jeder britischen Zeitung. »Wettlauf zur Rettung der Welt«, lautete die Schlagzeile einer Zeitung. Die anderen formulierten es vielleicht etwas nüchterner, die Botschaft war aber bei allen dieselbe.

Angesichts dieser Ausgangslage war es für mich eine große und lehrreiche Erfahrung mitzuerleben, wie sich die Dinge auf Messers Schneide weiterentwickelten. Ich hatte kurz zuvor meine lukrative Tätigkeit als Berater für die Ölindustrie und die Lehrtätigkeit an der *Royal School of Mines* aufgegeben. Ich wollte den Nachwuchskräften der Branche nicht mehr länger die Tricks des Geschäfts beibringen. Ich dachte, ich wäre der erste von vielen Überläufern aus der Öl- und Kohleindustrie, blieb aber der einzige. Ich hatte einfach keine Vorstellung davon, wie weit die Selbstverleugnung und Verdrängung in der Branche vorangeschritten waren.

Ein großer Teil der Komplizenschaft funktioniert indirekt. Hinsichtlich der Treibhausgase herrscht große Verwirrung, was in gewisser Weise (vor allem im Rückblick) verständlich ist. Einer der Gründe für diese Verwirrung ist die Desinformationskampagne, die vom ersten Tag an von der Öl-, Kohle-, Automobilindustrie und verwandten Branchen geführt wurde. Ich war anwesend, als die führenden Klimaforscher der Welt den Bericht, der die Klimaverhandlungen in Gang brachte, fertig stellten, als einer von nur zwei ausreichend qualifizierten Wissenschaftlern von Umweltschutzgruppen, die zugelassen waren. Ich sah zu, wie der Mann von Exxon entsetzt versuchte, den Bericht zu zensieren. Ich ahnte nicht, dass das erst der Anfang einer langen Reihe von Verzerrungen, Desinformationen und Lügen der Ölindustrie und ihrer Verbündeten war. 1998 stellte ich in *The Carbon War* den einzigen Augenzeugenbericht über die Geschichte der Klimaverhandlungen zusammen, der meines Wissens je verfasst wurde. Das Buch hatte einen militaristischen Titel, weil mir das, was ich als frisch gebackener Umweltschützer erlebte, tatsächlich wie ein Krieg vorkam. Bei den Klimaverhandlungen gab ich dem Netzwerk der Kohle- und Ölindustrie und anderen Schirmorganisationen, die im Zusammenhang mit fossilen Energieträgern standen, die etwas freundlichere Bezeichnung *Carbon Club*, obwohl sie mit schmutzigen Tricks kämpften.

Die Gruppen hatten alle beruhigend klingende Namen, die ihren eigentlichen Zweck verschleierten. Eine besonders zentrale Rolle spielten zwei Organisationen, der *World Climate Council* und die *Global Climate Coalition.* Im August 1990 beobachtete ich, wie Don Pearlman, der Leiter des *World Climate Council*, die saudi-arabische Delegation beim letzten IPCC-Treffen vor der Weltklimakonferenz auf seine Ziele einschwor. Er saß in einem Hotelfoyer, umgeben von ranghohen saudi-arabischen Diplomaten, die Kopien des zu verhandelnden Texts des IPCC-Berichts aufgeschlagen vor sich liegen hatten, und übte mit ihnen Taktiken ein, die Aussagen zu verwässern. Es kümmerte ihn nicht, dass man im Vorbeigehen alles gut hören konnte. Danach gingen die Saudis in die Verhandlungen. Zu ihren Hinhalte- und Verzögerungstaktiken gehörte auch der kaum zu glaubende Versuch, den Begriff »Kohlendioxid« aus dem Text zu streichen.

Wenn ein Land bereit ist, für seine kurzfristigen Interessen so tief zu sinken (obwohl langfristig gesehen eine lebenswerte Zukunft für die ganze Welt auf dem Spiel steht), welche Hoffnung besteht dann, dass es uns die Wahrheit über seine Ölreserven sagt?

Der erste Golfkrieg (1990)

In den achtziger Jahren, als die Bedenken der Klimaforscher hinsichtlich der Verbrennung fossiler Energieträger und deren Auswirkung auf das Klima allmählich Gestalt annahmen, floss reichlich Öl aus der Nordsee und der Prudhoe Bay in Alaska, und der Ölpreis blieb jahrelang niedrig. Er stieg erst wieder, als Saddam Hussein bei seinem zweiten großen Griff nach Öl 1990 in Kuwait einmarschierte. Man sollte meinen, er hätte seine Lektion bei seinem ersten Versuch gelernt. Der Krieg zwischen Iran und Irak zog sich acht Jahre lang hin. Doch der irakische Diktator muss gedacht haben, er kenne die USA gut genug, weil er dort regelmäßig Öl gegen Waffen getauscht hatte, auch Chemiewaffen, mit denen er gegen die Iraner gekämpft hatte und sein eigenes Volk unterdrückte.[191] Irgendwie gelangte er zu der Ansicht, dass Amerika nicht allzu viel dagegen hätte, wenn er sich Kuwait unter den Nagel riss.[192] Da täuschte er sich. Die USA und ihre Verbündeten erklärten ihm den Krieg.

George Bush senior sagte über den ersten Golfkrieg: »Das hat alles mit dem zu tun, was Religion verkörpert: Gut gegen Böse, Richtig gegen Falsch, Menschenwürde und Freiheit gegen Tyrannei und Unterdrückung.« Wie brachte er das in Einklang mit der Drohung der USA von 1973, wegen des Öls in Saudi-Arabien einzumarschieren?

Der Preisanstieg aufgrund des irakischen Einmarschs in Kuwait war gering und nur von kurzer Dauer, dennoch folgte auch auf ihn wie schon bei den beiden Preisanstiegen zuvor eine wirtschaftliche Rezession.

Die Öl- und Kohleindustrie im Vorfeld von Kyoto (1991–1997)

Die Klimaverhandlungen begannen im Februar 1991, als der erste Golfkrieg in vollem Gange war. Die erste der beiden zweiwöchigen Sitzungen sollte eigentlich in Washington stattfinden, doch die amerikanische Regierung hatte wichtigere Angelegenheiten zu erledigen, daher wurden die Gespräche ins Hinterland von Virginia verbannt. Während die erste Weltklimakonferenz im November 1990 von einem gewaltigen Medienzirkus begleitet worden war, machte sich nur eine kleine Schar Journalisten die Mühe, sich mit den ersten Sitzungen und richtigen Verhandlungen zu befassen, obwohl immerhin Vertreter von über 100 Regierungen anwesend waren. Wie nicht anders zu erwarten war, wurden kaum Fortschritte erzielt.

In Kapitel 5 habe ich den schmerzlich langsamen Weg von den ersten Warnungen der IPCC 1990 bis zum Kyoto-Protokoll von 1997 beschrieben. Hier möchte ich Ihnen nun ein paar Beispiele dafür geben, wie die Ölindustrie und ihre Verbündeten sich bei den Verhandlungen verhielten, bei denen es im Grunde um Leben oder Tod ging.

Im Februar 1992 nutzte die *Global Climate Coalition* (GCC – eine Lobbyistengruppe, die Exxon, Mobil, Texaco, Shell, BP und viele andere Öl-, Kohle- und Automobilunternehmen vertrat) die Haltung des professionellen Skeptikers Fred Singer, um bei der fünften Sitzung im Rahmen einer Pressekonferenz die wissenschaftliche Arbeit der IPCC anzugreifen. Die GCC gab ein Informationspapier mit dem Titel »Die Stabilisierung der Kohlendioxid-Emissionen wäre für die Umwelt nur von geringem Nutzen« heraus. Diese Taktik wurde zum Kennzeichen der Verhandlungen: Ein oder mehrere Vertreter einer winzigen Gruppe bekannter Querdenker wurden gegen Hunderte von Wissenschaftlern aufseiten der IPCC angeführt, obwohl die meisten Wissenschaftler der IPCC für staatliche (auch amerikanische) Einrichtungen arbeiteten. Die Taktik ging auf. Die Medien stellten das Thema fast immer als »ausgewogene Diskussion« dar und ließen eine Stimme für jede Seite zu Wort kommen. Oft war der einzige Abweichler ein gewandter Redner, der Vertreter der großen Mehrheit dagegen ein im Umgang mit den Medien ungeübter Wissenschaftler.

Anlässlich des Umweltgipfels 1992 in Rio de Janeiro, bei dem zahlreiche Staatschefs die neu ausgehandelte Rahmenkonvention zum Klimawandel unterzeichneten, verkündete die GCC bei einer Pressekonferenz die wichtigsten Störstrategien des Carbon Club für die kommenden Jahre. Mit vereinten Kräften wurden unter Führung des stellvertretenden Direktors John Schlaes die steigenden Emissionen der Entwicklungsländer hervorgehoben. Damit wurde der Angriff des Carbon Club auf die Achillesferse der Konvention vorbereitet, wodurch schon im Vorfeld von Kyoto die Verhandlungen ins Stocken kamen. Dabei hatten die Industrieländer von Anfang an eingeräumt, dass der Großteil der Treibstoffgase in der Atmosphäre von den Emissionen einer Minderheit stamme, die in der entwickelten Welt lebt, daher müsse sie auch den ersten Schritt tun, wenn es darum ging, rechtlich bindende Schadstoffgrenzen festzulegen.

Im Mai 1993 hörte ich bei einer internationalen Konferenz der Kohleindustrie in Barcelona, wie Harlan Watson, der Unterhändler der Regierung Bush für den Klimaschutz, die Arbeit der GCC überschwänglich lobte. Er warnte, die Kohleförderung sei durch die Rahmenkonvention zum Klimawandel stark gefährdet, und ermahnte die Delegierten, mit dem Carbon Club zusammenzuarbeiten, um ihre Branche zu verteidigen. Im Jahr 2004, als dieses Buch verfasst wurde, leitete Harlan Watson George W. Bushs Delegation für die Gespräche nach Kyoto.

Bei der achten Verhandlungsrunde im August 1993 in Genf, bei der die Haltung der Regierung Clinton gegenüber dem Kohlendioxidausstoß noch nicht klar war, stieß ein Bericht des *World Coal Institute*, einer internationalen Organisation Kohle produzierender Unternehmen, mit dem Titel »Der Kampf gegen das Kohlendioxid würde in eine Wirtschaftskatastrophe führen« in neue Tiefen der Desinformationspolitik vor. In dem Bericht wurde eine immer wiederkehrende These der GCC aufgegriffen, die sehr umstritten war: nämlich dass die Begrenzung des Schadstoffausstoßes in den USA zum massiven Verlust von Arbeitsplätzen führen würde.

Im September 1993, am gleichen Tag, an dem der Präsident der *Reinsurance Association of America* bei einer internationalen Konferenz der Versicherungsbranche in der Nähe der Wall Street verkündete, dass die globale Erwärmung die Versicherungsbranche in den Ruin treiben könnte, schrieb Fred Singer in der *New York Times*: »Angesichts der mit jedem Jahr wachsenden Kluft zwischen Beobachtungen und Theorie zeigt sich zunehmend deutlich, dass mit den Computermodellen, die dazu benutzt wurden, die Weltöffentlichkeit und die Regierungen zu erschrecken und zu veranlassen, drastische, übereilte Maßnahmen in Betracht zu ziehen, etwas nicht stimmt.« Mit dieser Umkehrung der Realität legte der Carbon Club bei seinem Angriff gegen die Klimaforschung noch einen Gang zu und versuchte so, mögliche progressive Maßnahmen der Regierung Clinton abzuwenden. »Die Konservativen und die Vertreter der

Industrie«, schrieb die *New York Times*, »haben einen neuen Angriff gegen die Vorstellung gestartet, dass die globale Erwärmung eine ernst zu nehmende Bedrohung darstellt, die in einer Katastrophe enden könnte. In den vergangenen Monaten wurde in einem Hagel von Kritik die These von der globalen Erwärmung als ›Strohfeuer‹, ›Hysterie‹, ›Panikmache‹ und ›sozialistische Verschwörung, um Kontrollen der Wirtschaft zu rechtfertigen‹ bezeichnet.«

Bei der zehnten Gesprächsrunde im August 1994 in Genf war der Carbon Club so stark vertreten wie nie zuvor und startete gleich einen doppelten Angriff. Er griff die wissenschaftliche Grundlage der Klimaforschung an und drohte mit einem Verlust der Wettbewerbsfähigkeit für den Fall, dass die Schadstoffemissionen begrenzt würden. »Bis heute«, schrieb John Schlaes in einem von der GCC eingereichten Text, »konnte die Wissenschaft nicht festlegen, was als gefährlicher Schwellenwert für die Konzentration an Treibhausgasen gilt. Dadurch ist es unmöglich, die Eignung der Verpflichtungen zu beurteilen.« Auch dieses Thema kehrte immer wieder: Aufgrund der Unsicherheit müssen wir auch nichts gegen den Schadstoffausstoß unternehmen. Im Fall einer militärischen Bedrohung würde das entsprechende Argument lauten: Im Kalten Krieg bestand Unsicherheit hinsichtlich der Absichten der Roten Armee, in Europa einzumarschieren, deswegen hätten wir auch kein Geld ausgeben müssen, um uns mit einem erhöhten Verteidigungsbudget Sicherheit zu erkaufen.

Bei der elften Sitzung im Februar 1995 in New York veröffentlichte die GCC die Studie des Wetterdienstes Accu-Weather, in der behauptet wurde, anhand der Wetterdaten gebe es keine überzeugenden Belege für ein gehäuftes Auftreten extremer Temperaturen und Niederschläge. Wir haben in Kapitel 5 gesehen, wie irreführend Wetterdaten sein können. Die Behauptung hinsichtlich der Temperaturen basierte auf drei angeblich »repräsentativen« Wetterstationen, die sich alle in den USA befanden. Die Daten zu den Niederschlägen stammten – man mag es kaum glauben – von einer einzigen Wetterstation. Als ob eine oder auch drei Stationen die gesamten Vereinigten Staaten repräsentieren könnten. Das war das offensichtlichste Beispiel für eine verzerrte Darstellung, das mir bislang in diesem Zusammenhang untergekommen ist. Stellen Sie sich vor, die Ölgesellschaften würden dieselben »wissenschaftlichen« Standards bei ihren Ölfeldern anwenden. Sie würden ein Vermögen für trockene Bohrlöcher verschleudern.

An jenem Tag ging die GCC zu weit. In der Öffentlichkeit debattierte ich zwar weiter mit dem BP-Vertreter kontrovers über das Thema, doch privat gab er zu, die Taktik der GCC sei ihm und seinen Arbeitgebern äußerst peinlich. Ab 1995 setzten er und andere sich bei BP in zunehmendem Maße dafür ein, beim Thema globale Erwärmung die Seiten zu wechseln.

Im März 1995 befasste sich der *Spiegel* anlässlich des Berliner Klimagipfels eingehender mit Don Pearlman und ertappte den »Hohepriester des Carbon Club«, wie er ihn nannte, bei einer Lüge. Ein holländischer Klimaforscher erzählte dem Magazin, wie Pearlman mit Hilfe der Kuwaiter den IPCC-Prozess gestört hatte. Bei einer entscheidenden Sitzung versuchten die Kuwaiter, Ergänzungen in Pearlmans eigener Handschrift zu Erklärungen einzubringen, über die eigentlich Einigkeit herrschte. Und bei einer überaus wichtigen Sitzung im Februar in New York, die bis in die Nacht ging, hatte der Carbon Club die OPEC-Delegationen so unverfroren instruiert, dass Mitarbeiter der UNO die Lobbyisten anwiesen, den Raum zu verlassen. Pearlman stritt den Vorfall gegenüber den *Spiegel*-Reportern ab. Ein Mitarbeiter der UNO bestätigte ihn jedoch und konnte ihn auch belegen.

Texaco konkurrierte mit Exxon um den Titel der Ölgesellschaft mit den übelsten Machenschaften im Carbon Club. Clem Malin, Leiter der Abteilung Kommunikation bei Texaco, heckte ein meisterhaftes Manöver aus. Irgendwie schaffte er es, beim Berliner Klimagipfel zum Leiter der Delegation der Internationalen Handelskammer ernannt zu werden, und war damit in einer Position, für alle Industriezweige und Branchen zu sprechen. Dazu gehörten natürlich viele, die durch den Klimawandel besonders bedroht waren, etwa Versicherungen, Wasser, Landwirtschaft, Tourismus, Fischerei und das Gesundheitswesen. Malin prahlte vor den versammelten Medienleuten und Delegierten, wie viel sein Unternehmen in Öl investiert habe, und verkündete: »Wir sind nicht Teil des Problems, wir sind Teil der Lösung.«

Bei der abschließenden Plenarversammlung der wissenschaftlichen Arbeitsgruppe der IPCC im November 1995 in Madrid, bei der die entscheidende Zusammenfassung für den zweiten Klimaschutzbericht entworfen wurde, erteilte Don Pearlman (der gar kein Wissenschaftler ist) den offiziellen Delegierten der Ölministerien Saudi-Arabiens und Kuwaits (ebenfalls keine Wissenschaftler) ganz offen Anweisungen. Die Manipulation war so dreist, dass ein ranghoher Klimaforscher der amerikanischen Regierung darum bat, seinen Namen aus dem Abschlussbericht zu streichen.

Im Juni 1996 dirigierte die GCC eine Kampagne zur Diskreditierung von Ben Santer, der als Autor maßgeblich an der Abfassung des zweiten Klimaschutzberichts beteiligt war. Santer hatte den Text des Entwurfs geändert, damit die Beschlüsse von Madrid einfließen konnten, wie es von der Versammlung erbeten worden war. Die GCC stellte dies als wissenschaftlichen Betrug dar: »Die Veränderungen verfolgen ganz eindeutig den politischen Zweck, den zugrundeliegenden wissenschaftlichen Bericht entsprechend zu bereinigen.« Die Führung der IPCC wies darauf hin, dass Santer nur eine Vorgehensweise umsetzte, auf die man sich zuvor geeinigt hatte.

Im Oktober 1997 war man bei Exxon angesichts des näher rückenden Klimagipfels in Kyoto offenbar so verzweifelt, dass sich die Ölgesellschaft maßgeblich an einer Kampagne der amerikanischen Handelskammer beteiligte, um das Kyoto-Protokoll zu Fall zu bringen. Man stellte es als Abkommen dar, bei dem die Entwicklungsländer praktisch keine Verpflichtungen bezüglich ihrer Treibhausgas-Emissionen eingehen mussten. Gleichzeitig erklärte Exxon-Chef Lee Raymond den Chinesen beim *World Petroleum Congress* in Peking, die Bemühungen zu einer Senkung des Verbrauchs von fossilen Energieträgern seien »weder klug noch umsetzbar«.

Trotz der Bemühungen, die Verhandlungen zu torpedieren, trug der Gipfel in Kyoto im Dezember 1997 ein kleines bisschen dazu bei, die geschwächte Klimakonvention von Rio aus dem Jahr 1992 zu stärken. Der Carbon Club zersplitterte im Lauf der Zeit. BP trat 1997 aus, die grobe Vorgehensweise der GCC war dem Unternehmen schließlich zu peinlich geworden. Dies war eine der wichtigsten Entwicklungen, die letztendlich die abschließenden Verhandlungen über das Kyoto-Protokoll ermöglichten. Den progressiven Stimmen bei BP gebührt dafür große Anerkennung. Es ist ein schwerer Fehler, die Ölgesellschaften für Monolithen zu halten, die den Status quo um jeden Preis wahren wollen. Auch Shell und später auch zur allgemeinen Überraschung Texaco verließen die Koalition.[193]

Die Finanzdienstleister im Vorfeld von Kyoto (1991–1997)

Die Versicherungsbranche ist mit zwei Billionen Dollar Jahreseinnahmen größer als die Ölindustrie. Was die Einnahmen betrifft, wird sie nur noch vom Tourismus übertroffen. Wie wir bereits in Kapitel 5 festgestellt haben, sind die Versicherungen durch den Klimawandel stark bedroht, ebenso die Finanzdienstleistungen im weiteren Sinn. Fassen wir noch einmal kurz zusammen: Ein Großteil der Einnahmen in der Versicherungsbranche wird investiert, für Schadenszahlungen bei Katastrophen wie Erdbeben oder Klimakatastrophen werden jedoch mehrere hundert Milliarden Dollar zurückgelegt. Obwohl die Verluste in den letzten Jahren so hoch waren wie nie zuvor, machten sie bis jetzt jährlich noch nicht einmal ein Viertel der Rücklagen aus. Wenn sich die Erde erwärmt, wird es jedoch häufiger zu Katastrophen kommen, die noch dazu heftiger ausfallen. Selbst nach dem derzeitigen Trend und unter der Voraussetzung, dass die Versicherungen weiterhin erfolgreich um eine große Katastrophe in einer Millionenstadt herumkommen, warnt Klimaexperte Andrew Dlugolecki davor, dass die Vernichtung von Nettovermögen in einer Welt, die nichts gegen den Ausstoß von Treibhausgasen unternimmt, ungefähr ab dem Jahr 2065 größer sein wird als die Schaffung von Nettovermögen. Die Gefahr kann von cleveren Investoren bis zu einem gewissen Grad aufgefangen werden, aber wenn es zum Äußersten kommt und die Natur gänzlich aus den Fugen gerät, gibt es kein Entkommen mehr.

Was hat die Versicherungsbranche gegen die Bedrohung ihrer Gewinne, ja die Bedrohung ihrer Existenz bislang unternommen? So gut wie nichts. Ein paar Vertreter haben kurz einmal bei den internationalen Klimaverhandlungen vorbeigeschaut. Nicht ein einziger Vollzeitlobbyist wurde angestellt. Die Ölkonzerne und andere auf fossile Brennstoffe angewiesene Unternehmen beschäftigen Hunderte. Einige Versicherungsgesellschaften traten einer Initiative bei, die vom Umweltschutzprogramm der Vereinten Nationen ins Leben gerufen wurde, doch trotz aller Bemühungen des UNEP wird dort nur geredet, sinnvolle Maßnahmen liegen noch in weiter Ferne. Einige wenige Gesellschaften haben unilaterale Initiativen ins Leben gerufen, die Schweizer Rück beispielsweise hat ein kleines Portfolio mit sauberen Energieinvestitionen aufgebaut, aber abgesehen von dieser und ein paar anderen Ausnahmen ist die Branche praktisch am Steuer eines Schwerlasters eingeschlafen, der mit hohem Tempo auf den Abgrund zurast.

Besonders passiv zeigt sich die Versicherungsbranche, wenn es um Investitionen geht. Die meisten warnenden Stimmen kommen aus den Abschlüsse schreibenden Abteilungen. Die Mitarbeiter dort verstehen sich auf Risiken. Die Investitionsabteilungen dagegen benehmen sich, als ob die globale Erwärmung keinerlei Auswirkungen auf den Finanzmarkt und die Börse haben würde. Die Versicherungen investieren einen Großteil ihres riesigen Einkommens in Energie, und fast alle getätigten Investitionen liegen im Bereich fossiler Brennstoffe – die Hauptverursacher der Treibhausgase. Anders ausgedrückt, die Versicherungsbranche leitet einen breiten Kapitalstrom zu genau den Industrien, Unternehmen und Technologien, die dafür sorgen, dass die Bedrohung durch die globale Erwärmung weiter wächst und existiert. Das grenzt an Schizophrenie, um es einmal höflich auszudrücken.

Ganz oben an der Spitze der Finanzbranche melden sich allerdings Stimmen, die auf eine viel größere Funktionsstörung der Finanzmärkte hinweisen.

Öl und die Finanzkrise in Asien (1997)

Anfang und Mitte der neunziger Jahre sank der Ölpreis stetig, und die Börsen in den USA und Europa meldeten Rekordindexstände. Die Unternehmensgewinne erreichten 1997 ihren Höchststand, doch außerhalb der USA und Europas war die Wirtschaftslage nicht ganz so rosig. 1997 verschlechterte sich die Situation der Banken in allen so genannten asiatischen Tigerstaaten. Zum Jahresende waren die Währungen Thailands, der Philippinen, Malaysias, Indonesiens und Südkoreas um 80 Prozent gegenüber dem Dollar gefallen. Ganz Asien wurde von einer weitreichenden Kreditverknappung erfasst. Selbst im einst so mächtigen Japan verkündeten weinende Bankdirektoren vor laufenden Fernsehkameras, sie seien pleite. Über eine Billion Dollar wurde zunichte gemacht. Selbst an der Wall Street, wo eine lang anhaltende Hausse in vollem

Gange war, zeigte man sich sehr beunruhigt. Und es mag kaum überraschen, dass der Ölpreis damals eine kleine Spitze erreichte.

Wie konnte es zu einer derartigen Wirtschaftskatastrophe kommen? Die Wirtschaftsteile der Zeitungen und die Fachblätter waren voller komplexer Analysen mit ineinander greifenden Begründungen. George Soros dagegen glaubte, dass die Erklärung ganz einfach sei. Er schrieb ein Buch darüber und nannte es *Die Krise des globalen Kapitalismus.* Die globalen Finanzmärkte, argumentierte der Mann, der selbst die Erfolgsgeschichte des globalen Kapitalismus verkörperte, seien an sich funktionsgestört. Den vollkommenen, sich selbst korrigierenden Markt, an den so viele Marktfundamentalisten glauben, gebe es nicht. Soros warnte, dass die Krise in Asien 1997 zu einer weltweiten Wirtschaftskrise führen könne. Schon einmal sei es bei den globalen Schuldenkrisen 1981 und 1994 fast so weit gekommen. Dieses Mal könnten die USA und Europa untergehen. Wo Banken versagen, da schwinden Kredite dahin, Börsen brechen zusammen und mit ihnen ganze Volkswirtschaften. In Asien war das 1997 passiert. Zusammen schuldeten die Tigerstaaten, die ihrem Namen mittlerweile nicht mehr so viel Ehre machten, den größten Banken der Welt 400 Milliarden Dollar. Wenn sie nun ihren Verpflichtungen nicht nachkamen? Nach den Regeln der Bank für Internationalen Zahlungsausgleich müssen alle Banken eine Eigenkapitalausstattung von mindestens acht Prozent ihrer vergebenen Kredite aufweisen. Auf dieser Grundlage können aus 400 Milliarden Dollar Kapital schnell 55 Billionen in Krediten werden. Wenn die Banken versuchen müssten, all das zurückzufordern, würde die Weltwirtschaft implodieren. Finanzexperten mit Gespür für die Situation schrieben 1997 in den Zeitungen, dass diese Möglichkeit durchaus bestand.[194]

Das war umso wahrscheinlicher, weil die internationalen Finanzen im digitalen Zeitalter eine Revolution erlebt hatten. Ehemals abgeschottete Volkswirtschaften begrüßten ausländische Gelder zu einer Zeit, in der eine verbesserte Technologie und finanzielle Neuerungen sofortige Geldbewegungen ermöglichten. Doch aus großen Kapitalzuflüssen können auch schnell wieder Kapitalverluste werden. Und Finanzkrisen können über Nacht auf Märkte übergreifen, die eigentlich gar nichts miteinander zu tun haben. Die asiatischen Volkswirtschaften, die am schlimmsten betroffen waren (Südkorea,

Indonesien, Thailand, Malaysia und die Philippinen), erhielten 1996 einen Zufluss an privatem Kapital in Höhe von 93 Milliarden Dollar. 1997 flossen zwölf Milliarden Dollar ab. Diese Verlagerung von 105 Milliarden Dollar innerhalb eines Jahres entsprach elf Prozent ihres gemeinsamen Bruttoinlandsprodukts.

Wie Soros schon sagte: Wenn nicht dieses Mal, dann ein anderes Mal, und zwar bald. Wenn seine Analyse zutrifft, sind die Finanzmärkte selbst ohne die Aussicht eines dritten Ölschocks instabil und funktionsgestört.

Öl und Dotcom (April 2000)

Und so ging das erste Jahrhundert der Abhängigkeit von Öl und Gas zu Ende. Und die Geschichte barg eine eindeutige Botschaft für alle, die Augen hatten, sie zu sehen. Die Abhängigkeit hatte die Lage der Staaten und Volkswirtschaften instabil gemacht. Es gab eindeutige Belege dafür, wie anfällig die Weltwirtschaft geworden war, wie knapp Länder die Pleite selbst ohne die potenziellen seismischen Erschütterungen umschifft hatten, die auf sie warteten, wenn die Ölversorgung für nur kurze Zeit um ein paar Prozentpunkte fiel. Und doch endete das Jahrhundert damit, dass die Ölindustrie und die sie unterstützende Struktur mächtiger war als je zuvor: Es gab jede Menge Menschen in Unternehmen, Regierungen und Institutionen, die glaubten, ein zweites Jahrhundert im Zeichen des Kohlenstoffs sei nicht nur machbar, sondern auch wahrscheinlich.

Ich begrüßte das neue Jahrhundert auf einer Themsebrücke in London, eine leere Sektflasche in der Hand. Tausend Jahre Geschichte gingen zu Ende. Mitternacht rückte näher. Massen von Menschen trampelten in angestrengter Fröhlichkeit durch die Straßen Richtung Fluss. Ein paar Kilometer weiter feierten die Staatsführung und die Hautevolee in einem immens teuren Zelt zehn Jahrhunderte vermeintlicher britischer Größe, die Augen fest davor verschlossen, dass wir Briten die gute erste Hälfte des Jahrtausends damit verbracht hatten, die Marmorpaläste der römischen Zivilisation niederzureißen und aus den Steinen dürftige Hütten zu errichten. Eine Feuerwand sollte als Symbol für das ausgehende Jahrhundert den Fluss hinunterrasen. Wie passend, dachte ich. Eine unnötige und unbeabsichtigt symbolische Kohlenwasserstoffverbrennungsorgie. Ich sah mich um und fragte mich, wie viele im Pulk wohl ähnliche Gedanken hegten.

Durch einen erstaunlichen Zufall erreichte der Dow Jones am letzten Tag des 20. Jahrhunderts seinen höchsten Wert in seiner Geschichte. In den ersten Tagen des 21. Jahrhunderts schwankte die Börse etwas, doch dann hielt die Hausse bis März an. In Wirtschaftsmagazinen wurden die Menschen ermahnt, endlich vernünftig zu sein und die wunderbaren Möglichkeiten der Dotcom-Ära zu nutzen. *New Economy* wurden die Unternehmen der Informationstechnologie genannt. *Die Business Week* schrieb in der zweiten Märzwoche: »Unterm Strich heißt das: Wenn Sie bis jetzt noch nicht massiv in Technologie-Aktien investiert haben, ist das Ihr Pech.«

Wagniskapitalgeber rechneten aus, dass von den zehn Milliarden Dollar, die im Jahr 2000 insgesamt nach Europa flossen, 3,5 Milliarden Dollar bei britischen Internetfirmen landeten. 50 davon waren an die Börse gegangen, von vielen weiteren erwartete man es noch. Große Unternehmen mit einem Umsatz von Hunderten von Millionen wurden aus dem Financial Times Stock Exchange Index 100 durch winzige Newcomer verdrängt, die noch keinen einzigen Penny verdient hatten. Zu den Verdrängten gehörten auch große Energiekonzerne wie PowerGen mit Millionen realer Kunden und einem garantierten Umsatz in Milliardenhöhe. Damals wurden derartige Unternehmen von den Wirtschaftsmagazinen als Mitglieder der *Old Economy* abgeschrieben.

Bei manchen hatte jedoch bereits ein Umdenken eingesetzt. Der Herausgeber eines bedeutenden Wirtschaftsmagazins sah in der Börsenhysterie eine Parallele zu einem Spekulationsfieber in den Jahren 1634 bis 1637, als holländische Anleger ganz verrückt nach Tulpen waren und den Preis für eine einzige Zwiebel auf bis zu 15.000 Dollar in heutigen Preisen hochtrieben. Diese Blase platzte mit lautem Knall und stürzte viele in den Ruin, die noch Anteile besaßen. Die Kette der Gier konnte nicht mehr verlängert werden, es gab keine »noch größeren Dummköpfe«, an die Spekulanten ihre Anteile mit Gewinn hätten verkaufen können.

Anfang März erreichte der Ölpreis 30 Dollar pro Barrel, der höchste Stand seit dem Golfkrieg zehn Jahre zuvor. Die Schlagzeile der *Business Week* lautete: »Noch ist es für eine Panik an der Pumpe zu früh«. Viele waren anderer Meinung. Die drei Rezessionen der Nachkriegszeit hatten sich alle zugetragen, nachdem der Ölpreis die 22-Dollar-Marke überschritten hatte. Der Preisanstieg im Jahr 2000 (eine Verdreifachung innerhalb von zwölf Monaten) war so massiv wie der von 1979 ausgefallen. Doch selbst bei einem Preis von 30 Dollar für ein Barrel mit 27 Gallonen kostete das Öl einschließlich des Transports um die halbe Welt gerade einmal 22 Cent pro Liter.

Der hohe Ölpreis und die eindeutig aufgeblähten Bewertungen für Unternehmen, die noch gar keinen Gewinn erwirtschaftet hatten, waren schließlich zu viel für die Anleger. Wieder einmal bekamen wir einen Vorgeschmack darauf, was eine anfällige Wirtschaft und ein hoher Ölpreis anrichten können. Am 14. April 2000 erlebte die Wall Street ihren größten Kurssturz innerhalb eines Tages. Der Punkteverlust in Höhe von zwei Billionen Dollar, dessen Ausmaß sich etwa damit vergleichen lässt, dass die gesamte derzeitige deutsche Wirtschaft abstürzen würde, wirkte sich auf alles aus: auf den Technologieindex Nasdaq, den Dow Jones mit seinen Blue-Chip-Aktien und den breit angelegten S&P500; sie alle verzeichneten die größten Verluste in ihrer Geschichte. Ist es das jetzt?, fragte ich mich. Ist das jetzt der Anfang einer weltweiten Rezession oder noch Schlimmerem, ausgelöst vom irrationalen Überschwang der Anleger, berauscht von ihrem lächerlichen Dotcom-Modell, das zufällig mit einem hohen Ölpreis zusammentrifft?

Die Zahlen waren schierer Irrsinn. Obwohl es wahrscheinlich viel beunruhigender war, dass die Blue-Chip-Aktien der *Old Economy* so rasch fielen, traf es die Technologie-Aktien besonders hart. Der Nasdaq verlor ein Viertel seines Werts innerhalb einer Woche – fast den gesamten Wert, der sich seit Oktober 1999 angesammelt hatte. Microsoft verlor 239 Milliarden Dollar, was ungefähr dem belgischen Bruttoinlandsprodukt entspricht; Cisco 167 Milliarden Dollar, das Äquivalent des polnischen Bruttoinlandsprodukts; Intel 100 Milliarden, so viel wie das irische Bruttoinlandsprodukt. Ein Analyst wurde auf der Titelseite der *Financial Times* mit den Worten zitiert: »Wir hatten die Gier, jetzt kommt die Angst.«

So würde sich auch die erste Phase einer großen weltweiten Energiekrise anfühlen.

Die britische »Benzinkrise« (Oktober–November 2000)

Nach dem Einbruch bei den Dotcom-Unternehmen geriet die Weltwirtschaft auf eine Talfahrt, die mehrere Jahre dauerte. Der Ölpreis blieb hoch. 18 Monate zuvor war der inflationsbereinigte Preis für Rohöl noch so niedrig wie nie zuvor in der Geschichte der Nachkriegszeit gewesen. 1999 hatte er eine Zeit lang die Hälfte des Ölpreises in den fünfziger Jahren und ein Fünftel des Preises zu Beginn der achtziger Jahre betragen. Doch Anfang September 2000 erreichte er mit 34 Dollar pro Barrel den höchsten Stand seit zehn Jahren. In nur etwas mehr als einem Jahr hatte er sich verdreifacht. Auch 40 Dollar pro Barrel seien nicht mehr ausgeschlossen, meinten Analysten.

In Washington sprach Bill Clinton die Möglichkeit einer Rezession infolge des hohen Ölpreises gegenüber einem saudischen Kronprinz an. Die saudische Regierung versprach, die Fördermenge zu erhöhen, um den Preis wieder nach unten zu treiben. Derartige Versprechen sollten schon bald typisch für das neue Jahrhundert werden.

Scheich Jamani meldete sich aus dem Ruhestand zu Wort. Der Nachrichtenagentur *Reuters* sagte er, das Verhalten der OPEC sorge garantiert für ein beschleunigtes Ende der Ölära. »Die OPEC hat ein sehr kurzes Gedächtnis«, erklärte er. »Sie wird einen hohen Preis dafür bezahlen, dass sie 1999 nicht aktiv wurde und die Preise kontrollierte. Jetzt ist es zu spät. Die Steinzeit endete nicht aufgrund eines Mangels an Steinen, und das Ölzeitalter wird ebenfalls enden, aber nicht wegen eines Mangels an Öl.« Er fürchtete, dass der Westen sich völlig auf Brennstoffzellen und andere nicht benzingetriebene Motoren konzentrieren würde. »Die Technologie ist der wahre Feind der OPEC«, verkündete er. »Das wahre Opfer wird Saudi-Arabien mit seinen riesigen Reserven sein, mit denen es nichts anfangen kann – das Öl wird für immer unter der Erde bleiben.«

Die Nachricht von den steigenden Preisen erreichte unter anderem auch die europäischen Lastwagenfahrer. Ganz plötzlich gab es, zunächst nur in Frankreich, Proteste und Demonstrationen gegen den zu hohen Dieselpreis. Fuhrunternehmer blockierten Treibstofflager, um niedrigere Treibstoffsteuern durchzusetzen, und schon bald saßen 80 Prozent der Tankstellen des Landes auf dem Trockenen.

Die Proteste griffen schnell auf Großbritannien und Deutschland über. Bauern und Lastwagenfahrer organisierten eine Blockade der

Shell-Raffinerie bei Stanlow in Cheshire, und schon nach wenigen Tagen waren trotz der geringen Zahl der Blockadeteilnehmer über hundert britische Tankstellen ohne Treibstoff. 15 Hauptraffinerien in Großbritannien lieferten damals 80 Prozent des benötigten Treibstoffs.

Die Minister der OPEC-Länder trafen sich in Wien und einigten sich auf eine Erhöhung der Förderquote um drei Prozent zur Senkung der Preise. Doch die Lastwagenfahrer waren offensichtlich mehr mit der Steuerpolitik ihrer eigenen Regierungen unzufrieden als mit den Erzeugerländern oder den Ölgesellschaften und streikten weiter.

Am 13. September 2000 hatten 90 Prozent der britischen Tankstellen kein Benzin mehr. Das Land war nicht mehr weit von Engpässen bei der Lebensmittelversorgung entfernt. In den Supermärkten gab es erste Panikkäufe. Bus- und Bahnfahrten wurden landesweit eingestellt. Schulen wurden geschlossen. In Krankenhäusern mussten Operationen verschoben werden. Selbst für mich war es verblüffend zu beobachten, wie abhängig wir durch eigenes Verschulden vom Öl und vor allem von der rechtzeitigen Lieferung des Öls geworden waren.

Premierminister Blair verbrachte einen ganzen Nachmittag am Telefon und sprach mit den Chefs der großen Ölgesellschaften. Er bat sie, ihre Tankwagenfahrer anzuweisen, weiterzufahren, und garantierte, dass die Polizei sie vor den wenigen wütenden Lastwagenfahrern beschützen würde. Presseberichte enthüllten, dass die Minister der Regierung insgeheim vor Wut schäumten, weil die Ölgesellschaften absichtlich keinen Finger rührten. Lord Mackenzie, ein Berater des Innenministeriums, der früher einen hohen Rang im Polizeidienst bekleidet hatte, sagte: »Oft sind die Straßen gar nicht blockiert. Wenn sie es wären, würde die Polizei nicht zögern und die Demonstranten festnehmen. Offenbar sind die Unternehmen die Ursache des Problems, es gibt wohl auch geheime Absprachen mit den Demonstranten. Vielleicht liegt es daran, dass mehr Benzin verkauft werden würde, wenn die Steuern gesenkt werden würden.«[195]

Die Unternehmen hätten sich auf das Gesetz berufen und die Demonstranten von ihren Öldepots und Raffinerien entfernen lassen können. Aber das taten sie nicht. Anstatt den Lastwagenfahrern gerichtliche Verfügungen zuzustellen, servierte ihnen Shell heißen

Kaffee und andere Erfrischungen. »Sie stehen absolut hinter uns«, erzählte ein Fernfahrer der *Financial Times.*

Der Premierminister beließ es nicht bei Telefongesprächen. Er lud neun Chefs der Ölgesellschaften zu sich in die Downing Street ein und ermahnte sie, ihre Tankwagen auf die Straße zu bringen. Die Vertreter der Ölgesellschaften erklärten, sie fürchteten immer noch um die Sicherheit ihrer Fahrer. Dabei war es bislang zu keinen schlimmeren Ausschreitungen gekommen.

In der Zwischenzeit gerieten die Kurse an der Börse natürlich ins Rutschen. Die langen Schlangen vor den Tankstellen beunruhigten die Anleger. Einer sagte gegenüber der *Financial Times*: »Das sind Dinge, von denen alle dachten, sie würden der Vergangenheit angehören.« Der Beschluss der OPEC-Länder, die Förderquote zu erhöhen, zeigte keine direkte Auswirkung.

In der dritten Woche der Krise war das Gesundheitswesen in höchste Alarmbereitschaft versetzt worden. In den Supermärkten wurde Brot rationiert. Unternehmen konnten ihre Fließbänder nicht in Gang halten und schickten die Arbeiter nach Hause. Der Premierminister hatte gedacht, er hätte die Ölgesellschaften zu Maßnahmen überredet, und daraufhin der Bevölkerung gesagt, das Problem sei in 24 Stunden gelöst. Nun musste er zugeben, dass er sich mit einer nationalen Krise konfrontiert sah, bei der kein Ende in Sicht war. Er ordnete an, 80 Tanklastwagen des Militärs mit Benzin des Verteidigungsministeriums für Notfälle zu befüllen.

Tanklastwagenfahrer von BP und Shell informierten die Zeitungen, sie seien ausdrücklich angewiesen worden, die Linie der Demonstranten nicht zu durchbrechen, selbst wenn die Polizei die Straße geräumt habe. Vertreter der Regierung deuteten an, es sei an der Zeit, zu Repressalien zu greifen. Großartig, dachte ich. Nur zu, bitte. Belegt sie mit gewaltigen Steuern und steckt das Geld daraus in die Kommerzialisierung der Technologien, über die Scheich Jamani sich Sorgen macht. Technologien, die uns wirklich unabhängig vom Öl machen würden.

Nach enttäuschend langem Schweigen meldeten sich schließlich auch die Umweltschutzorganisationen zu Wort. In einem Brief an den *Guardian* betonte der Leiter von *Friends of the Earth* die Notwendigkeit hoher Benzinsteuern, merkte außerdem an, dass die Regierung aufgrund des unerwartet hohen Ölpreises über unerwartete Steuereinnahmen von vier Milliarden Pfund verfüge, und drängte darauf, das Geld für den öffentlichen Verkehr auszugeben. Bis dahin hatte ich während der gesamten Krise noch nirgends einen Hinweis darauf gesehen oder gehört, dass die Besteuerung von Kraftstoff umweltpolitisch notwendig sei.

Am 15. September verkündete der Finanzminister, er werde den Protesten gegen die Benzinsteuer nicht nachgeben, obwohl Meinungsumfragen zeigten, dass die Demonstranten die breite Unterstützung der Bevölkerung genossen. Allerdings wurden sie auch von allen Seiten aufgefordert aufzugeben, selbst von denjenigen, die die Sache unterstützten. Niemand wollte, dass das Land in den wirtschaftlichen Ruin getrieben wurde. Die populistische *Daily Mail* ermahnte die Demonstranten, ihre dürftigen Blockaden zu räumen, stellte aber gleichzeitig klar, dass sie die Kampagne unterstütze und weiterhin unterstützen werde. Die Sprecher der Lastwagenfahrer erklärten, sie würden die Demonstranten eine Zeit lang zurückrufen, die Blockaden jedoch in ein paar Wochen wieder beginnen, wenn die Regierung die Benzinsteuer nicht senke. Die Tanklastzüge setzten sich wieder in Bewegung.

Die Regierung, die noch einmal mit einem blauen Auge davongekommen war, suchte nun nach einer Lösung, wie sie mit den wütenden Fernfahrern und ihren mächtigen Helfershelfern im Hintergrund umgehen sollte. Ihr blieben nur wenige Wochen. Das Wetter brachte schließlich die Rettung. In der Nacht des 30. Oktober konnte man in Großbritannien nur mit Mühe schlafen. Wind und Regen peitschten mit enormer Wucht gegen die Fenster. Beim Aufstehen am nächsten Morgen musste ich feststellen, dass sich das Land erneut im Ausnahmezustand befand. Dutzende Flüsse waren über die Ufer getreten, Tausende Bäume umgestürzt, und es fuhren so gut wie keine Züge mehr. Hunderte von Häusern waren überschwemmt. Die Bewohner wateten, umspült von menschlichen Exkrementen, die aus den Abwasserkanälen nach oben gedrückt worden waren, durch ihre Wohnzimmer. Rettungsboote sammelten vom Wasser eingeschlossene Menschen 50 Kilometer vom Meer entfernt ein.

Am nächsten Tag stand auf der Titelseite des *Guardian*: »Globale Erwärmung: Jetzt hat sie uns erreicht«. In den Nachrichten wimmelte es von Hinweisen auf den Klimawandel, und die Minister der Regierung waren stets vorne mit dabei. Die Versicherungen rechneten aus, dass der Sturm in Großbritannien den drittschlimmsten Versicherungsverlust aller Zeiten verursacht hatte, die ersten Schätzungen beliefen sich auf einen Schaden von 500 Millionen Pfund. Auch die Versicherungen gaben der globalen Erwärmung die Schuld.

In der ersten Novemberwoche zog man überall eine Verbindung zwischen Überschwemmungen und dem Treibhauseffekt. Selbst das Klatschblatt *Sun*, das in der Vergangenheit Umweltschutzprobleme eigentlich immer verniedlicht hatte, sprach nun vom Klimawandel.

Für Großbritannien wurde ein weiterer Sturm vorhergesagt. Satellitenbilder erschienen auf den Titelseiten der Zeitungen. Die Briten redeten nicht mehr einfach nur über das Wetter, sie lebten in ständiger Angst davor. Nach dem Sturm mit 81 Flutwarnungen im ganzen Land hatten die Karikaturisten ihren großen Tag. Eine Karikatur zeigte eine Gruppe Transparente schwenkender Fernfahrer, die bis zu den Knien im Wasser stehen und für eine billigere globale Erwärmung demonstrieren. Aus einer dunklen Regenwolke ragt der riesige Arm Gottes zu ihnen herunter und hält ein Stück Papier in der Hand. Darauf steht: »Die Rechnung«.

Im wahrsten Sinne vom Strom der Ereignisse ermutigt nutzte die Regierung den Stimmungswandel und redete mit den Fernfahrern Tacheles bezüglich ihres Ultimatums. Die Regierung hatte nicht die Absicht, auf die lukrative Benzinsteuer zu verzichten, und mobilisierte die Armee. Soldaten sollten die Tanklastzüge fahren, wenn die Fernfahrer die Raffinerien blockierten. Die Fernfahrer drohten daraufhin, 25.000 Lastwagen um London zusammenzuziehen, die sich nur im Schneckentempo fortbewegen würden, wenn die Regierung die Benzinsteuer nicht um 26 Pence pro Liter senke.

Der Finanzminister verlor in letzter Minute die Nerven und senkte den Benzinpreis um acht Pence pro Liter. Den Demonstranten reichte das nicht, daher wurde am 10. November die zweite Runde der Benzinproteste eingeläutet. Sie entpuppte sich als kompletter Reinfall. Anstelle von 25.000 Lastwagen machten sich höchstens 40 auf den Weg nach London, wo sie locker vom Polizeiaufgebot übertroffen wurden. Dieses Mal waren Umweltschützer zur Stelle und protestierten für höhere Benzinsteuern.

»Menschen, die eine niedrigere Benzinsteuer wollen, sind wie Truthähne, die für Weihnachten werben«, erklärte ein Demonstrant der Presse.

16. Mai 2001, London

300 hoffnungsvolle Nachwuchskräfte von BP, die aus allen Ecken der Welt eingeflogen wurden, sitzen in ihren blauen Polohemden in einem Hotel in der City von London in Zehnergruppen an runden Tischen. Zwischen ihnen haben sich 40 Vizepräsidenten verteilt. Das Unternehmen bezeichnet die Veranstaltung als globales Forum. Dort »treffen die Führungskräfte von heute die Führungskräfte von morgen«. Ich bin ebenfalls eingeladen, der einzige Redner des Forums, der nicht im Unternehmen beschäftigt ist.

Vor meinem Seminar trinke ich noch einen Kaffee. Einer der Vizepräsidenten kommt mit einem breiten Lächeln auf mich zu und stellt sich vor. Ende der siebziger Jahre war Tony Hayward (mittlerweile Finanzvorstand der BP Group) ein langhaariger Geologiestudent in Edinburgh, und ich war ein noch langhaarigerer junger Lehrender am *Imperial College*. Ich kannte ihn gut. Wir hatten uns beide mit der Geologie urzeitlicher Ozeane befasst.

»Tony«, begrüße ich ihn, »Sie haben sich die Haare schneiden lassen.«

Tony, noch heute so fröhlich und zu Späßen aufgelegt, wie ich ihn von früher in Erinnerung habe, will wissen, wie ich auf die Idee käme, ich könnte ein Unternehmen leiten. Gute Frage. Ich will wissen, wie er etwas über Geld und Öl gelernt hat, wo es doch keinen Tropfen davon in urzeitlichen Meeren gibt. Wir verbringen eine unterhaltsame halbe Stunde miteinander, bis es Zeit ist, dass ich meinen Vortrag halte.

Der Titel meines Vortrags lautet »BP und die Welt zu der Zeit, in der Sie dem Vorstand angehören«.

Am Schluss führen die Organisatoren eine Art Meinungsfrage an Ort und Stelle durch. Jeder Teilnehmer ist mit einem Handcomputer ausgestattet worden, mit dem man anonym Fragen anhand von sechs Kategorien beantworten kann: große Zustimmung, Zustimmung, weder Zustimmung noch Ablehnung, Ablehnung, starke Ablehnung oder Unentschlossenheit.

Vor der Veranstaltung wurde ich gebeten, fünf Fragen einzureichen. Jetzt gehe ich sie durch.

»Denken Sie, dass Sie ausreichend informiert sind, um sich eine dezidierte Meinung zur globalen Erwärmung zu bilden?« Diese Frage ist die Voraussetzung für die vier folgenden Fragen und ein Spiel, das die Wahrheit preisgibt und daher durchaus demütigend ausfallen kann. Also ein Moment für schwitzige Hände.

66 Prozent bekunden Zustimmung, 18 Prozent sind unentschlossen, und nur 16 Prozent sind anderer Meinung.

Nicht schlecht, denke ich.

Dann frage ich: »Stellt die globale Erwärmung eine ernsthafte Bedrohung dar?«

85 Prozent stimmen zu, zehn Prozent sind unentschlossen, und nur fünf Prozent sind anderer Meinung.

Dann frage ich: »Stellt die globale Erwärmung eine ernsthafte Bedrohung für BP in den kommenden zehn Jahren dar?«

40 Prozent stimmen zu, 28 Prozent sind unentschieden, 32 Prozent sind anderer Meinung.

Eine Mehrheit, wenn auch keine große, und das für eine Zeitspanne, in der alle noch ihren Beruf ausüben. Faszinierend.

Dann stelle ich zwei Fragen, die sich, wie ich hoffe, als subversiv erweisen werden. Zuerst frage ich: »Kann BP die Mikropower-Revolution anführen?« Dabei erkläre ich, was ich damit meine. Die Frage bezieht sich auf die technische Machbarkeit, nicht auf die Praktikabilität in der realen Welt. »Mikropower-Revolution« definiere ich so, wie der *Economist* und das *Worldwatch Institute* den Begriff verwenden: die komplette Familie der Technologien erneuerbarer Energien ohne Wasserkraft, aber mit Brennstoffzellen und Mikroturbinen einschließlich der mit Erdgas betriebenen Kraft-Wärme-Kopplung.

69 Prozent stimmen zu, 19 Prozent sind unentschieden, und nur zwölf Prozent sind anderer Ansicht.

Dann kommt die letzte Frage, die Frage, die mich am meisten interessiert: »Sollte BP die Mikropower-Revolution in Gang bringen?«

68 Prozent stimmen zu, 14 Prozent wollen sich nicht festlegen, und nur 18 Prozent sind anderer Meinung.

23 Prozent, also fast ein Viertel, signalisieren sogar starke Zustimmung.

Ich kehre verblüfft in mein Büro zurück.

John Browne war nicht unter den Führungskräften von heute zu finden, die sich während meines Vortrags unter die Zuhörer gemischt hatten. Er hatte am Morgen vor dem Forum gesprochen und war dann gegangen. Zwei Tage später schrieb ich ihm, weil ich meine Verblüffung mit jemandem teilen und ihm sagen wollte, welche Auswirkungen das Ergebnis meiner Meinung nach auf sein Unternehmen und seine Rolle als derzeitige Führungskraft hatte. Ich wusste, dass so etwas bei den Organisatoren gar nicht gut ankommen würde. Aber George W. Bush hatte gerade seinen Witz von einem Energieplan vorgestellt. Er plante, über einen Zeitraum von 20 Jahren alle paar Tage ein Kraftwerk zu bauen. Neue Gas-Pipelines sollten auf einer Länge von 400.000 Kilometern verlegt werden. Das *Arctic National Wildlife Refuge* sollte für Ölbohrungen freigegeben werden. Das Gesetz zur Luftreinhaltung sollte geändert werden, damit Kraftwerke größere Schadstoffmengen produzieren durften. Deswegen konnte ich mich einfach nicht zurückhalten, ich musste Browne schreiben.

»Dass fast sieben von zehn zukünftigen Führungskräften offenbar von BP erwarten, eine führende Rolle bei der Umstellung der globalen Energieversorgung auf erneuerbare Energien zu spielen, hat mich verblüfft«, begann ich. »So wie die Dinge liegen, kann man sich nicht mit dem Gedanken trösten, das Unternehmen tue bereits genug.

Ich habe den Eindruck, dass die Resultate meiner Umfrage gerade in Bezug auf die Frage der Nachhaltigkeit für Ihr strategisches Denken von großem Nutzen sein könnten. Die Schlussfolgerung muss lauten, dass die unmittelbare Führung von BP wahrscheinlich nicht in der Lage sein wird, das Unternehmen streng auf Kurs zu halten angesichts einer Zukunft, in der Sie die Ölförderung erhöhen, ohne eine führende Rolle bei der Vermarktung erneuerbarer Energien zu spielen.

Ein junger Mann fragte mich, welchen Rat ich einem jungen Ingenieur in der Ölbranche geben würde. Ich antwortete: Bleiben Sie an Bord und helfen Sie BP, sich von innen heraus zu verändern. Doch meine Umfrage deutet darauf hin, dass die jungen Führungskräfte nicht bleiben und vor allem nicht zufrieden sein werden, obwohl Sie doch loyale und brillante Talente benötigen. Es sei denn, der Konzern unternimmt weit mehr als derzeit und weist den Weg zur Reduktion der weltweiten Treibhausgasemissionen.«

Eine Woche später lag die Antwort Brownes auf meinem Schreibtisch. Nach ein paar Höflichkeiten kam er direkt zur Sache.

»Es ist schade, dass Sie nicht mehr anwesend waren, als Andrew McKenzie, Vorstand der Sparte Technologie, seinen Vortrag hielt und darüber sprach, was BP alles in Hinblick auf die globale Erwärmung unternimmt. Ich glaube, das hätte Ihre Ansicht erheblich verändert, und zwar nicht nur in Bezug auf Ihr Verständnis von der führenden Rolle BPs im Bereich globale Erwärmung, sondern auch in Bezug auf Ihre Einschätzung der Meinung unserer jungen Teilnehmer. Ich bin davon überzeugt, dass diese Führungskräfte von morgen eine entscheidende Rolle dabei spielen werden, dass BP weiterhin an der Spitze all seiner Geschäftsfelder bleibt.«

Die Bush-Jahre und der zweite Golfkrieg (2000–?)

George W. Bush trat im Januar 2001 sein Amt als Präsident an. Im gleichen Monat löste sich die *Global Climate Coalition* selbst auf. Ein Sprecher von Greenpeace kommentierte das mit den Worten: »Die letzte Festung, die Fortschritte bei der Bekämpfung der globalen Erwärmung verhindert hat, ist gefallen. Jetzt stehen Präsident Bush und Exxon allein da.« Ich sah das anders. »Wir haben mit dem Kyoto-Protokoll das erreicht, was wir erreichen wollten«, sagte der Sprecher der *Coalition.*[196] Das traf schon eher meine Meinung. Die *Coalition* wurde einfach nicht mehr gebraucht. Der Sprecher hätte noch hinzufügen können, dass sie bis in die obersten Ränge des Weißen Hauses über Verfechter ihrer Sache verfügte, ganz zu schweigen von den vielen Kongressabgeordneten, die ebenfalls für die Interessen der GCC eintraten. Präsident Bush und Exxon standen ganz und gar nicht alleine da.

Vizepräsident Cheney, der ehemalige Chef der riesigen Öldienstleistungsfirma Halliburton, übernahm die Kontrolle über den Energieplan der Regierung Bush. Folglich verloren Energieeinsparung und alternative Energien an Bedeutung. Jedes Hindernis für die verzweifelte Suche nach Öl im eigenen Land und im Ausland wurde beseitigt. Der Plan war eine bewusste Entscheidung für die Abhängigkeit vom Öl. Ein wichtiges Symbol für Bushs Energiepolitik ist das *Arctic National Wildlife Refuge*, wo relativ große Ölfelder unerschlossen waren. Die Regierung Bush hat fest vor, die etwa zehn Milliarden Barrel, die dort vermutet werden, auch zu fördern. Damit wird der amerikanische Verbrauch gerade einmal sechs Monate lang gedeckt.[197]

Die Lektionen aus den Ölschocks in der Vergangenheit sind an der US-Regierung, der Öl- und auch der Automobilindustrie offenbar spurlos vorübergegangen. 1975 verabschiedete der amerikanische Kongress als Reaktion auf das Ölembargo von 1973 Standards zur Kraftstoffeffizienz. Als die Gesetze zur Wirtschaftlichkeit von Kraftstoffen (*Corporate Average Fuel Economy* = CAFE) verabschiedet wurden, durften Kleinlastwagen einem niedrigeren Standard entsprechen, weil sie nur 20 Prozent des Fahrzeugmarktes ausmachten und überwiegend als Arbeitsfahrzeuge eingesetzt wurden. Heute beträgt der Anteil der »Kleinlastwagen« (zu denen auch Geländewagen und Familiy-Vans gehören) an den Neuzulassungen fast 50 Prozent, außerdem werden sie überwiegend für den privaten Transport verwendet. Die Standards für den Kraftstoffverbrauch liegen für Autos mittlerweile bei 10,32 Liter auf 100 Kilometer, für Kleinlaster sind es 13,72 Liter auf 100 Kilometer. Im März 2002 schlugen die Senatoren John Kerry und John McCain eine Ergänzung zur Energy Bill vor, nach der der Kraftstoffverbrauch bis zum Jahr 2015 auf 7,88 Liter pro 100 Kilometer gesenkt werden sollte. Damit hätte man bis zum Jahr 2020 zwei Millionen Barrel Öl sparen können. Doch die Lobbyisten von General Motors und Ford wehrten sich heftig dagegen, daher wurde der Vorschlag vom Senat abgelehnt.[198]

Noch beunruhigender als die Bereitschaft des amerikanischen Kongresses, sich den Wünschen aus Detroit und Houston zu beugen, sind vielleicht die Zeichen dafür, wie das Geld aus dem Ölgeschäft, das aus Saudi-Arabien zurückfließt, das Gefüge des modernen Amerika verändert hat. In den vergangenen 30 Jahren haben die amerikanischen Verbraucher die beeindruckende Summe von sieben Billionen Dollar an die Produzenten in den OPEC-Ländern gezahlt.[199] Laut Craig Unger haben 85.000 superreiche Saudis seit Mitte der siebziger Jahre die stolze Summe von 860 Milliarden Dollar in amerikanische Unternehmen investiert. Unger schätzt in seinem Buch *Die Bushs und die Sauds*, dass 1,476 Millionen Dollar davon ihren Weg zu Unternehmen und Einrichtungen gefunden haben, die mit der Familie Bush in Verbindung stehen.[200] Im besten Fall erhöhen sich damit die Schwierigkeiten, aus dem Teufelskreis der Ölabhängigkeit auszubrechen. Im schlimmsten Fall ... nun, das überlasse ich lieber Michael Moore. Im Grunde läuft alles auf einen Punkt hinaus: Je größer die Abhängigkeit vom Öl und Geld aus dem Ölgeschäft wird, desto schlimmer sind die Auswirkungen einer unvorhergesehenen Energiekrise.

Auf der anderen Seite des Gefahrenspektrums bedrohen Terroristen die Sicherheit der USA. Das Al-Qaida-Netzwerk entstand im Krieg der Afghanen gegen die Sowjetunion, als saudische Freiwillige, darunter Osama Bin Laden, nach Afghanistan gingen und die sowjetischen Eindringlinge mit Waffen bekämpften, die sowohl von ihrer eigenen Regierung als auch von den USA finanziert wurden. Inzwischen trifft man immer häufiger auf die Einschätzung, dass sich die USA im 20. Jahrhundert ihre eigenen Feinde geschaffen haben. Ein besseres Beispiel als Al-Qaida lässt sich dafür nur schwer finden. Bin Ladens Leute wurden zumindest anfänglich mit amerikanischem Geld bewaffnet und ausgebildet. Und es war die amerikanische Präsenz in Saudi-Arabien nach dem ersten Golfkrieg, die dafür sorgte, dass der Hass in Terror ausartete. Nachdem Bin Laden die ungläubigen Eindringlinge in einem benachbarten Land besiegt hatte, wollte er nicht, dass eine andere Nation der Ungläubigen heimlich, still und leise ein anderes Land besetzte – denn so wurde die amerikanische Militärpräsenz nach der Niederlage Saddam Husseins in Kuwait interpretiert. Also wurden Pläne für ein Attentat geschmiedet, das die Welt verändern sollte: die Anschläge vom 11. September, die eine Welle des internationalen guten Willens auslösten. Doch diese Sympathie hat Amerika schon längst wieder verspielt. Bin Laden könnte sich keinen besseren weltweiten Rekrutierungsplan ausdenken.

2004: 50 Dollar pro Barrel

2004 begann der Ölpreis gewaltig zu steigen. Die Abfolge der Ereignisse und die Art und Weise, wie die Menschen und Einrichtungen darauf reagierten, sagen viel über unsere Zukunft aus, die nicht mehr allzu fern ist. Wenn man die Ereignisse der jüngsten Geschichte mit den wichtigsten Entwicklungen bei der globalen Erwärmung verknüpft, ist das sehr lehrreich, denn die gemeinsame Betrachtung verschafft uns einen Eindruck vom Zusammenspiel des Ölpreises und den klimatischen Veränderungen in der kommenden Energiekrise.

Das Jahr 2004 begann mit der beiläufigen Ankündigung von Shell, man habe die eigenen Reserven eventuell um 20 Prozent überschätzt, was ungefähr 3,9 Milliarden Barrel entspricht. Der Vorstandsvorsitzende Sir Philip Watts gab das nicht einmal persönlich bekannt. Wichtige Anteilseigner forderten umgehend seinen Rücktritt.[201]

In der Zwischenzeit sorgte auch der oberste wissenschaftliche Berater der britischen Regierung, Sir David King, für Schlagzeilen, weil er die USA wegen der globalen Erwärmung scharf kritisierte. »Meiner Ansicht nach ist der Klimawandel das schwerwiegendste Problem, mit dem wir es heute zu tun haben«, erklärte er, »sogar schwerwiegender als die Bedrohung durch den Terrorismus.«[202] Im Laufe des Monats stellte sich heraus, dass man im Pentagon ähnlichen Gedankengängen nachhing. Eine interne Studie schaffte es bis ins Magazin *Fortune*. Darin war von einem plausiblen Szenario die Rede, das voraussah, dass das Strömungssystem der Ozeane ganz oder teilweise aussetzen würde, was furchtbar harte Winter, gewaltige Stürme und Dürren nach sich ziehen würde. Als Folgen dieser und anderer Auswirkungen wurde prophezeit: »Da die Fähigkeit der Erde, die Menschen zu ernähren, abnehmen wird, zeichnet sich ein uraltes Muster ab: Es werden verzweifelte, totale Kriege um Nahrung, Wasser und Energie ausbrechen.«[203]

Aufgrund der wachsenden Aufmerksamkeit, die der Treibhauseffekt auf sich zog, schlug den Ölgesellschaften bei ihren Jahreshauptversammlungen im März 2004 eine Rekordzahl von Anteilseignerbeschlüssen zur globalen Erwärmung entgegen. Bei den meisten wurde gefragt, wie die Unternehmen auf den wachsenden Druck zur Regelung des Schadstoffausstoßes reagieren würden, oder es wurde die Offenlegung von Emissionswerten verlangt. ExxonMobil und ChevronTexaco wurden aufgefordert, einen Bericht über ihre Bemühungen um Investitionen in erneuerbare Energien zu erstellen. »Es ist beunruhigend, wie unterschiedlich die Unternehmen vorbereitet sind«, erklärte Andrew Logan, Analyst bei Ceres. »Im Grunde operieren alle Ölgesellschaften auf dem gleichen Markt und müssen daher weltweit mit denselben Strukturen und Regulierungen zurechtkommen – dennoch sind offenbar viele Unternehmen relativ schlecht über das Thema informiert. Anscheinend ist aufgrund der unnachgiebigen Haltung der USA gegenüber der globalen Erwärmung eine Art Inseldenken entstanden, das eine ernst zu nehmende Gefahr für die amerikanischen Unternehmen darstellt.«[204]

Shell korrigierte in der Zwischenzeit seine Reserven erneut nach unten, was die Anleger wieder in Wehklagen verfallen ließ. Amerikanische Anwälte, die auf Sammelklagen spezialisiert sind, zeigten bereits Interesse. »Shell leck geschlagen«, lautete eine typische Schlagzeile.

Auch BP musste sich unweigerlich Fragen zu seinen eigenen Reserven gefallen lassen, doch Lord Browne wischte sie beiseite. Im März reiste er nach Washington, wo Matthew Simmons im Februar seine Befürchtungen hinsichtlich der saudischen Ölvorräte publik gemacht hatte. Bei einer Rede vor dem amerikanischen *National Press Club* erklärte er kategorisch: »Es gibt keine Knappheit. Die Ressourcen sind vorhanden. Unter der Erde liegen ungefähr 1.000 Milliarden Barrel Öl, die gefunden, aber noch nicht gefördert wurden, dazu kommen noch 154 Billionen Kubikmeter Erdgas – die ebenfalls gefunden, aber noch nicht gefördert wurden. Nach den derzeitigen Verbrauchszahlen bedeutet das einen Ölvorrat für 40 Jahre und einen Gasvorrat für 60 Jahre. Zusätzlich schätzt das amerikanische *Geological Survey*, dass noch ungefähr 800 Milliarden Barrel Öl und 126 Billionen Kubikmeter Erdgas gefunden werden.«[205]

Shell trennte sich von Sir Philip Watts. Am 20. April wurden die Gründe dafür bekannt. Das Unternehmen musste seine Ölreserven zum dritten Mal nach unten korrigieren und dieses Mal auch zugeben, dass die Anleger getäuscht worden waren. E-Mails belegten, dass Watts und Walter van de Vijver, der für Erschließung und Produktion zuständige Vorstand, seit mindestens zwei Jahren von dem Problem gewusst hatten, vermutlich sogar schon seit sieben. Eine E-Mail vom 9. November 2003, die van de Vijver an Watts geschrieben hatte, lautete: »Ich bin es endgültig leid, aufgrund viel zu aggressiver Buchungen ständig über das Ausmaß unserer Reserven und die erforderlichen Korrekturen nach unten lügen zu müssen.« Die beiden Führungskräfte hatten darauf bestanden, dass das Problem erst Ende 2003 ans Licht gekommen sei. Doch eine der E-Mails zeigte, dass van de Vijver schon im Februar 2002 vom Verstoß gegen die Regeln der amerikanischen Börsenaufsichtsbehörde (SEC) wusste. Bereits im Mai 2002 hatte Watts van de Vijver angewiesen, er solle »nichts unversucht lassen«, damit die Zahlen noch höher ausfielen.[206]

Frühjahr 2004: Der Irak gerät außer Kontrolle

Der Krieg im Irak ging mittlerweile ins zweite Jahr, die Aufstände nahmen zu, die Truppen der USA und Großbritanniens wurden zusehends bedrängt, und Anschläge auf Ölpipelines waren so häufig, dass der normale Betrieb der irakischen Ölförderanlagen, ganz zu schweigen von einer Verbesserung und Steigerung der Produktion, extrem mühsam wurde. Im Mai wurde der Skandal um Folterungen im Gefängnis von Abu Ghraib bekannt, was die Situation noch verschärfte.[207] BP und Shell reagierten darauf ganz unterschiedlich. In der letzten Aprilwoche gab Browne bekannt, BP würde sich aus Sicherheitsgründen und aufgrund des politischen Drucks aus dem Irak zurückziehen. Für die Pläne von Bush und Blair war das ein schwerer Schlag. Ohne die großen Konzerne hatte der Irak keine Chance; ihr Wissen, ihre Technologie und ihr Geld wurden gebraucht, um die dortige Ölindustrie in Gang zu halten.[208] In der folgenden Woche verkündete hingegen Shell, man werde eine »materielle und permanente Präsenz« im Irak errichten. Das Unternehmen benötige frische Reserven, erklärte ein Sprecher der Presse.[209]

Wie zu erwarten war, kletterte der Ölpreis langsam nach oben. Im Mai 2004 übertraf er zum ersten Mal die 40-Dollar-Marke pro Barrel. Weitere Preisanstiege zwangen die amerikanischen Verbraucher, in den ersten sechs Monaten des Jahres zusätzliche 44 Milliarden Dollar an der Zapfsäule auszugeben. Im Juni verzeichnete der Einzelhandel sinkende Umsätze, weil die Kunden zu Hause blieben. Ein Sprecher des Einzelhandels erläuterte: »Die hohen Ölpreise treffen auch uns, weil die Leute ihre Dollars bei Exxon lassen.«[210]

Ende Mai korrigierte Shell seine Reserven zum vierten Mal nach unten, kurz bevor BP seine Weltenergiestatistik mit der Schlussfolgerung veröffentlichte, dass die Ölreserven im Jahr 2003 um zehn Prozent gestiegen seien. BP-Chef-Volkswirt Peter Davies meinte: »Es gibt keine globale Ölressourcen- oder Ölreservenknappheit. Das geförderte Öl wird weiterhin ersetzt.«[211]

An anderer Stelle war der Optimismus sogar noch größer. Ein Analyst mit Sitz in Dallas sagte der *Voice of America*: »Man schätzt, dass wir etwa 14 Billionen Barrel Öl in Ölschiefer und Teersanden besitzen. Also, das genügt für die nächsten 500 Jahre.«[212] Ein anderer Analyst verkündete, dass uns das Öl nie ausgehen würde, und zitierte dazu russische Theorien, dass Öl mit unorganischem Material unter der Erde geschaffen werden könne, also aus Kohlenstoff, der nichts mit Mikroorganismen in urzeitlichen Ozeanen oder überhaupt Leben in irgendeiner Form zu tun hat.[213]

Sommer 2004: die Angst vor dem Barrel zum Preis von 100 Dollar

Ein Angriff von Al-Qaida auf die saudische Ölinfrastruktur im Juni bestärkte die Befürchtungen und ergänzte die Liste der Gründe, die allgemein für den hartnäckig hohen Ölpreis angeführt wurden: eine hohe Nachfrage, vor allem in China, ein Mangel an zusätzlichen Kapazitäten, zu wenige Raffinerien und – in zunehmendem Maße – Spekulationen, bei denen Hedgefonds auf einen langfristig hohen Ölpreis setzten und damit zu einer sich selbst erfüllenden Prophezeiung beitrugen.[214] Obwohl der Anschlag keine größeren Störungen verursachte, zeigte er doch ganz neue Möglichkeiten auf: Ein Terroranschlag auf das wichtigste saudische Ölexportterminal in Ras Tanura könnte enorme Schäden verursachen. Oder wie es Fadel Gheit formulierte, ein Finanzanalyst und ehemaliger Ingenieur bei Mobil: »Wenn man am helllichten Tag das Pentagon in die Luft sprengen kann, dann ist es auch möglich, ein Flugzeug auf Ras Tanura stürzen zu lassen – und dann sprechen wir von 100 Dollar pro Barrel Öl.« Auch ein Regimewechsel hätte diesen Effekt, deutete Gheit an. Seiner Meinung nach ist es »nur eine Frage der Zeit«, bis die saudische Königsfamilie wie im Iran durch ein militantes Regime ersetzt wird.[215] Nach 40 Dollar pro Barrel im Juni 2004 sank der Preis wieder, blieb aber im oberen Bereich der 30 Dollar. Im Irak kamen die Ölexporte nach zwei strategisch platzierten Anschlägen auf Pipelines zum Erliegen. Am gleichen Tag wurde ein Mitarbeiter der Ölindustrie ermordet.[216]

Im Juli 2004 nahm ich an einer Konferenz von Ölanalysten in der City of London teil, weil ich sehen wollte, wie ihre Kultur des Leugnens funktioniert. Thema war der Skandal um die Shell-Reserven und die Frage, wie die Reserven genau gemeldet werden sollten, im Hintergrund stand jedoch eine viel größere Frage. »Uns geht das Öl nicht aus«, schnaubte ein Teilnehmer und fuhr mit Scheich Jamanis berühmtem Satz fort: »Das Ölzeitalter wird irgendwann enden. Auch die Steinzeit endete irgendwann. Aber nicht, weil uns die Steine ausgingen.«[217]

Ein Bericht von Analysten der Deutschen Bank, der einen Monat zuvor erschienen war, hatte schon einen Einblick in die intellektuellen Verrenkungen geboten, die nötig sind, um weiterhin die Augen vor der Ölknappheit zu verschließen. Zu Beginn des Berichts wurde das Offensichtliche verkündet: »Wenn gezeigt werden könnte, dass aufgrund geologischer Beschränkungen eine Förderspitze bei Öl und Erdgas unmittelbar bevorsteht, wären die Auswirkungen im Bereich Investitionen unserer Ansicht nach enorm.« Allerdings kam der Bericht zu dem Schluss, dass kein Anlass zur Besorgnis bestehe. Die Verwendung der Hubbert-Kurve wurde kritisiert, weil Faktoren wie Technologie, Kosten, Preise oder die Politik den absteigenden Teil der Kurve nach rechts verschieben könnten. »Unserer Ansicht nach ist damit der Wert der Kurve zur Entscheidungsfindung bei den meisten Aktien- oder Branchen-Rohstoffinvestitionen begrenzt«, schlossen die Analysten.[218]

In der Zwischenzeit gaben Wissenschaftler bekannt, dass die Kohlendioxidkonzentration in der Atmosphäre schon das zweite Jahr in Folge um erschreckende drei ppm angestiegen war und damit alle Hochrechnungen übertraf. Es war zwar noch zu früh, um von einem Trend zu sprechen, der darauf hindeutete, dass positive Rückkopplungen bereits Amok liefen, doch es genügte, um den Spekulationen über die furchtbaren Auswirkungen eines außer Kontrolle geratenen Treibhauseffekts in den Medien neuen Auftrieb zu geben.

Man konnte jedoch nicht darauf hoffen, dass das Schicksal aller Lebewesen auf dem Planeten ähnliche Schlagzeilen machen würde wie der Shell-Skandal, der wie eine bizarre Seifenoper die Gemüter erhitzte. Ende Juni machten die Anleger bei der Jahreshauptversammlung ihrer Wut über den »inkompetenten« Vorstand Luft, nachdem sie erfahren hatten, dass auch Vorstandsmitglieder ohne Entscheidungsbefugnis schon Wochen, bevor der Skandal bekannt wurde, von der Korrektur der Reserven gewusst hatten.[219] Ende Juni bezahlte Shell eine Strafe von insgesamt 150 Millionen Dollar an die amerikanische Börsenaufsicht und die britische Aufsichtsbehörde für Finanzdienstleistungen. Nach Ansicht der britischen Behörde hatte sich das drittgrößte Unternehmen der Welt einer »noch nie da gewesenen Verfehlung« schuldig gemacht.[220] Gegen eine Reihe amtierender und ehemaliger Vorstandsmitglieder leitete das amerikanische Justizministerium polizeiliche Ermittlungen ein.[221]

Die Mineralölgesellschaften verkündeten zur Jahresmitte Rekordgewinne, doch es blieb die Frage, ob sie in der Lage waren, mit der Nachfrage Schritt zu halten. Im besten Fall war die Förderung wie bei ExxonMobil relativ gleichmäßig auf unterem Niveau. Doch viele Gesellschaften förderten weniger Öl als 2003; bei Shell und ConocoPhillips waren es fünf Prozent weniger.[222] Lord Browne von BP reiste nach Russland und bat Präsident Putin persönlich um Unterstützung, weil man befürchtete, dass sich die Justizkampagne gegen den russischen Ölgiganten Yukos (ein kaum zu verbergender Versuch der erneuten Verstaatlichung) auf den BP-Konzern auswirken würde, der in zunehmendem Maße von russischem Öl abhängig war.

Anfang August 2004 sagte ein saudischer Experte dem *Oil & Gas Journal*, dass die hohen Ölpreise für das gesamte Jahrzehnt unvermeidlich seien.[223] Selbst die OPEC warnte nun vor Versorgungsengpässen. OPEC-Präsident Purnomo Yusigiantoro verkündete, dass es keine Reservekapazitäten mehr gebe: Der Ölhahn könne nicht weiter aufgedreht werden. »Der Ölpreis ist sehr hoch, es ist Wahnsinn«, sagte er. »Es gibt keine zusätzlichen Kapazitäten.« Infolge dieser Indiskretion kletterte der Ölpreis noch höher und stieß an die 45-Dollar-Marke.[224] Am nächsten Tag versuchte Yusigiantoro den Markt zu beruhigen und sagte, die OPEC-Länder könnten die Förderung um eine bis 1,5 Millionen Barrel am Tag steigern. Das hielt die Zeitungen jedoch nicht davon ab, in ihren Schlagzeilen eine Bedrohung der Weltwirtschaft zu verkünden.[225] Gleich am nächsten Tag wurde der Rekord erneut gebrochen, dieses Mal nach der Nachricht, dass der Kreml dem angeschlagenen Ölkonzern Yukos einen weiteren Schlag verpasst hatte.[226] »Das Risiko für einen Zusammenbruch ist gestiegen, der Ölpreis könnte das Tüpfelchen auf dem i sein«, bemerkte ein Analyst mit Sitz in London.[227] »Öl wird nicht ohne Grund ›Exkrement des Teufels‹ genannt«, hieß es im Leitartikel einer Zeitung.[228]

Und so ging es Schlag auf Schlag. Der Irak musste die Förderung auf den Ölfeldern im Süden des Landes einstellen, nachdem mit Sabotageakten gedroht worden war.[229] Die Deutsche Bank warnte zum ersten Mal, dass der Ölpreis 100 Dollar erreichen könnte. »Es lohnt sich«, verkündete der globale Energiestratege der Deutschen Bank, Adam Sieminski, »die Frage zu stellen: Was würde passieren, wenn wir aufgrund eines Zwischenfalls vier Millionen Barrel am Tag verlieren würden? Oder nehmen wir an, die zwei Millionen Barrel am Tag aus dem Irak stehen plötzlich nicht mehr zur Verfügung. Die OPEC hat keine Reservekapazitäten mehr. Und das könnte dann heißen: 100 Dollar pro Barrel.«[230]

Herbst 2004: Alle Augen sind auf die OPEC gerichtet

Im September versammelten sich die Minister der OPEC-Länder in Wien, um über die wachsende Krise zu beraten. Gleichzeitig sorgten die Bosse der Ölindustrie weiterhin für verwirrende Schlagzeilen. Total-Chef Thierry Desmarest machte eine Pause bei seinen Sondierungen für eine Übernahme von Shell und verkündete, die OPEC-Länder (deren Türen seit den siebziger Jahren in den meisten Fällen verschlossen sind) sollten sich den großen Mineralölgesellschaften öffnen, um zu gewährleisten, dass das Angebot der Nachfrage entspreche. »Wenn man die Produktionskapazität erhöhen will, ist das der Schlüssel«, erklärte er. »Mit der Exploration schaffen wir neue Möglichkeiten, aber die Exploration benötigt viel Zeit.«[231]

Welche Aussage lässt sich daraus hinsichtlich der Erwartungen ziehen, in den Ländern, die nicht der OPEC angehören, neue Ölquellen zu finden?

Browne reagierte am nächsten Tag mit einer anderen, optimistischen Sichtweise. »Es gibt derzeit keinen richtigen Versorgungsengpass. Wir nehmen das Risiko einer Unterbrechung der Versorgung wahr, aber das ist auch schon alles.«[232] Browne sagte der *Financial Times*, die Menschen seien pessimistisch, dass das Angebot die Nachfrage nicht decken könne, weil sie zögern würden, politisch fragile Regionen wie Russland, Westafrika oder den Nahen Osten mit einzukalkulieren. »Aus westlicher Sicht gehen die heimischen

Fördermengen definitiv zurück. Aus der Nähe betrachtet kann das wirken, als ob das allgemein so sei. Aber das ist natürlich nicht so. Das Öl kommt nur verstärkt aus den Regionen, die die Menschen nicht verstehen.«[233]

Lee Raymond von ExxonMobil stellte sich auf die Seite von Total. Er sagte den Ministern der OPEC-Länder, dass die wachsende internationale Nachfrage nur gestillt werden könne, wenn die internationalen Mineralölgesellschaften Zugang zu den Ölfeldern erhalten würden, die momentan außerhalb ihrer Reichweite lägen. »Der zukünftige Bedarf an Energie aus Öl wird so hoch sein, dass Einschränkungen, egal in welcher Form und in welchem Geltungsbereich, den Zugang zu einer angemessenen Energieversorgung für die Verbraucher weltweit gefährden.« Was bedeutete das für die USA und ihre Ölpolitik? »Ich glaube, dass die amerikanische Vorstellung von einer unabhängigen Energieversorgung, die zum ersten Mal unter der Regierung Nixon propagiert wurde, schon vor 30 Jahren ein schwaches Konzept war und auch heute noch ein schwaches Konzept ist.«[234] Die Aussage könnte nicht klarer sein: Wir haben uns für die Abhängigkeit entschieden, und zur Bewahrung dieser Abhängigkeit stürzt sich unser Militär in Auslandsabenteuer.

Die OPEC gab ihre Reaktion auf die aktuelle Entwicklung bekannt: Die Fördermenge wurde um eine Million Barrel erhöht.[235]

Im Sommer 2004 dachte ich, mittlerweile müssten die Regierungen das Problem eines baldigen Ölrückgangs erkannt haben. Im Rahmen meiner Arbeit für das Beratergremium der britischen Regierung zu erneuerbaren Energien lernte ich viele ranghohe Regierungsbeamte kennen. Selten ließ ich mir dabei die Gelegenheit entgehen, sie zu fragen, wann ihrer Meinung nach Peak Oil erreicht sei. Kein Problem, sagte mir jemand aus den oberen Rängen des Ministeriums für Handel und Industrie. Darüber wisse er überhaupt nichts, erwiderte ein Mitarbeiter des Finanzministeriums. Für Politiker uninteressant, erklärte jemand mit einem hohen Posten im Büro des Premierministers. Dann machte im September ein wichtiger Brief in Whitehall die Runde. Er stammte vom Abteilungsleiter für Energie und Umwelt der britischen Botschaft in Washington. Er hatte an einem Seminar über Öl teilgenommen, das die renommierte Unternehmensberatung PFC veranstaltet hatte. »Der Vortrag ließ einige der versammelten Energieexperten nach Luft schnappen«, meldete der Diplomat nach London. »Angesichts der hohen Nachfrage wird die Spitze der globalen Ölversorgung bereits für das Jahr 2015 prognostiziert. Das hat zur Folge, dass der Ölmarkt stärker regional orientiert sein wird, den westafrikanischen Ölproduzenten eine Schlüsselrolle zukommen wird und die Preise anhaltend hoch und instabil ausfallen werden.«

Im Oktober versammelten sich die G8-Finanzminister in Washington zur alljährlichen Konferenz der Weltbank und des Internationalen Währungsfonds. In der Erklärung der Minister und Zentralbankpräsidenten hieß es: »Die Ölpreise bleiben hoch und sind gefährdet. Daher fordern wir erstens die Ölproduzenten auf, angemessene Mengen zu fördern, um zu gewährleisten, dass die Preise moderat bleiben. Zweitens ist es wichtig, dass die Verbraucherländer die Energieeffizienz verbessern. Drittens ist es für Verbraucher und Produzenten wichtig, dass die Ölmärkte effektiv arbeiten, wir ermutigen daher die Internationale Energieagentur, ihre Arbeit zur Transparenz von Öldaten weiter voranzutreiben.« Ein altgedienter Wirtschaftskorrespondent schrieb dazu: »Mir vermittelte das Treffen das Gefühl unterdrückter Panik hinsichtlich des Ölpreises und der Gefahr einer ernsthaften Krise.«[236]

In der folgenden Woche kletterte der Ölpreis zum ersten Mal über die 50-Dollar-Marke pro Barrel.[237] Nach wenigen Tagen hatte er 54 Dollar in New York und 51 Dollar in London überschritten.[238] Ende des Monats war er auf 55 Dollar gestiegen. Jede kleinste Regung des Markts trieb den Ölpreis in neue Höhen. Zu den neuesten Befürchtungen gehörten Versorgungsengpässe beim Heizöl, die hohe Ölnachfrage in China und die geplanten Aussperrungen wegen eines Streiks in der norwegischen Erdölindustrie.[239]

Mit einer außergewöhnlichen Aktion, die kaum den Effekt haben konnte, die Befürchtungen zu beschwichtigen, forderte die OPEC Ende Oktober die USA auf, die strategischen 670 Millionen Barrel umfassenden Erdölreserven freizugeben, damit sich der Preis »abkühlen« könne. Die Reserven, die in unterirdischen Höhlen in Salzminen in Louisiana lagern, sind eigentlich für Notfälle vorgesehen. Nein, erklärte die amerikanische Regierung, es gibt genug Öl in den OPEC-Ländern. Pumpt mal schön weiter.[240]

Wieder einmal trat Lord Browne auf den Plan und versuchte, dem Heulen und Zähneklappern Einhalt zu gebieten. »Es ist nicht gerade hilfreich, wenn die Welt glaubt, ihr gehe das Öl aus«, meinte er. »Das ist definitiv nicht so.«[241]

Am nächsten Tag verkündeten BP und Exxon neue Rekordgewinne, und Shell warnte, dass seine Reserven erneut nach unten korrigiert werden müssten. An dieser Stelle brach Shell-Vorstandschef Jeroen van der Veer mit der üblichen Branchensolidarität. Er mutmaßte im *Economist*, dass sein Unternehmen nur als Erstes einem Problem gegenüberstehe, das die ganze Branche habe. »Ich würde mein Geld darauf setzen, dass das so ist«, lautete der Kommentar eines Analysten dazu.[242] Aber das half Shell auch nichts. Die anhaltende Unsicherheit bei der Frage der Reserven sorgte dafür, dass der einst so unverwundbar wirkende Riese seine Jahreshauptversammlung verschieben musste.

Jahresanfang 2005: Die große globale Energiekrise nimmt Formen an

Das Jahr 2005 begann damit, dass Saudi Aramco beschloss, den Vorhang der seit 50 Jahren bestehenden Geheimhaltung ein wenig zu lüften, um so die wachsenden Befürchtungen zu beschwichtigen. Um der allgemein vorherrschenden Ansicht entgegenzutreten, Saudi Aramco verfüge zusätzlich zu seiner täglichen Fördermenge von neun Millionen Barrel nur über eine Reservekapazität von einer Million Barrel am Tag, versprach das Unternehmen, die Reservekapazität könne bei 1,5 bis zwei Millionen Barrel gehalten werden. Man behauptete sogar, die Technikexperten von Aramco würden über Details sprechen, wie man die Fördermenge auf 15 Millionen Barrel am Tag steigern und dieses oder sogar ein höheres Niveau 50 Jahre lang halten könne. Allerdings weigerte man sich, eine unabhängige Prüfkommission zu den Ölfeldern zu lassen. Und 90 Prozent des saudischen Öls stammen immer noch von nur sieben Feldern, die im Durchschnitt 47 Jahre alt sind, darunter fünf Millionen Barrel am Tag von nur einem Feld in Ghawar.[243] Der Energie-Investmentbanker Matthew Simmons sagte dem arabischen Nachrichtensender Al-Dschasira daraufhin, dass das saudische Öl seiner Meinung nach bereits seinen Förderzenit überschritten habe, weil die Struktur der Lagerstätten in früheren Phasen des massiven Abpumpens zur Senkung des Ölpreises beschädigt worden sei.[244]

Im März meldete die New Yorker Warenterminbörse NYMEX, dass zum ersten Mal eine Öloption zu einem Ausübungspreis von hundert Dollar gehandelt wurde.[245] Wie nicht anders zu erwarten, stiegen die Preise erneut, dieses Mal auf 57 Dollar das Barrel. Analysten schrieben die neue Preisspitze den Spekulanten und Hedgefonds zu.[246]

In dieser Phase forderte die Internationale Energieagentur, die bis dahin ein Standartenträger in der Brigade derer gewesen war, die propagierten, man müsse sich keine Sorgen machen, einen Notfallplan. Dabei sickerte durch, dass Einschränkungen in den Importländern »in Zeiten hoher Ölpreise attraktiv sein könnten, um den Druck durch die Nachfrage zu mildern«. Die Worte landeten schnurstracks auf der Titelseite der *Financial Times.*[247]

Im März machte ChevronTexaco ein Angebot für die mittelgroße Ölgesellschaft Unocal. Warum sollte die Ölgesellschaft das tun, wenn die Aussicht bestand, dass die Ölpreise wieder sinken würden? Der Käufer würde dann ziemlich dumm dastehen und um einiges ärmer. Ein Kommentator im *San Francisco Chronicle* schrieb dazu: »Wenn man zwischen den Zeilen liest, kann das nur eines bedeuten: Peak Oil. Wir haben es im Grunde erreicht.«[248]

Im April wurde eine weitere Landmarke in unserer Geschichte erreicht: Die erste konventionelle Bank erklärte, dass das saudi-arabische Öl seinen Förderzenit überschritten habe. In einem Bericht der Bank of Montreal lautete das Fazit: »In Saudi-Arabien ist Hubberts Spitze erreicht«.[249]

25. April 2005, Edinburgh

Ich sitze zusammen mit Colin Campbell, Chris Skrebowski und Matthew Simmons auf einer Bühne und blicke in die dicht gedrängte Zuschauermenge. Wir sind Teilnehmer bei der ersten Konferenz zum Ölrückgang im ölreichen Schottland. Das Publikum bombardiert uns mit Fragen. Ein prominenter schottischer Fernsehsprecher leitet die Diskussion. Es ist später Nachmittag, und wir haben alle lange Vorträge gehalten. Die Veranstaltung wurde von einer Gruppe besorgter Bürger organisiert, die sich normalerweise im Pub treffen, doch unter den Teilnehmern finden sich Vertreter nationaler und internationaler

Medien, Politiker, Beamte, Manager aus der Ölindustrie, Geschäftsleute aus anderen Branchen und Akademiker.

Unter den Zuhörern gibt es noch eine weitere Kategorie, die mir nicht aus dem Kopf gehen will, während ich über die kommende globale Energiekrise nachdenke. Die Führer der British National Party, bekannte Faschisten, sitzen im Publikum. Fünf Personen in diesem Meer von Gesichtern sind mit Parteibuch ausgewiesene britische Nazis. Ich kann mir gut vorstellen, warum sie hier sind. Man braucht nur »Weltwirtschaftskrise« und »Aufkommen des Nationalsozialismus« bei Google einzugeben, schon bekommt man die Antwort präsentiert. Wenn an der Sache mit der Ölförderspitze etwas dran ist, denken sie wahrscheinlich, brechen die Märkte zusammen, aus der Rezession wird eine Depression, und die Schlangen der Arbeitslosen werden immer länger. Ganze Heerscharen von Menschen werden von der Wirtschaftskrise schwer getroffen. Ein fruchtbarer Nährboden für Nazis. Aber heute tragen sie noch keine braunen Hemden und Hakenkreuze. Sie sitzen nur da, hören zu, bilden sich weiter und schmieden in Gedanken ihre Pläne.

Heute habe ich zum ersten Mal Matthew Simmons getroffen. Er flog am Morgen von Houston in seinem privaten Lear-Jet ein. Er ist genau so, wie ich ihn mir vorgestellt habe: intelligent, klar, leidenschaftlich, wenn es um die Sache geht, und erstaunt, dass nicht mehr Menschen die Krise erkennen. Er spricht darüber, dass wir dringend ein Frühwarnsystem und mehr Transparenz benötigen. Ungefähr 95 Prozent der angeblich nachgewiesenen Ölreserven der Welt seien nie überprüft worden, erklärte er mit leicht gekränkter Miene. Die Injektion von Wasser oder Gas in Ölfelder könne den Druck künstlich hochhalten, aber wenn der Druck schließlich abebbe, habe man keine zweite Chance mehr. Wir müssten genau wissen, was vor sich geht, es stehe einfach zu viel auf dem Spiel. Zehn gute Analysten könnten mit Zahlen von den hundert größten Feldern in nicht einmal einem Monat herausfinden, wo die weltweite Ölförderspitze liege, glaubt er.

Natürlich richten sich viele Fragen direkt an ihn. »Wann sollte ich meine BP-Aktien verkaufen?«, fragt ein Mann. Simmons zuckt die Achseln. »Auch die größten Unternehmen können sich das Wachstum nicht mit Bohrungen herbeizaubern«, meint er.

»Wie wahrscheinlich ist es, dass das saudische Öl seine Förderspitze bereits überschritten hat?«, fragt jemand. »Möglicherweise war der Peak schon 1981«, antwortet Simmons.

»War der Krieg im Irak ein Griff nach Öl?«, fragt ein Dritter. »Auf keinen Fall«, beharrt Simmons.

Wir dürfen nicht vergessen, dass Matthew Simmons Energieberater für George W. Bush war, einer der vielen Gründe, warum seine Argumente unbedingt ernst genommen werden sollten. Der Moderator gibt die Frage ans Publikum weiter und fordert die Zuhörer auf, die glauben, im Krieg sei es um Öl gegangen, die Hand zu heben. Ein Meer von Händen ist zu sehen – die große Mehrheit. Ich sehe Simmons an, der neben mir sitzt. »Ich bin wirklich schockiert«, sagt er. Und das sieht man.

Er erweist sich als größerer Optimist, als ich gedacht hätte. Die Welt könne mit dem Ölrückgang fertig werden, versichert er. Man müsse nur die immens hohen Gewinnströme aus der zweiten Hälfte der Ölära in Sofortprogramme zur Modernisierung der Energieinfrastruktur investieren, die Energieeffizienz maximieren, ein weniger energieintensives Transportsystem schaffen und Öl für hochwertigere Zwecke nutzen. Der Verbrauch werde mit Quoten geregelt werden müssen. Die Industrieländer müssten auf eine Energiediät gesetzt werden, während Länder wie China oder Indien ein größeres Stück vom Kuchen bekommen sollten. Und schließlich werde es im Bereich Forschung und Entwicklung Projekte wie das Manhattan Project zur Entwicklung der Atombombe geben müssen, um für die Welt einen neuen Energieplan zu erfinden.

Aber haben wir nicht schon zu lange gewartet? Simmons weiß es nicht. »Ich kann nur hoffen, dass wir noch Zeit haben«, sagt er.

Was können wir tun?

8

Die beiden großen Argumentationslinien, die ich bislang entwickelt habe, dienen als Prämissen für dieses letzte Kapitel. Die erste lautet: Es gibt noch genügend Erdöl und Erdgas, allerdings nicht so viel, dass der weltweite Energiebedarf noch lange damit zu decken ist. Die Erdölförderspitze wird zwischen 2006 und 2010 erreicht sein, und sobald der Markt dies erkennt, wird ein folgenschwerer wirtschaftlicher Schock eintreten. Die zweite lautet: Die globale Erwärmung stellt eine existierende und schnell wachsende Bedrohung dar. Sie wird Volkswirtschaften und Ökosysteme zerstören, wenn mehr als ein kleiner Anteil der noch vorhandenen Kohle verbrannt wird. Das Gleiche geschieht, wenn das verbleibende Öl und Gas verbrannt wird, egal wo die Förderspitze beider Rohstoffe liegt.

Ausgehend von diesen Prämissen, werde ich nun aufeinander aufbauend fünf Beweise führen:

1. Es ist möglich, Öl, Gas und Kohle vollständig durch erneuerbare Energien zu ersetzen, und zwar schneller, als die meisten annehmen. (Wir können das – im wahrsten Sinne des Wortes – als »unbegrenzte Energie« betrachten, und eines Tages werden wir in dieses Gelobte Land finden. Wenn das geschieht, werden wir uns fragen, warum wir so lange dazu gebraucht haben.)
2. Aber – und das ist ein sehr großes Aber – die Fehlmenge zwischen den gegenwärtig erwarteten und den tatsächlich zur Verfügung stehenden Ölvorräten wird so groß sein, dass weder Gas noch erneuerbare Energien noch Flüssigkraftstoffe aus Gas oder Kohle noch Atomenergie noch eine Kombination aus alldem die zeitliche Lücke rechtzeitig werden schließen können, um den wirtschaftlichen Schock infolge der Förderspitze abzuwenden.

(Andersherum ausgedrückt: Wir haben es zu lange vor uns hergeschoben. Viele Leute werden ziemlich wütend werden, wenn die Panik erst ausgebrochen ist – und sie werden die Ursachen wissen wollen.)

3. Der Einsatz erneuerbarer Energien und Kraftstoffe sowie Energieeinsparungen werden Öl und Gas zunehmend ersetzen und in jedem Fall explosionsartig wachsen. (Ja, ja, ich kann es bereits hören: »Sie leiten eine Firma für erneuerbare Energien. Sie haben doch ein Eigeninteresse! Sie müssen ja wohl so reden, oder?« Ich habe aber in erster Linie eine Firma für erneuerbare Energien, weil ich mich vor der globalen Erwärmung fürchte, wie aus meinem Lebenslauf abzulesen ist.)
4. Aber – noch ein sehr großes Aber – wenn die alte Energiewirtschaft erst in Trümmern liegt, werden viele auf die Kohle umschwenken wollen. Daher wird das Ausmaß, in dem die erneuerbaren Energien *statt* der Kohle wachsen und nicht *mit* ihr, darüber entscheiden, ob Volkswirtschaften und Ökosysteme die Bedrohung durch die globale Erwärmung überstehen. (Um den Versicherungsguru aus dem 5. Kapitel zu paraphrasieren: Wir müssen an das Silizium und die Dinge über der Erde denken statt an den Kohlenstoff und die Dinge unter der Erde, damit die Erde auch für unsere Kinder und Kindeskinder bewohnbar bleibt.)
5. Die Menschen können das Ringen darum, ob die erneuerbaren Energien schneller wachsen als der Kohleverbrauch, erheblich beeinflussen, die schlimmsten Auswirkungen der Weltenenergiekrise abfedern und in diesem Zuge eine bessere Gesellschaft erschaffen. (Und dies ist im Grunde der wichtigste Punkt.)

1. Es ist möglich, Öl, Gas und Kohle vollständig durch erneuerbare Energien zu ersetzen, und zwar schneller, als die meisten annehmen

Shell beschäftigt unzählige schlaue Leute, die ausschließlich über die Zukunft nachdenken. Diese Leute heißen dort Szenarienplaner. Im Szenarienbuch des Jahres 2001 erwähnen die Planer von Shell, dass die erneuerbaren Energien künftig eine Weltbevölkerung von zehn Milliarden Menschen mit Energie versorgen könnten, und zwar mit Leichtigkeit. Der Bedarf dieser zehn Milliarden ließe sich sogar in dem unwahrscheinlichen und unerwünschten Fall decken, dass sie mit ihrem Energieverbrauch über dem heutigen durchschnittlichen Pro-Kopf-Verbrauch der EU lägen.[250] Da die Shell-Zukunftsforscher für einen Öl-und Gasriesen arbeiten, ist es wenig überraschend, dass sie kein Szenario für eine Zukunft aus erneuerbaren Energien untersuchen. Deshalb wollen *wir* das tun.

Gleich zu Beginn einer solchen Diskussion muss man betonen, dass für den Rückzug aus den fossilen Energien ein, wie man es ausdrücken könnte, »großes Portefeuille« nötig ist. Man ist nicht auf eine Einzeltechnologie angewiesen, die die gesamte Energienachfrage eines Landes decken müsste. In der Familie der erneuerbaren Energien können wir vielmehr die Techniken miteinander verbinden und aufeinander abstimmen, denn in dieser Familie gibt es jede Menge Geschwister. Ehe wir uns die Familie näher ansehen, müssen wir aber noch zwei absolut notwendige Zusatzaspekte berücksichtigen: die Speicherung der erneuerbaren Energien und das Energiesparen. Eingefleischte Verfechter der fossilen Energien behaupten gern, es sei wenig sinnvoll, Energie aus den Elementen zu gewinnen, wenn man sie nicht speichern kann. Sie haben das sicher schon gehört: »Und was ist, wenn kein Wind weht?« – »Was ist, wenn die Sonne nicht scheint?« Hier treten Brennstoffzellen, Wasserstoff und Batterien auf den Plan. Wenn sich außerdem die bislang hemmungslose Energienachfrage mittels Einsparmaßnahmen reduzieren lässt, dann wird der Berg, den wir ohne Öl, Gas und Kohle zu erklimmen haben, gleich um einiges weniger steil. Oder um es pointierter zu formulieren: Mit klugen Investitionen, die sich sehr bald auszahlen würden, könnten wir, in der guten alten Tradition des Mount Saint Helens, den Gipfel dieses Bergs sogar wegsprengen. Im Folgenden werde ich die erneuerbaren Energien, deren Speicherung und die Energieeinsparung getrennt betrachten.

Erneuerbare Energien: eine große Familie der Möglichkeiten

Wenn man sich die Shell-Grafik ansieht, nach der die erneuerbaren Energien den Bedarf von zehn Milliarden Menschen decken könnten, fällt als Erstes auf, dass die Solarenergie potenziell den größten Beitrag zu solch einer hypothetischen Zukunft liefert. Das ist nicht weiter überraschend. Tag für Tag fällt so viel Licht auf die Oberfläche unseres Planeten, dass die Menschen der Erde damit viele tausend Male mit Energie versorgt werden könnten. Mit Photovoltaik (PV) ließe sich der gesamte Weltenergiebedarf – alle Verbrauchsarten, auch Kraftstoffe – decken, wenn man nur einen winzigen Teil der Erdoberfläche dafür verwendete.[251] So könnte man beispielsweise die Gesamtkapazität der Energieerzeugung in den heute vorhandenen Kraftwerken der Welt ersetzen, indem man in der Sahara eine Fläche von rund 600 Quadratkilometern mit Solarzellen versähe.[252] Selbst im wolkenverhangenen Großbritannien ließe sich mehr Strom erzeugen, als die Nation gegenwärtig verbraucht, wenn man auf allen geeigneten Hausdächern PV-Anlagen installierte.[253] Die Solarthermie, die sowohl für Wärmeenergie als auch für Stromerzeugung genutzt werden kann, birgt nicht weniger Potenzial. Dieses Familienmitglied absorbiert mittels Kollektoren die Wärme aus dem Sonnenlicht und erwärmt damit eine Flüssigkeit. Die Wärme kann dann von der Flüssigkeit in einen Speicher abgegeben und im Gebäude wieder verbraucht werden. Will man mit dieser Technik Strom erzeugen, so bringen Elemente, die das Sonnenlicht bündeln (etwa verspiegelte gekrümmte Reflektoren), die Wärmeflüssigkeit auf eine sehr hohe Temperatur, sodass Dampf entsteht, der wiederum Turbinen antreibt. »Sonnenfarmen« gibt es heute erst in kleiner Zahl, doch sie werden – besonders im ansonsten ungenutzten Buschland im Sonnengürtel der Erde – noch zum gewohnten Anblick werden, wenn die Solarrevolution erst im Gange ist.

Auch der Windkraft kommt eine gewichtige Rolle zu. Die USA könnten den gesamten Strom, den man dort verbraucht, aus dem Windkraftpotenzial nur dreier Bundesstaaten beziehen: Texas, North Dakota und Kansas.[254] Der Strombedarf Europas könnte allein mit Offshore-Anlagen gedeckt werden.[255] Im Fall Großbritanniens wäre nur ein kleiner Teil der geeigneten Offshore-Gebiete notwendig, um den Bedarf zu decken. Das Potenzial der Sonnen- und Windenergie reicht von der Erzeugung von Strom und Wärme bis hin zur Herstellung von Kraftstoffen für den Transport. Mit dem Windpotenzial zweier US-Bundesstaaten allein, North und South

Dakota, ließe sich beispielsweise genügend Wasserstoff herstellen, um sämtliche Fahrzeuge auf den Straßen der USA anzutreiben.[256]

Neben Sonne und Wind gibt es im Bereich der erneuerbaren Energien die Meeresenergie, die Wasserkraft, die Verarbeitung von Biomasse, die Kraft-Wärme-Kopplung, die Wärmepumpe und die Erzeugung von Biokraftstoffen. Ich will diese Techniken und ihr Potenzial kurz vorstellen.

Sowohl aus den Gezeiten als auch aus den Wellen lässt sich Meeresenergie gewinnen. Um aus den Gezeiten Energie zu erzeugen, werden in einer Flussmündung oder Bucht Tore und Turbinen installiert. Wenn das Wasser zu beiden Seiten der Sperre – bei Ebbe oder bei Flut – die geeignete Höhe erreicht, werden die Tore geöffnet; das Wasser fließt durch die Turbinen, treibt Generatoren an und erzeugt Strom. In einer kleinen Flussmündung in der Bretagne ist seit 40 Jahren ein kleines 240-Megawatt-Kraftwerk in Betrieb, allerdings das einzige Europas.[257] In Großbritannien beispielsweise könnte man, wenn man alle geeigneten Mündungen auf diese Art nutzte, laut Regierungsschätzungen rund 15 Prozent des landesweiten Energiebedarfs decken.[258]

Um die Energie der Wellen anzuzapfen, hat man eine Reihe verschiedener Vorrichtungen entwickelt, bei denen Turbinen entweder an Land, nahe der Küste (nearshore), oder im Meer (offshore) zum Einsatz kommen. Wellen bündeln wirksam die Windenergie: Weil Wasser viel dichter ist als Luft, braucht man, um ein bestimmtes Volumen Wasser zu bewegen, viel mehr Energie als für das gleiche Volumen Luft. Daher kann eine kleine Turbine, durch die eine Welle fließt, so viel Energie erzeugen wie ein viel größeres Windrad. Eine viel versprechende Technik mit dem Namen Pelamis, die in Schottland getestet wird, besteht aus gegliederten zylindrischen Segmenten, die mit Scharnieren versehen sind, sodass sie sich mit den Wellen bewegen können; dabei treiben sie Hydraulikturbinen an, die Strom erzeugen. Ein 120 Meter langer und 3,5 Meter breiter Prototyp erzeugt 750 Kilowatt Strom. Eine »Wellenfarm« solcher Vorrichtungen, die sich nur über ein Meeresgebiet von einem Quadratkilometer erstreckte, würde Strom für zigtausend Haushalte produzieren.[259] Bei Wellen sind uns räumlich keine Schranken gesetzt.

Aus der Strömung eines Flusses kann mit entsprechend kleinen Turbinen Energie gewonnen werden. Eine solche Anlage gilt als Mikro-Wasserkraftanlage, wenn die Turbinen weniger als 1,25 Megawatt Kapazität haben. Auch hier ist das Potenzial gewaltig. Es ist erstaunlich, wie viel Strom aus so wenig fließendem Wasser erzeugt werden kann. In Großbritannien beispielsweise könnten allein die ehemaligen Mühlenstandorte die Leistung eines, vielleicht sogar zweier durchschnittlicher Atom- oder Kohlekraftwerke erbringen.[260]

Biomasse ist eine wichtige erneuerbare Energiequelle, weil sie potenziell im großen Stil genutzt werden kann und weil dabei netto keine Treibhausgas-Emissionen entstehen. Es gibt drei Arten von Biomasse: Abfälle aus der Land- und Forstwirtschaft sowie aus den Städten, Energiegetreide sowie aufbereitete Brennstoffe (beispielsweise Holzpellets aus Sägemehl). Solange für das verwendete Pflanzenmaterial wieder neues angebaut wird – für die Landwirtschaft eher kein Problem –, bauen sich netto keine Treibhausgase in der Atmosphäre auf. Aus solchen Stoffen lässt sich Wärme erzeugen, indem man sie in Kraftwerken und Kesseln einfach verbrennt oder in effizienteren Verfahren verarbeitet, etwa mittels anaerober Vergärung, Vergasung oder Pyrolyse.[261] Die Wärme aus der Verbrennung von Biomasse kann man direkt verwenden, oder man erzeugt mit einer Turbine Strom. Auch hier gibt es ein gewaltiges Potenzial. Nehmen Sie zum Beispiel die Produktion von Stroh in Großbritannien. Einmal angenommen, zwei Drittel der Jahresproduktion würden in Biomassekraftwerken verbrannt, so wären das rund acht Millionen Tonnen Biomasse. Allein mit diesem Getreiderest ließen sich bereits drei Prozent des britischen Stroms erzeugen. Stattdessen wandern die meisten solcher Reste einfach in den Abfall. Wenn man, grob gesagt, zehn Prozent der 20 Millionen Hektar landwirtschaftlicher Fläche in Großbritannien mit schnell wachsenden Baumarten aufforsten würde, also rund zwei Millionen Hektar, könnte die daraus gewonnene Biomasse zehn Prozent des derzeitigen britischen Energiebedarfs decken. Man beachte, dass 0,6 Millionen Hektar landwirtschaftlicher Fläche in Großbritannien derzeit ohnehin brachliegen.[262]

Mit der Kraft-Wärme-Kopplung (KWK) lässt sich, wie der Name es bereits nahe legt, bei brennbaren Stoffen ein hoher Wirkungsgrad erzielen. Wenn man in einem Kraftwerk ausschließlich Strom herstellt, liegt der Wirkungsgrad bei 30 bis 40 Prozent, weil so viel Wärme verloren geht. Blockheizkraftwerke, die sowohl mit Wärme als auch mit Strom arbeiten, haben einen Wirkungsgrad von rund 80 Prozent; dabei erzeugen sie etwa dreimal so viel Wärme wie Strom.[263] Alle Biomassekraftwerke könnten auch KWK-Kraftwerke sein. Wir müssen es aber auch nicht übertreiben. Biomasse kann man gemeinsam mit fossilen Brennstoffen in Blockheizkraftwerken verbrennen – und tut es bereits. Dadurch werden der Einsatz fossiler Brennstoffe und die Emission von Treibhausgasen reduziert.

Dies also ist das Rüstzeug für große oder kleine Kraftwerke, die in den mit Wärme und Strom zu versorgenden Gebäuden stehen oder auch außerhalb. Erneuerbare Energieformen, die in Gebäuden eingesetzt werden können, bezeichnet man häufig als »Mikroenergie«. Die Mikroenergiefamilie besteht aus beiden Sonnenenergieformen, Mikrowindkraftanlagen (kleine Rotoren auf dem Dach), Biomasse-Heizkesseln, Mikroblockheizkraftwerken (sofern sie mit Biomasse betrieben werden) und im Erdreich verankerten Wärmepumpen. Wenn die erneuerbaren Mikroenergietechniken allgemeine Verbreitung gefunden haben, wird das landesweite Stromnetz völlig anders aussehen als heute. Die Elektronen fließen in unserem heutigen Netz nur in eine Richtung: von den riesigen und schmutzigen Kraftwerken, denen wir in der Vergangenheit stets den Vorzug gegeben haben, zum Endverbraucher zu Hause, im Büro, in der Fabrik oder sonst wo. Dafür braucht man Hochspannungsleitungen, die weite Entfernungen überbrücken, und Trafoanlagen, um die Spannung für die Haushalte am Ende der Leitung nutzbar zu machen. Bei der so genannten eingebetteten Generation müssen die Elektronen geringere Entfernungen zurücklegen, sodass der Vorgang in niedrigeren Spannungsbereichen abgewickelt werden kann. Viele Elektronen werden genau in dem Gebäude verbraucht, in dem sie erzeugt werden. Die Netze können kleiner werden. Die ganze Infrastruktur ähnelt eher dem Internet, in dem viele dezentral gelegene Computer den riesigen zentralen Großrechner vergangener Tage ersetzen. Immer öfter spricht man in diesem Zusammenhang tatsächlich vom »Energie-Internet«.[264] Kleine Netze können vom nationalen Netz abgekoppelt werden. Eine neue Stadt, ein Dorf oder eine Siedlung hat dann ihr eigenes »Privatnetz«. So etwas gibt es auch schon, wenngleich selten.

Um nur ein Beispiel zu geben, wie ein Mitglied der Familie der erneuerbaren Energien heute bereits funktioniert: Wärmepumpen sind in ländlichen Gebieten der USA bereits weit verbreitet. Diese Pumpen ziehen die Sonnenenergie aus der Erde, die wenige Meter in der Tiefe bei konstant elf bis zwölf Grad Celsius gespeichert ist. Sie funktionieren umgekehrt wie ein Kühlschrank. In Rohrschlangen im Erdreich zirkuliert eine Mischung aus gekühltem Wasser und Frostschutzmittel; die Wärme aus der Erde wird direkt ins Haus gepumpt, wo sie Warmwasser und Heizung bedient. Umgekehrt kann man in einem heißen Sommer die Wärme aus dem Gebäude hinaus in die Erde pumpen, sodass die Klimaanlage überflüssig wird. Für die Pumpe braucht man etwas Strom, der aber natürlich auch aus erneuerbaren Quellen kommen kann.

Was Heizung und Strom für Gebäude angeht, so sind ja die Aussichten ganz gut. Aber wie sollen wir uns in unserer schönen neuen Welt fortbewegen? Auch hier fehlt es uns nicht an Möglichkeiten, sondern an der Phantasie, sie zu erkennen, und am Willen zur Veränderung. Kraftstoff, der unmittelbar für Fahrzeuge nutzbar ist, lässt sich in Hülle und Fülle aus Pflanzenmaterial herstellen. Biodiesel kann man aus Pflanzenmasse wie Soja-, Sonnenblumen- oder Rapsöl gewinnen. Im Jahr 2004 haben US-Autohersteller wie DaimlerChrysler und General Motors plötzlich begonnen, sich ernsthaft für Biodiesel zu interessieren. Volkswagen hat angekündigt, dass es mit Biodiesel dem überaus erfolgreichen Hybridmotor des Toyota Prius Konkurrenz machen will. DaimlerChrysler will alle neuen Liberty-Jeeps mit Biodiesel betreiben.[265] Solch ein Interesse lässt sich zumindest teilweise mit politischen Zielen verschiedener Staaten erklären. Die Europäische Union beispielsweise hat sich für Biokraftstoffe aus Land- und Forstwirtschaft sowie aus organischen Abfällen ein Ziel gesetzt: Sie sollen 2005 zwei Prozent des Gesamtkraftstoffverbrauchs umfassen und 2010 über fünf Prozent. Neben Biodiesel gibt es noch das Ethanol, das aus Mais hergestellt wird und in den USA heute, staatlich gefördert, in 75 kleinen Raffinerien produziert wird; weitere zwölf Anlagen sind im Bau. Darüber hinaus lässt sich im Grunde aus der anaeroben Vergärung aller organischen Abfälle, egal ob pflanzlich oder tierisch, Methangas in großen Mengen herstellen, verdichten und als Kraftstoff verwenden.

Auch Kunststoffe und andere Materialien, die für die Energietechnik wichtig sind, lassen sich statt aus Öl aus Pflanzenmaterial herstellen. Auf der Motor Show 2003 in Detroit stellte Ford ein Modellauto namens Model U Green Car vor, dessen Motor mit Sonnenblumenöl betrieben wird und dessen Sitze aus Sojabohnen hergestellt waren. Das Unternehmen führte damit lediglich eine Tradition fort: Schon Firmengründer Henry Ford hatte Kunststoffe aus Soja statt aus Öl hergestellt und ein Auto vollständig aus Pflanzen produziert; das war 1941. Zurzeit gelangen solche Autos nicht in den Verkauf, doch unter den richtigen Bedingungen wäre es möglich. Die Motoren könnten mit Pflanzenkraftstoffen betrieben werden. Biokraftstoff-Raffinerien könnten schneller gebaut, die Ziele ehrgeiziger gesteckt werden, und Anreize jeglicher Art könnten durchaus dafür sorgen, dass aus den wenigen Bastlern umweltfreundlich angetriebener Biofahrzeuge Massenproduzenten werden.[266]

Und dann ist da noch der Wasserstoff, für den sich die Autoindustrie so nachhaltig interessiert.

Der Weg in die Wasserstoffwirtschaft

Wasserstoff ist kein Kraftstoff im engeren Sinne, sondern eher ein Energiespeichermedium, da er in der Natur ausschließlich in Verbindung mit anderen Elementen vorkommt. Er lässt sich in Brennstoffzellen und als fester oder flüssiger Kraftstoff verwenden. In der Brennstoffzelle verbindet sich der Wasserstoff an einer katalytischen Membran chemisch wieder mit Sauerstoff; dabei entsteht elektrischer Strom sowie ein einziges und wunderbar unproblematisches Abfallprodukt: heißes Wasser. Es gibt verschiedene Brennstoffzellentypen, die aber alle nach diesem Prinzip funktionieren.[267] Der Sauerstoff kann aus der Luft kommen, der Wasserstoff mit jeder anderen Energiequelle hergestellt werden. Am wenigsten wünschenswert wäre, dass Kohle zum Einsatz kommt, weil dabei jede Menge Kohlendioxid frei wird. (Diesen Vorgang kann man sich vereinfacht so vorstellen, dass aus Kohlenwasserstoffen der Wasserstoff gefiltert wird.)[268] Wünschenswert wäre der Einsatz regenerativer Energien für die Elektrolyse und den Gewinn des Wasserstoffs, weil dann keine Treibhausgase entstehen. (Vereinfacht kann man sich diesen Vorgang so vorstellen, dass aus Wasser das H_2 herausgenommen wird.)[269]

Brennstoffzellen verwerten pro Kraftstoffeinheit ihren Wasserstoff etwa doppelt so effizient wie Verbrennungsmotoren ihr Benzin. Gegenwärtig kosten sie aber pro Kraftstoffeinheit das Hundertfache, und Wasserstoff ist fünfmal so teuer wie Benzin.[270] General Motors, DaimlerChrysler und Shell haben jeweils bereits mehr als eine Milliarde Dollar in die Erforschung und Entwicklung der Brennstoffzelle investiert, um diese Diskrepanz zu beseitigen, und auch viele andere Unternehmen führen diesbezüglich umfängliche Programme durch. In einigen Ländern wird die Industrie vom Staat dazu animiert, die Entwicklung kommerzieller Wasserstofffahrzeuge als Wettrennen zu betrachten. In den USA, wo der Staat auf fünf Jahre 1,2 Milliarden Dollar in Entwicklung und Forschung der Brennstoffzellentechnik steckt, will General Motors das Tempo vorgeben; das Unternehmen hat bereits angekündigt, dass es im Jahr 2010 Brennstoffzellenautos verkaufen wird. Da wird es jedoch vielleicht zu spät kommen, denn die chinesische Regierung möchte weltweit Marktführer im Bereich der Brennstoffzellenautos werden und fördert seit einigen Jahren Forschung und Entwicklung mit rund 250 Millionen Dollar im Jahr. In verschiedenen Branchen wurden in China bislang über 100 patentierte Anwendungen auf dem Gebiet der Brennstoffzellentechnik entwickelt.[271] China gilt bereits als zweitgrößter Wasserstoffproduzent; weltweit werden jährlich 50 Millionen Tonnen Wasserstoff gewonnen. Und auch Japan hat es sich bis 2010 zum Ziel gesetzt, 50.000 Brennstoffzellenautos auf den Straßen zu haben. Weltweit gibt es bereits 172 Prototypen von Wasserstoffautos und 87 Wasserstofftankstellen.[272]

In vielen Städten der Welt sind bereits Brennstoffzellenautos und -busse unterwegs, jedoch sind sie für den Durchschnittsbürger noch unerschwinglich. Damit sich das ändert, müssen die Zellen kleiner und leichter werden. In Gebäuden ist die Größe kein so großes Problem; wuchtige Brennstoffzellen erzeugen bereits heute in wegweisenden Öko-Gebäuden Strom und Warmwasser.[273]

Andere bezweifeln, dass die Brennstoffzelle der ideale Weg der Wasserstoffnutzung ist. BMW beispielsweise hat sich für Gas in flüssiger oder fester Form entschieden, wobei der Wasserstoff unter Druck in so genannten Hydriden gespeichert wird. In Deutschland wurden bereits Versuchstankstellen errichtet. BMW begann im April 2002 mit Nachdruck, sich als Wegbereiter des Wasserstoffzeitalters zu positionieren. Die Unternehmensführung reiste in die Metropolen der Welt und auch nach London zu einer Veranstaltung im

Science Museum. Ich habe nie zuvor einen dermaßen verschwenderischen Empfang erlebt. Wunderschöne Blondinen servierten zwischen Brennstoffzellen und Hochglanzpostern Champagner und Häppchen; in der Raummitte glitzerte ein BMW, der mit Flüssigwasserstoff fuhr und ebenso sexy aussah wie seine Vorgänger mit Verbrennungsmotoren. Vorstandsvorsitzender Dr. Helmut Panke hielt eine aufrüttelnde Rede. »Das Wasserstoffzeitalter hat begonnen«, verkündete er den geladenen Gästen aus Industrie, Politik und Medien. »Es muss aber noch in unseren Köpfen beginnen.« Auch einer der vier wichtigsten Minister der britischen Regierung hielt eine Rede. Die Moderation übernahm ein BBC-Nachrichtensprecher.

Veranstaltungen wie diese machen einen wichtigen Unterschied zwischen der Auto- und der Ölindustrie deutlich: Erstere verliert nicht unbedingt ihr Kernprodukt, wenn das Rad der Veränderung in Schwung kommt. Sie ist daher weit weniger bedroht als die Ölindustrie. Die Ölindustrie wird natürlich auch in der zweiten Hälfte des Ölzeitalters im Geschäft bleiben. So wird sie der chemischen Industrie die stark benötigten Kohlenwasserstoffe liefern. Doch sie wird ein Schatten ihres einstigen Selbst sein, und wenn sich die Unternehmen nicht an die Spitze der Energierevolution setzen, werden sie aus der Riege der größten Konzerne der Welt ausscheiden.

Es gilt nun, die Autoindustrie unwiderruflich an den Punkt zu bringen, an dem sie freiwillig – oder gezwungenermaßen – ihre Fabriken umrüstet und andere Antriebe herstellt als den Verbrennungsmotor. Wie gewaltig diese Aufgabe ist, wird nirgends so klar wie im Bereich der batteriegetriebenen Fahrzeuge. Den EV1 von General Motors habe ich bereits im Sommer 1999 beim G8-Gipfel in Denver gefahren, wo der Autoriese sein futuristisch anmutendes Elektrofahrzeug den Delegierten für eine kurze Spritztour zur Verfügung stellte. Der geräumige Fahrersitz und die digitalen Displays gaben mir das Gefühl, in einem Flugzeugcockpit zu sitzen. Das Fahrzeug sprang völlig geräuschlos an, und als ich auf das Gaspedal trat, schoss es die Straßen von Denver kraftvoller entlang als jedes benzingetriebene Auto, das ich je gefahren habe. Die Nickel-Hydrid-Batterie bewältigte damals schon bis zum nächsten Aufladen 250 Kilometer.[274] Warum konnte General Motors dieses Auto nicht einfach in Serie produzieren, fragt man sich, und so den Preis auf ein erschwingliches Maß reduzieren? Als Kalifornien ein Gesetzesvorhaben vorstellte, nach dem ein kleiner Prozentsatz der in diesem Bundesstaat verkauften Autos emissionsfrei sein sollte, und somit die Elektroautos fördern wollte, bekämpfte General Motors diese Maßnahme mit aller Kraft und setzte mit den anderen Autobauern eine Verwässerung des Gesetzes durch.

Das ist jetzt allerdings ein paar Jahre her. Der Erfolg des Toyota Prius in den letzten Jahren zwingt die großen Autofirmen dazu, ihre Haltung zu den neuen Techniken zu überdenken. Der Prius fährt mit einer Kombination aus Batterieantrieb für niedrige Geschwindigkeiten und einem sparsamen Verbrennungsmotor für höhere Geschwindigkeiten bei einem Verbrauch von 4,7 Liter auf 100 Kilometer; man vergleiche das mit dem Rekord von 13,9 Liter auf 100 Kilometer, die die 200 Millionen Autos der amerikanischen Flotte 2004 durchschnittlich verbrauchten. Dass sich das Auto einer solchen Beliebtheit erfreute, überraschte auch Toyota, dem zurzeit weltweit erfolgreichsten Autohersteller. Das erste Modell, das im Jahr 2000 eingeführt wurde, verkaufte sich nur 15.000-mal. Im Jahr 2004 verkaufte Toyota vom geräumigeren und leistungsstärkeren zweiten Modell 15.000 Autos im Monat, wobei trotz dreier Produktionssteigerungen 22.000 Kunden auf der Warteliste standen. Ford brachte im September 2004 den ersten Hybrid-SUV auf den Markt, und im Jahr 2007 wird es nach Branchenschätzungen um die 22 Hybridversionen beliebter Modelle geben. Vizechef Bob Lutz von General Motors sagte der Zeitschrift *Newsweek*: »Wir können als Spitzenunternehmen nicht einfach nur dasitzen und sagen: ›Vertraut uns, ihr kriegt von uns schon noch eine Brennstoffzelle; aber bis es so weit ist, tun wir gar nichts.‹ Wenn immer mehr unserer Wettbewerber auf die Hybridkarte setzen, können wir das nicht einfach ignorieren.«[275]

Das alles klingt recht vielversprechend und wirft die Frage auf, inwieweit ein geringerer Energieverbrauch es den erneuerbaren Energien leichter machen kann, die fossilen Brennstoffe zu ersetzen, sowohl im Straßenverkehr als auch für die Haushalte.

Energieverbrauch: wie man aus dem Nachfrageberg einen Hügel macht

Der weltweit größte Experte auf diesem Gebiet ist möglicherweise Amory Lovins, Leiter des *Rocky Mountain Institute* in Colorado. In meiner Zeit als Umweltaktivist habe ich mich häufig mit diesem nüchternen Physiker auf einem Podium wiedergefunden, wo er völlig emotionslos die Statistiken der Energieeinsparung herunterratterte und erklärte, was alles machbar und ökonomisch sinnvoll sei. Jedes Mal dachte ich hinterher: »Warum *machen* das die Leute nicht einfach? Sie brauchen ja nicht an die Gefahren der globalen Erwärmung oder der Luftverschmutzung zu glauben, wenn sie nicht mögen. Sie könnten damit ganz einfach Geld verdienen.« Lovins untermauerte seine Argumentation jedes Mal mit einer Anekdote. Ein kleines Mädchen geht die Straße entlang und sieht einen Hundertdollarschein auf dem Gehweg liegen. Sie sagt zu ihrem Großvater: »Da liegt ein Hundertdollarschein auf dem Boden!« Er aber sagt: »Nein, Liebe, wenn das ein Hundertdollarschein wäre, hätte ihn schon jemand aufgehoben.«

Im Jahr 2004 veröffentlichten Lovins und sein Team ihre jüngste Studie zum Thema Energieeinsparung, diesmal sogar kofinanziert vom Pentagon. Er nannte sie *Winning the Oil Endgame: Innovation for Profit, Jobs and Security* (Wie wir das Endspiel ums Öl gewinnen: Innovation für Gewinn, Jobs und Sicherheit).[276] Erstaunlicherweise, wenn auch nicht gerade überraschend für alle, die sich bereits mit Details des Energiesparens befasst haben, schließt der Bericht folgendermaßen: »Es wird *weniger* kosten, alles Öl, das in den USA momentan verbraucht wird, zu ersetzen, als es kosten wird, dieses Öl zu *kaufen.*« Um den Ölverbrauch durch günstigere Alternativen zu ersetzen, müssten die USA im nächsten Jahrzehnt 180 Milliarden Dollar investieren, wobei sie ab dem Jahr 2025 *jährlich* 130 Milliarden Dollar einsparen würden. Um diesen Jackpot zu knacken, müssten bei der Investition vier Technikstrategien Schritt für Schritt umgesetzt werden: Erstens muss das Öl doppelt so effizient genutzt werden wie bisher; zweitens muss man Öl durch Biokraftstoffe ersetzen, drittens Erdgas einsparen und viertens mit der Produktion von Wasserstoff beginnen. Wie aus den Erörterungen oben hervorgeht, sind all diese Entwicklungen bereits im Gange.

Die Energieeinsparung beim Öl lässt sich mit mehreren Methoden erreichen, so Lovins und seine Kollegen, besonders aber durch einen ultraleichten Fahrzeugbau. So energiesparend die gängigen Hybrid-Elektroautos im Vergleich zur spritsaufenden Norm auch abschneiden, so kann doch moderner Verbund- und Leichtstahl die Effizienz fast verdoppeln, wobei die Zusatzkosten in rund drei Jahren wieder hereinkommen. Lovins führte im Jahr 2000 mit einem anderen Team, dem auch Fahrzeugdesigner angehörten, das »Hypercar«-Modell vor. Über die Wirkung solch kluger Technik hinaus können kreative Geschäftsmodelle und politische Maßnahmen problemlos den Rest der Öleinsparung erbringen. Ein gutes Beispiel ist die Einführung von Gebühren für Fahrzeuge oder Gebäude mit zu hohem Verbrauch, die ausgabenneutral solchen, die Energie sparen, wieder zugeführt werden.

Die Verbesserungen im Autobereich und andere Einsparungen müssen keine Rekorde brechen, um den Ölverbrauch um die Hälfte zu reduzieren. Sie müssen nicht einmal so schnell vonstatten gehen wie nach dem Ölschock 1979. Die Investitionen, die zum Erreichen dieses Ziels nötig wären, beliefen sich auf 70 der insgesamt 180 Milliarden Dollar.

Darüber hinaus lässt sich ein weiteres Viertel des prognostizierten Ölverbrauchs in den USA durch den Aufbau einer umfangreichen US-Biokraftstoffindustrie einsparen. Lovins und sein Team errechnen, dass das ländliche Amerika erheblich gestärkt werden könnte, wenn die Biokraftstoffe den Kohlenwasserstoffmärkten Konkurrenz machten. Die Einkommen der Landwirte ließen sich um viele Milliarden Dollar pro Jahr steigern, und es würden mehr als 750.000 neue Jobs geschaffen. Dies würde rund 40 der 180 Milliarden Gesamtinvestition erfordern.

Die Einsparungsmöglichkeiten im Erdgasverbrauch könnten die von der Regierung für das Jahr 2025 prognostizierte Gasnachfrage um mindestens die Hälfte verringern. Das eingesparte Gas könnte in einem weiteren Schritt zum Teil das Öl ersetzen oder für die Gewinnung von Wasserstoff genutzt werden, sodass nahezu das gesamte verbliebene US-Öl ersetzt würde.

Wie inspirierend und gleichzeitig konservativ dieses Konzept doch ist. Lovins geht durchaus nicht radikal von einem explosionsartigen Anstieg der erneuerbaren Energien oder des Wasserstoffs aus. Ja, er bezeichnet die Herstellung von Wasserstoff sogar als *fakultativ*. Wenn man den Ölverbrauch in den USA nur so weit zurückfahren will, dass kein Öl mehr importiert werden muss, setzt man die Punkte Einsparung und Biokraftstoff um. Realisiert man darüber hinaus auch die Punkte Wasserstoff und erneuerbare Energien, so kann man das Land vollständig vom Öl entwöhnen.

Manches an diesen Überlegungen ist schwindelerregend einfach, vor allem die 180 Milliarden Dollar, die man investieren müsste, um den Plan bei den heutigen Ölpreisen umzusetzen. Erinnern wir uns an die 2,5 Billionen Dollar Investition, die laut Goldman Sachs nötig wären, um die prognostizierte Ölnachfrage im nächsten Jahrzehnt zu decken, und an die Rekordvermögen der Ölkonzerne.[277] Exxon allein hat zurzeit 25 Milliarden Dollar auf der hohen Kante liegen (wobei die Investoren darauf drängen, einen Teil davon als Dividende auszuschütten oder eine Mega-Akquisition zu tätigen).[278] Zu den 180 Milliarden Dollar sagt Lovins: »Schon jetzt zahlt die US-Wirtschaft, und zwar ohne jeglichen Ertrag, jedes Mal so viel, wenn der Ölpreis so ansteigt wie im Jahr 2004.«

Ganz zu schweigen davon, was das Öl kostet, wenn die weltweite Förderspitze überschritten ist.

Wie schnell können wir von Öl, Gas und Kohle loskommen?

Die erneuerbaren Techniken können wir im weitesten Sinne als Solartechniken betrachten: Direkt oder indirekt hängen die meisten vom Sonnenlicht ab, das auf die Erde fällt. Die Sonne sorgt dafür, dass die Atmosphäre unterschiedlich erwärmt wird; mit den Winden, die dadurch entstehen, treibt sie die Windräder an. Winde sorgen auf dem Meer für Wellen, mit denen Wellenkraft gewonnen werden kann. Die Sonne ist auch dafür verantwortlich, dass die Meere sich unterschiedlich erwärmen; die so entstehenden Meeresströmungen können im Meer Turbinen antreiben. Sonnenlicht wird auch für die Photosynthese benötigt und ist damit die Voraussetzung für das Wachstum der Pflanzen, die sich zu Kraftstoff verarbeiten lassen. Die einzige erneuerbare Energieform, die mit dem Sonnenlicht nichts zu tun hat, ist die Gezeitenkraft, die mit der Anziehungskraft des Mondes zusammenhängt. Wir können die Nutzung und Kommerzialisierung dieser Techniken daher als »Solarisierung« bezeichnen. Die Solartechniken sind in dem Sinne erneuerbar, als sie grundsätzlich Energie liefern können, solange Licht auf unseren Planeten fällt: Die Energie ist im Grunde unendlich.

Natürlich ist es viel besser, alle Mitglieder der Solartechnikfamilie zu nutzen, als sich auf eine oder zwei zu konzentrieren. Das liegt vor allem daran, dass Vielfalt Sicherheit schafft und einen in die Lage versetzt, den variablen Energielasten mit freien Kapazitäten zu begegnen. So kann beispielsweise die Sonnenenergie im Sommer die Spitzenlast im Klimaanlagenbereich zum großen Teil abdecken, während Biomasse im Winter optimal die Heizung unterstützt; die Meereskraft kann einen Grundbetrag bereitstellen, während der Wind je nach Wetterlage seinen Beitrag leistet – und so weiter.

Einer der berühmtesten Wissenschaftler bei Shell hat all dies schon vor langer Zeit erkannt. »Unsere Kultur weiß nicht, wie sie damit umgehen soll, wenn das Öl zurückgeht«, sagte M. King Hubbert. »Wir müssen uns möglichst ohne größere Katastrophen in eine stabile Lage manövrieren. Wir sollten uns nach anderen Energiequellen umsehen. Es gibt nur eine, die groß genug ist. Die ist umsonst, und sie reicht noch mindestens eine Milliarde Jahre. Das ist die Sonne.«[279]

Als ich im Jahr 1989 Umweltaktivist wurde und gemeinsam mit meinen Kollegen die Behauptung aufstellte, dass die regenerativen Energien die fossilen Brennstoffe ersetzen könnten, taten Energieexperten und Politiker dies als naives Wunschdenken ab. Heute, über ein Jahrzehnt später, finden sich diese Ansichten zumindest in Europa in Regierungsstatements wieder. Die britische Regierung veröffentlichte 2003 einen Bericht, der folgendermaßen schloss: »Es wäre technologisch und wirtschaftlich machbar, auf einen Weg geringfügiger Kohlendioxid-Emissionen umzuschwenken und auf lange Sicht zu einem System, das praktisch ohne Kohlenstoff auskommt, zu gelangen, indem wir sparsamer mit Energie umgehen und Techniken mit geringem Kohlenstoffverbrauch entwickeln und nutzen.«[280] Bei den zur Verfügung stehenden Techniken dieser Art legt die Regierung den Schwerpunkt nicht auf Atomenergie, sondern auf die erneuerbaren Energien und Wasserstoff. In Sachen Solarenergie kommt der Bericht zu dem Schluss: »Sie könnte die gesamte Energienachfrage der Welt decken, wenn man weniger als ein Prozent der Flächen, die derzeit landwirtschaftlich genutzt werden, dafür einsetzt.«

Auf der kommunalen Ebene finden sich bereits Mikrokosmen dessen, was in viel größerem, ja internationalem Stil machbar wäre. Nehmen Sie die Stadt Woking in der englischen Grafschaft Surrey. Die dortige Verwaltung hat die Kohlendioxid-Emissionen seit 1990 um ganze 77 Prozent gesenkt – jawohl, um mehr als drei Viertel. Dies geschah durch den Einsatz eines hybriden Systems aus Privatnetzen, Blockheizkraftwerken (betrieben überwiegend mit Erdgas, aber auch mit etwas Biomasse), Photovoltaik und Energieeinsparung sowie einigen Brennstoffzellen und den Einsatz der Absorptionskältetechnik.[281] Ich habe mir dieses inspirierende Konzept gemeinsam mit dem Energiemanager von Woking, Allen Jones, vor Ort angesehen. Stolz zeigte er mir Wohnungen älterer Mitbürger und ganze Siedlungen, die eine Mini-Energiewelt für sich bildeten. Selbst wenn das britische Stromnetz vollends zusammenbräche, hätten diese Leute immer noch das ganze Jahr über Heizung und Strom. Die Techniken ergänzen sich perfekt. Die Blockheizkraftwerke liefern im Winter, wenn die Photovoltaikanlage nicht optimal läuft, die benötigte Heizwärme und nebenher jede Menge Strom. Die Photovoltaikanlage erzeugt im Sommer, wenn keine Heizung benötigt wird und daher auch das Blockheizkraftwerk nicht viel Strom produziert, ausreichend Elektrizität. Die Londoner Stadtverwaltung hat Allan Jones nun beauftragt, ein Konzept für London zu erarbeiten. Gut, sagte der Bürgermeister, du hast es für eine 80.000-Einwohner-Stadt geschafft. Jetzt machst du's für eine Acht-Millionen-Metropole.

Wenn man Belege dafür sucht, wie schnell wir auf Solartechniken umstellen können, sind Erfolgsgeschichten wie die von Woking eine echte Inspiration. Das Gleiche gilt für ungewöhnliche Ideen. Wenden wir uns dazu noch einmal Amory Lovins zu. Nehmen wir mal an, in Woking hätten alle Autos Brennstoffzellen. Nehmen wir weiter an, dass sie, solange sie stehen, ans Stromnetz angeschlossen sind – entweder ans landesweite oder an ein kleines Privatnetz – und Strom einspeisen. Wie viel, meinen Sie, würde das bringen?

Lovins und seine Kollegen meinen, zum Wasserstoffpotenzial gebe es zwei Schlüssel. Einer ist natürlich der baldige Einsatz sparsamer Autos, damit man weniger Brennstoffzellen braucht, diese erschwinglich werden und der Wasserstofftank in die Karosserie passt. Der andere Schlüssel liegt darin, die Brennstoffzellen auf Wasserstoffbasis zu nutzen, während das Auto nicht fährt. Beide Entwicklungen würden einander beschleunigen, indem das Volumen wächst und die Kosten sinken. Doch abgesehen davon, dass die Wasserstofftechnologie dadurch enormen Auftrieb erhalten würde, sollte man an die Energiemengen denken, die damit verfügbar wären. Rund 200 Millionen der weltweit 700 Millionen Autos und Lastwagen fahren und stehen derzeit in den USA. Wenn alle Brennstoffzellen hätten, verfügten sie über ein *Vielfaches* der US-Stromnetzkapazität. Wer bräuchte dann noch Atom-, Kohle- oder Erdgaskraftwerke?[282]

Betrachtet man das Potenzial, das die Großfamilie der erneuerbaren Energien, der Speicherung und der Energieeinsparung birgt: Was lässt sich dann zum Tempo sagen, in dem die Welt umsteigen könnte, wenn sie wirklich wollte?

Eine Substitution der Primärbrennstoffe und anderer Techniken, so die etwas entmutigende Aussage Lovins' und seiner Kollegen, braucht für gewöhnlich 50 Jahre. Sie meinen damit den Weg vom Holz zur Kohle zum Öl zum Gas sowie den Aufbau des Schienennetzes und die Elektrifizierung. Wasserstoff könne sich, weil auf kleiner Flamme viel Innovation möglich sei, in etwa 25 oder 30 Jahren durchsetzen.

Ließe sich das auch beschleunigen? Sicher. Denken Sie an das Automobil. Im Jahr 1900 waren Pferde das vorherrschende Fortbewegungsmittel. Die ersten Automobile wurden noch verlacht. Sie waren teuer, langsam, unzuverlässig, und es gab kaum geeignete Straßen dafür. Dann begann Henry Ford mit der Massenproduktion und senkte damit rasch die Kosten. Gleichzeitig setzte er sich für bessere Straßen ein. Im Jahr 1900 waren in den USA 8.000 Automobile registriert. Im Jahr 1912 gab es über 900.000. Innerhalb eines Jahrzehnts hatten sich die Automobile durchgesetzt.

Natürlich waren damals die Bevölkerungszahl niedriger und die Infrastruktur weniger entwickelt. Doch erinnern Sie sich an Scheich Jamanis Warnung an seine Ölministerkollegen im Jahr 1981, der Westen sei, wenn ihn hohe Ölpreise dazu zwängen, in der Lage, innerhalb von zehn Jahren alternative Energiequellen zu erschließen. Nun, da wir weitere 20 Jahre Forschung hinter uns haben, muss das doch zu machen sein? In vielen Ländern wendet man sich, da man nach den Anschlägen vom 11. September nicht mehr vom Nahen Osten abhängig sein will, verstärkt dem heimischen Potenzial erneuerbarer Energien zu. Immer schneller werden erneuerbare Energien und neue Speichertechniken entwickelt. Große Unternehmen wie Sharp, Sanyo, RWE und General Electric haben kürzlich alle begonnen, in einem bislang unbekannten Ausmaß in die noch in den Kinderschuhen steckenden Solarbranchen zu investieren. Im sozialen und privaten Bereich richtet sich der Blick zunehmend auf die Energie. Investmentfonds, die nicht in Ölkonzerne, sondern in erneuerbare Energien investieren, gewinnen an Zahl, da Privatinvestoren ein Ventil für ihr Umweltbewusstsein suchen. Mehr als jeder zehnte Dollar fließt in den USA inzwischen in solche Fonds.[283] Gleichzeitig beflügelt die Furcht vor Stromausfällen, wie sie sich im Zusammenhang mit der kalifornischen Energiekrise 2003 ereigneten, das Interesse von Bürgern und Staaten an regenerativen Energien. Staaten und Kommunen fragen sich mit Blick auf ihre häufig fragile Strominfrastruktur, ob ihnen das auch passieren kann. Die Bürger von San Francisco stimmten kürzlich dafür, 100 Millionen Dollar für die Entwicklung der Solar- und Windenergie auszugeben, wobei das nur ein Anfang ist. Andere Städte in anderen US-Bundesstaaten erwägen ähnliche Schritte. In Großbritannien haben 40 Kommunen den Bauunternehmern signalisiert, dass sie nur Baugenehmigungen für Neubauten erhalten, wenn sie mindestens zehn Prozent der Energie mittels erneuerbarer Energien am Bau erzeugen können. Auch wenn die Märkte für regenerative Energien noch klein sind, so wachsen sie doch bereits schneller als irgendwelche anderen Märkte. Auch die seriösen Geldinstitute beginnen dies zu erkennen. Schließlich bergen die erneuerbaren Energien ein klassisches »Zerstörungs«-Potenzial in sich – so wie der Verbrennungsmotor den Markt für Pferde zerstörte oder der Mikrocomputer den für Großrechner. Diese Techniken sind drauf und dran, in einen Markt mit einem Volumen von vier Billionen Dollar einzudringen: im Bereich der weltweiten Energieversorgung sowie der Baubranche.[284] Es gibt zurzeit fast keinen anderen Sektor, in dem ein Investor ein solches Wachstumspotenzial vorfindet.

Amory Lovins und seine Kollegen sind allerdings in einer Welt tätig, in der Gedanken, die *zu* weit ab von der Norm liegen, zwangsläufig zu einer schmerzhaften Abwertung der Aktien führen. Das erklärt die konservativen Annahmen in ihrer Studie zum Öl-Endspiel, so visionär diese Studie in anderer Hinsicht auch sein mag. Warum zum Teufel sollte der Wasserstoff *fakultativ* sein, frage ich mich? Warum spielen die erneuerbaren Energien eine so kleine Rolle? Anderen, die sich weniger um ihr Ansehen scheren, kommt die Aufgabe zu, die optimistischsten Annahmen zu Ende zu denken. Nehmen wir einmal an, alle wichtigsten Marktteilnehmer marschierten in die gleiche Richtung. Nehmen wir einmal an, wir erlebten Jahre, in denen das Interesse an den erneuerbaren Energien explosionsartig wächst, noch bevor die Ölförderspitze uns einholt. Nehmen wir einmal an, wir haben Glück, und die Förderspitze kommt erst am Ende des Jahrzehnts. Wie schnell ließen sich Öl und Gas dann ersetzen? An optimistischeren Tagen glaube ich, dass die Solarisierung genauso schnell vonstatten gehen könnte wie die Autorevolution, also innerhalb von zehn Jahren.[285]

Wäre das schnell genug, um den wirtschaftlichen Schock, den eine frühe Förderspitze auslösen würde, abzuwenden?

2. Die Fehlmenge

Umsetzungszeit

Wenn die Förderspitze noch in diesem Jahrzehnt eintritt, sitzen wir, selbst wenn wir uns die optimistischen Annahmen von oben zu Eigen machen, in der Patsche. »Es gibt im Energiebereich eigentlich keine guten Übergangslösungen für die Zeit zwischen Öl und Gas und den Alternativen«, sagt Matthew Simmons. »Im Moment können unsere Volkswirtschaften nur schrumpfen.«[286] John McGaughey vom *World Energy Report* formuliert es so: »Alles, was man tun kann, um einen Ölmangel abzufedern, etwa Ölschiefer oder Kohleverflüssigung oder die Wasserstoffwirtschaft, wird, bis es funktioniert, 20 Jahre oder länger brauchen.«[287]

Es ist leicht einzusehen, warum eine solche Ansicht wahrscheinlich ist. Den Energiehändlern wird irgendwann in naher Zukunft aufgehen, dass die Zeit wachsender Vorräte billigen Öls vorbei ist, und in der Vergangenheit hat schon ein Ölrückgang um wenige Prozent Panik ausgelöst. Zunächst werden sich Staaten, Industrie und Bürger der Energieeinsparung zuwenden. Fahrgemeinschaften und

Sonntagsfahrverbote schaffen möglicherweise etwas Zeit. Doch da ein zweiprozentiger Rückgang pro Jahr wahrscheinlich ist, während die Ölnachfrage aller Erwartung nach um zwei Prozent oder mehr wachsen wird, wird man um alternative Energien bald nicht mehr herumkommen. Und hier wird man zum Ende des Jahrzehnts nach vermutlichem Stand der Dinge keine Märkte vorfinden, die groß genug sind, die Lücke zu schließen.

Lassen wir den wirtschaftlichen Aspekt einmal beiseite und sehen wir uns nur die Zeitabfolge an. Der Bau von Anlagen für die Gewinnung von Flüssigbrennstoffen aus Gas und Kohle, von Biokraftstoffen und Wasserstoffkraftstoff sowie von Fabriken für Brennstoffzellen (vor dem Einbau in Autos) wird nicht Monate, sondern Jahre dauern.[288] Gut, erneuerbare Mikroenergieanlagen lassen sich an einem Nachmittag installieren, wie Hunderte Solarfirmen in ganz Großbritannien immer wieder beweisen. Doch auch hier gibt es ein Problem: Die Nachfrage für Photovoltaikanlagen und andere Arten von Mikroenergie-Bausätzen muss in den Fabriken gedeckt werden, und Fabriken wachsen nicht über Nacht aus dem Boden. Man braucht, selbst wenn alle Hindernisse aus dem Weg geräumt sind, bis zu 18 Monate, um aus dem Nichts eine große Photovoltaikfabrik zu bauen.

Die nuklearen Unzulänglichkeiten

Nach Jahren des Niedergangs haben die Atomindustrie und ihre Förderer in der Regierung in den vergangenen Jahren ihre Technik für eine Wiederbelebung in Stellung gebracht. George W. Bush hat in seiner ersten Amtszeit ein Atomprogramm aufgelegt, und auch Tony Blair unternahm im Vorfeld der Wahlen 2005 einen Vorstoß in Richtung Atomenergie. Angesicht der Bedeutung, die die amerikanischen und britischen Atomunternehmen für die weltweite Atomindustrie haben, beobachten die Lobbys in anderen Ländern diese Bemühungen hoffnungsfroh.

Ich glaube, die Befürworter einer Wiederbelebung der Atomenergie werden an fünf Aspekten scheitern: am Zeitfaktor, an den Investitionen, am Terrorismus, am Atommüll und an ihren bisherigen Leistungen.

Der Zeitfaktor wirkt sich bei der Atomenergie noch stärker aus als bei den Flüssigbrennstoffen aus Gas und Kohle, bei den Biokraftstoffen, beim Wasserstoff und den Brennstoffzellen. In Großbritannien stellt der Atomexperte Gordon MacKerron fest, es bestehe »bei der derzeitigen Politik keine realistische Chance, dass die Atomindustrie vor etwa 2020 zusätzliche Energie liefert«.[289] Zu diesem Schluss kommt er, weil man sich seit 15 Jahren auf keinen neuen Reaktor einigen konnte und daher eine Regierung ein größeres Bauprogramm nur auf die Beine stellen könnte, wenn es vorher in der Öffentlichkeit diskutiert wird. Tatsächlich führte das Diskussionspapier der britischen Regierung von 2003, in dem die Atomenergie noch abgelehnt wurde, aus, dass eine Wiederaufnahme des Atomanlagenbaus mit einer ausgiebigen öffentlichen Diskussion einhergehen müsse.[290] Da in der großen Mehrzahl der industrialisierten Staaten seit vielen Jahren kein Neubau von Atomanlagen mehr genehmigt wurde, dürfte das auf viele Länder zutreffen. In Großbritannien würde eine Anhörung wohl bis 2008 oder 2009 dauern, so MacKerron. Die Standortfestlegung, die baurechtlichen Genehmigungen und die örtlichen Prüfverfahren würden sich bis etwa 2013 erstrecken. Erst dann könne mit dem Bau begonnen werden. Die Japaner haben in der Vergangenheit ihre Reaktorbauprogramme in fünf Jahren durchgepeitscht, und dennoch hat es von der ersten Planung bis zur ersten Stromerzeugung meist zehn oder mehr Jahre gedauert. Dabei würde man aber lediglich alte Atomanlagen ersetzen, von denen sich viele schon heute ihrer geplanten Höchstlaufzeit nähern oder diese bereits überschritten haben. Ausgehend vom Gesamtenergieverbrauch des Landes wäre schon ein äußerst umfangreiches Reaktorbauprogramm erforderlich, um nur den Status quo aufrechtzuerhalten.

Man stelle sich vor, wie sich die Märkte für erneuerbare Energien und Energieeinsparung bis 2020 entwickeln könnten, wenn sie nur einen Bruchteil der Unterstützung durch Staat und Institutionen erhielten, den die Atomkraft im letzten halben Jahrhundert einstrich. Ja, man stelle sich vor, was morgen bereits möglich wäre. Als ich vor ein paar Jahren in ein Solarhaus zog, habe ich den Stromverbrauch einfach dadurch, dass ich meine Lampen und Haushaltsgeräte durch die energiesparendsten Modelle auf dem Markt ersetzte, praktisch über Nacht um mehr als zwei Drittel gesenkt. Das war, bevor durch die Photovoltaikanlage auf dem Dach der Strombezug ganz wegfiel.

Der Finanzmarkt

Die meisten Energiemärkte sind in der Privatisierungsphase, und auf solchen Märkten treffen am Ende nicht Staaten, sondern Investoren die Entscheidung, ob ein Kraftwerk gebaut wird oder nicht. Nach derzeitigem Stand ignorieren die Finanzinstitute – vereinfacht und pauschal ausgedrückt – die Atomkraft als Investitionsquelle einfach schon deswegen, weil sie nicht wirtschaftlich ist. Erstens führt die lange Planungs- und Bauzeit für Atomkraftwerke dazu, dass man mindestens sieben Jahre auf Erträge aus dem investierten Kapital warten muss, während kombinierte Gas- und Dampfturbinenkraftwerke (GuD-Kraftwerke) und Windparks in wenigen Jahren geplant und erbaut sind. Zweitens handelt es sich bei den Kosten für ein GuD-Kraftwerk um eine in der Branche bekannte Größe. Die Kosten für ein Atomkraftwerk dagegen hängen von vielen Unwägbarkeiten ab, angefangen von ungelösten Atommüllfragen und potenziellen Unfällen bis hin zur Frage der Laufzeit. Drittens sind die Gesamterzeugungskosten für Atomenergie sehr anfällig für Fehlberechnungen, da für 70 Prozent der Gesamterzeugungskosten Vorabkapital nötig ist. Die geplante nächste Reaktorgeneration hat sich noch nicht bewähren können, und die Atomindustrie blickt auf eine lange Tradition zurück, zu viel zu versprechen und zu wenig zu leisten. Ein GuD-Kraftwerk kann dagegen, zur Freude der Investoren, mit einer Leistungsgarantie aufwarten, die von hinreichend Betriebserfahrung gestützt wird. Viertens braucht die Atomindustrie ein ausreichend großes Wirtschaftsvolumen, damit die anvisierte Investition auch aufgeht. In Großbritannien beispielsweise braucht die BNFL (*British Nuclear Fuels Limited*) nach eigener Aussage zehn Riesenreaktoren (also zehn Ein-Gigawatt-Anlagen), um die Kosten auf ein wettbewerbsfähiges Niveau zu drücken: Ein oder zwei Reaktoren reichen schlichtweg nicht aus.[291] Auch hier schrecken die Investoren vor der nicht erprobten Technik zurück. Manchmal macht mir das Mut, wenn ich an der Solarenergiefront auf allzu viele Widerstände stoße: Ich stelle mir dann vor, wie Atommanager Finanziers zu überreden versuchen, viele Milliarden in zehn Atomkraftwerke zu stecken, die mit den besten GuD-Kraftwerken und Windkraftanlagen von heute konkurrieren könnten – und zwar in fünfzehn Jahren.

Terrorismus

Wenn man akzeptiert, dass eine neue Generation von Atomkraftwerken gebaut werden muss, so muss man auch akzeptieren, dass eine neue Generation von Terroristen herausfinden wird, wie man mit dieser Technik die eine oder andere Stadt in die Luft sprengt. Das liegt daran, dass Atomtechnik und Know-how international unweigerlich in großem Stil Auftrieb erhalten, wenn die USA und Großbritannien »mit gutem Beispiel vorangehen« und eine neue Reaktorgeneration einführen. Der 2004 verstorbene Theodore Taylor, Atomwaffenentwickler mit schlechtem Gewissen, lehnte aus eben diesem Grund Kernkraft und Atomwaffen ab. Jeder begabte Student eines höheren Semesters könne mit dem nötigen Kleingeld leicht eine Atomwaffe bauen, pflegte er zu sagen. Wenn rund um den Globus in großem Stil zivile Atomprogramme im Gange seien, sei das durchaus möglich.[292]

Und dann gibt es natürlich auch noch die Durchgeknallten mit Ingenieursdiplom, die mit einem voll getankten Flugzeug in ein Gebäude rasen möchten. Keiner wünscht sich, dass sich ein Reaktorsicherheitsbehälter bei so einem Unfall bewähren muss, ganz zu schweigen von den empfindlichen Atommülltanks von Sellafield. Wenn die Windrichtung stimmt und der Jumbo ausreichend getankt hat, können wahnsinnige Terroristen auf diese Weise ganz Irland in eine unbewohnbare Wüste verwandeln.[293]

Atommüll

Als die Verfechter der zivilen Atomkraft nach dem Zweiten Weltkrieg ihre Industrie aufbauten, gingen die meisten davon aus, dass es keine Probleme geben würde, den »Atomkreislauf zu schließen« –

also einen Ort für die sichere Endlagerung des Atommülls zu finden. Bis heute verfügt kein Land über ein Endlager für hochradioaktiven Müll, und viele haben schon Probleme damit, ihre schwach radioaktiven Abfälle loszuwerden.

Meine erste Erfahrung mit den Bemühungen der Atomindustrie, diesen Mangel zu verschleiern, machte ich, kurz nachdem ich bei Greenpeace an Bord gegangen war. NIREX, die britische Behörde, die damals eingerichtet worden war, um einen Standort für Atommüll zu finden, prahlte in Werbeanzeigen mit ihren umfassenden Bemühungen. Auf einer Anzeige war ein geologischer Querschnitt durch einen möglichen Standort zu sehen, Sellafield in Cumbria – ihrerseits eine berühmt-berüchtigte Kernkraftanlage. »So weit gehen wir in die Tiefe, um zu beweisen, dass die Atommüllentsorgung sicher ist«, war in der Anzeige zu lesen. Das Bild zeigte sanft wellige Gesteinsschichten ohne Verwerfungen und einen vertikalen Schacht, der in ein unterirdisches Atommülllager führte. Als Geologe kenne ich die Gesteinsschichten unter Sellafield wie meine Westentasche. Sie sind von Verwerfungen durchzogen, die die Schichten erheblich gegeneinander verschoben und sie buchstäblich klein gehäckselt haben. Wer weiß schon, welche Flüssigkeiten diese Verwerfungen führen und wie sich die geologischen Kräfte, die hier am Werk waren, auf die Begräbniskammer für die atomaren Materialien, deren Halbwertzeit in vielen tausend Jahren zu bemessen ist, in der Tiefe auswirken würden? Die NIREX jedenfalls nicht.

Alles, was ich seither zu Gesicht bekommen habe, bestätigte meine Vermutung, dass die Politik geologische Erkenntnisse stets verzerrt darstellt, um eine sichere Lagerung vorzuschützen. Was hervorragend zum nächsten Punkt überleitet.

Bisherige Leistungen

Es ist nunmehr über 30 Jahre her, dass in Amerika zum letzten Mal ein Bauantrag für ein Atomkraftwerk erteilt wurde, der nicht wieder aufgehoben wurde. Ein auf Long Island erbautes Kernkraftwerk sollte gerade in Betrieb gehen, als es durch Widerstand vor Ort 1994 noch verhindert wurde. Auch in Großbritannien und Japan schlugen die Wellen des Widerstands hoch. Einer der Hauptgründe dafür ist die lange Tradition der Geheimniskrämerei im besten und der Lügerei im schlimmsten Fall. Es würde zu viel Raum einnehmen, hier die Fälle von Vertuschungen aufzuzählen. Es soll genügen zu erwähnen, dass die Atomindustrie ihren Appell für eine Wiederbelebung ihrer Technik auf drei Hauptargumente stützt: die geringen Treibhausemissionen der Kernkraft, die viel versprechende neue Generation von Pebble-Bed-Reaktoren und ihre Version von Wirtschaftlichkeit. Es lohnt sich, vor dem Hintergrund der bisher erbrachten Leistungen alle drei Argumente kurz zu beleuchten. Ich wende mich damit vor allem an die Leser, die die Argumente der Atomwirtschaft vielleicht noch immer verlockend finden.

Um Zeit zu sparen, will ich einfach einmal einräumen, dass die Atomkraft kaum Treibhausgase produziert. Manch einer würde das nicht tun und nun mehrere Absätze lang darüber informieren, wie CO_2-intensiv der Abbau von Uran und die Verarbeitung von Stahl und Beton für den Kraftwerksbau sowie der Transport des Brennstoffs und des Atommülls sind. Das geht für mich aber am Kern der Sache vorbei. Selbst wenn die Atomenergie tatsächlich eine kohlendioxidarme Technik ist, gibt es keinen Grund, sie zu nutzen, solange man auf sie verzichten kann, weil weit attraktivere Lösungen bereitstehen. Denn um in Sachen Treibhausgase wirklich etwas zu erreichen, müssten so viele Reaktoren gebaut werden, dass die Industrie auf Tausenden von Tonnen Plutonium säße, die sie sicher lagern müsste.

Wie steht es mit der neuen Reaktorgeneration und der künftig größeren Wirtschaftlichkeit? Eine der von der Industrie viel gepriesenen Techniken ist der so genannte Pebble-Bed-Reaktor oder Kugelhaufenreaktor. In solchen Reaktoren kommen Tausende kugelrunder Kraftstoffeinheiten zum Einsatz; sie bestehen jeweils aus einem Grafitkern und Tausenden kleinerer Brennstoffpartikel aus angereichertem Uran, die in mehreren Schichten gehärteten Kohlenstoffs eingeschlossen sind. Diese Reaktoren werden derzeit beim südafrikanischen Versorgungsunternehmen Eskom entwickelt, müssen aber erst noch beweisen, dass sie kommerziell genutzt werden können, ohne dass die Probleme früherer Reaktoren auftreten. Ein Versuchsreaktor in Deutschland setzte im Jahr 1986, kurz vor dem Unglück in Tschernobyl, sogar Strahlung frei, als sich eine Kugel in der Röhre festsetzte, die den Brennstoff in den Reaktor leitet. Der

Reaktorbetrieb wurde dauerhaft eingestellt.[294] Achten Sie einmal genau darauf, wie häufig Vertreter der Atomindustrie diese Pleite eingestehen. Was das Argument angeht, die Atomenergie könne auf liberalisierten Märkten konkurrenzfähig sein, so sollte man sich vor Augen führen, dass sich die niedrigen Kosten, welche die Industrie gern nennt, auf Anlagen beziehen, in denen in gewaltigem Ausmaß Schulden abgeschrieben wurden, und dass die Investitionskosten auch für die neuen Anlagen hoch sein werden: Der Internationalen Atomenergiebehörde zufolge sind es 2.000 Dollar je Kilowatt Stromleistung, verglichen mit 1.000 Dollar für Kohle; in dieser Rechnung sind staatliche Subventionen und die Kosten für die Atommüllentsorgung noch gar nicht eingerechnet. Was Letztere angeht, so sollte man sich die jüngste Erfahrung mit dem größten britischen Atomstromerzeuger British Energy vor Augen führen, von dem man angenommen hatte, dass er für die Atommüllentsorgung Kapital zur Seite gelegt hatte. Doch im Jahr 2002 musste die britische Regierung zunächst knapp drei Milliarden Euro an öffentlichen Geldern lockermachen, damit die Entsorgung des Atommülls die Firma nicht ruiniert – und es wird noch mehr Geld fließen müssen.

Was man bei der Atomkraft außerdem immer berücksichtigen sollte, ist das mögliche Ausmaß menschlichen Versagens. Dies trifft auf alle Energietechniken zu, doch im Fall der Atomenergie sind die Folgen eines Fehlers wahrlich furchtbar. Denken Sie nur an die Ingenieure, deren Spielchen mit den Kontrollen des Blocks IV in Tschernobyl am 26. April 1986 aus dem Ruder liefen. Wenn die Kernkraft in der Welt eine immer größere Rolle spielt, können wir dann erwarten, dass die russischen Ingenieure die Einzigen sind, die solch willkürlichem Wahnsinn verfallen? Ich denke an den Feuerwehrmann Wassili Ignatenko, den die sowjetischen Behörden im Versuch, den Schaden einzudämmen, in die Hölle schickten. Seine Frau Ludmilla beschrieb seinen langsamen Tod im Krankenhaus. »Er begann sich zu verändern«, erzählte sie. »Jeden Tag habe ich eine neue Person angetroffen. Die Verbrennungen kamen nach und nach an die Oberfläche. Im Mund, auf der Zunge, auf den Wangen – zuerst waren es kleine Wunden, dann wuchsen sie. Schicht für Schicht löste sich ab – als weißer Film ... die Farbe auf seinem Gesicht ... sein Körper ... blau, rot, graubraun.« Erschüttert sah sie ihren Mann über 14 lange Tage sterben.[295]

Warum sollte man das Risiko eingehen, dass so etwas auch nur einem Menschen noch einmal passiert? Warum sollte das nötig sein, wenn die Atomkraft selbst nicht nötig ist?

Eine multilaterale Welt mit wirksamen internationalen Gesetzen?

Nehmen wir an, wir seien vor einer nahenden Ölförderspitze gewarnt worden. Matthew Simmons hat bereits darauf hingewiesen, dass Transparenz absolute Voraussetzung dafür ist. »Ich finde, wir sollten im Grunde damit umgehen, wie wir mit dem Atomkrieg umgegangen sind, und sagen, dass es absolut grauenhaft wäre, wenn es geschieht – lasst uns deshalb etwas unternehmen und ein Warnsystem einrichten«, drängt er.[296] Angenommen, die Staaten reagierten auf solche Appelle. Selbst dann lässt sich ein glatter Übergang von der Ölabhängigkeit zu den Alternativen jeglicher Art immer noch schwer vorstellen.

Wie es sehr wahrscheinlich laufen wird

Am wahrscheinlichsten ist es aber, dass die ganze Welt in kollektives Leugnen verfällt. Dieses Buch erscheint, um gemeinsam mit anderen Büchern dieser Art die Menschen aufzurütteln. Manche werden es loben, andere es verteufeln, die meisten aber werden es ignorieren. Kurz vor dem Erreichen der Förderspitze werden irgendwann Spekulationen hochkochen, dass die Verfechter einer frühen Ölförderspitze auf der richtigen Spur sind. Dann wird der Börsen-Tsunami voll zuschlagen.

Er könnte eine Riesenwelle unaufhaltsamer Panik und einbrechender Märkte sein wie beim Börsencrash von 1929. Er könnte aber auch in mehreren Wellen kommen, die jede für sich weniger gewaltig, gemeinsam aber ebenso schlimm, wenn nicht gar schlimmer sind als eine einzige Riesenwelle. In dieser Rezession, während der die Wirtschaftstätigkeit schrumpft, wird zunächst einmal Energie gespart. In der Folge lässt die Nachfrage nach, der Ölpreis sinkt, und die Wirtschaft erholt sich. Doch mit der wachsenden Wirtschaft steigt auch die Ölnachfrage, und wieder reicht das Angebot nicht aus – oder so scheint es jedenfalls –, sodass der Preis wieder steigt und die Wirtschaft erneut ins Trudeln gerät. Der Tsunami könnte daher ein zyklisches Phänomen schnell aufeinander folgender Ölpreisspitzen und Rezessionen sein, bis die langfristige Lücke zwischen Energienachfrage und Angebot offenkundig wird.

Große globale Ereignisse, die nichts oder nur indirekt etwas mit der Förderspitze zu tun haben, werden dieses Bild automatisch weiter eintrüben. Man kann sich leicht Ereignisse vorstellen, die sich eventuell mit dem Drama um den Ölrückgang so überkreuzen, dass sich das Zusammentreffen von psychologischer Panikspitze und physischer Ölförderspitze beschleunigt oder verzögert, verstärkt oder abschwächt. Eine Beschleunigung und Verstärkung könnte vom Sturz des Hauses Saud durch ein fundamentalistisches Regime ausgelöst werden. Eine Verzögerung und Abschwächung könnte aus einem schweren Einbruch der chinesischen Wirtschaft folgen. Ich werde hier keine Spekulationen darüber anstellen, wie sich die Krise entwickelt oder wie die Jahre, die unmittelbar auf diesen Tsunami folgen – egal in welcher Form er kommt –, in den einzelnen Bereichen von Gesellschaft und Wirtschaft aussehen. Nur so viel sei gesagt: Es wird nicht nett werden, egal wie man es betrachtet.

Der springende Punkt ist folgender: Sobald klar ist, dass die Ölförderspitze erreicht ist, wird der Energiesektor mit sofortiger Schadensbegrenzung befasst sein. Energieversorger und Unternehmen für erneuerbare Energien werden sich im Belagerungszustand befinden. Die Politiker werden wissen wollen, wie schnell wir den Ausbau forcieren können, wenn sie uns endlich die Unterstützung gewähren, die sie all die Jahre der Kernkraft und dem militärischen Schutz der Ölvorräte eingeräumt haben. Stromunternehmen werden Exklusivverträge mit uns abschließen wollen, damit nicht bei ihnen die Lichter ausgehen, sondern bei ihren Konkurrenten. Die Verbraucher werden verzweifelt versuchen, aus dem nationalen Stromnetz auszusteigen, und für Wärme und Strom beinahe jeden Preis bezahlen. Egal was in anderen gesellschaftlichen und wirtschaftlichen Sektoren geschieht – die Menschen, die in den Bereichen erneuerbare Energien, Energiespeicherung und Energieeinsparung tätig sind, werden die Ersten sein, die helfen können, sobald sich die Einsicht, dass die Ölförderspitze überschritten ist, einmal durchgesetzt hat.

3. Der Einsatz erneuerbarer Energien und Kraftstoffe sowie die Energieeinsparung werden explosionsartig an Bedeutung gewinnen

Das erste große Finanzinstitut, das einen Investmentfonds für erneuerbare Energien auflegte, ging damit fürchterlich baden. Der New Energy Fund von Merrill Lynch, der kurz vor dem Dotcom-Crash des Jahres 2000 in Großbritannien aufgelegt wurde, war eines der vielen Opfer, die dieser mit sich riss. Für viele Menschen war das eine schmerzvolle Erfahrung, auch für mich: Meine mageren Ersparnisse steckten vollständig in dem Fonds. Das große Geld war auf Jahre hinaus abgehakt. Doch im Jahr 2004, als die Zeiten der fallenden Kurse vorüber waren, die Ölpreise stiegen und die Aussicht bestand, dass das Kyoto-Protokoll umgesetzt würde, gründeten mehrere große Finanzinstitute Investmentfonds für erneuerbare Energien, ein Trend, der sich im Jahr 2005 weiter beschleunigte. Wie bereits im Vorfeld des Dotcom-Booms nahmen schließlich auch die Business-Zeitschriften davon Notiz. Die *Business Week* fragte auf dem Cover: »Globale Erwärmung: Warum nimmt die Geschäftswelt sie so ernst?«[297] Die Zeitschrift *Fortune* entwarf ihren eigenen Plan für eine Revolution im Bereich der erneuerbaren Energien.[298] Erfahrene Investoren sprachen sogar schon von den Risiken, die ein rasanter Anstieg der Investitionen in erneuerbare Energien mit sich bringe.

Ich habe aus der Nähe beobachten können, wie sich das Interesse der Finanzwelt veränderte, weil ich Gründungs- und Verwaltungsratsmitglied des ersten Private-Equity-Fonds für erneuerbare Energien bin.[299] Die Photovoltaikindustrie ist ein gutes Beispiel. Die Zeitschrift *Photon* listet einen Index von 14 börsennotierten Unternehmen, die sich zu mehr als 50 Prozent mit Photovoltaik befassen. Im Jahr 2004 stieg dieser Index um 182 Prozent. Der Aktienindex der größten Ölfirmen dagegen stieg – ungeachtet des anhaltend hohen Ölpreises – lediglich um 18 Prozent.[300] Gewiss, die 14 Solarfirmen haben gemeinsam eine Marktkapitalisierung von gerade mal einer Milliarde Euro, verglichen mit Gott weiß wie vielen hundert Milliarden bei den Ölgiganten. Doch den Investoren gefällt Wachstum. Sie suchen sich für ihre Anlagen Wachstumsbereiche aus.

Der *Photon*-Index schließt Solarunternehmen mit Rieseneltern, die in erster Linie andere Geschäfte betreiben – etwa Sharp und Sanyo in der Elektronik und BP und Shell beim Öl –, ebenso aus wie alle Privatunternehmen. Wenn man all diese dazuzählt, dann sieht die winzige PV-Industrie gar nicht mehr so winzig aus. Im Juli 2004 führte die Crédit Lyonnais Securities Asia die bislang erschöpfendste Bereichsstudie für die Photovoltaik-Industrie durch. Sie fand einen Markt mit einem Volumen von über sieben Milliarden Dollar vor, der jährlich um 30 Prozent wuchs und einen Gesamtgewinn von 800 Millionen Dollar aufwies. Die Branche werde weiter wachsen, heißt es in der Studie, und 2010 wohl 30 Milliarden Dollar an Einnahmen und über drei Milliarden an Gewinn erreichen. Die Analysten der CLSA, die sich durch mehr als 200 Solarunternehmen arbeiteten, gingen mit einer gewissen Skepsis an ihre Aufgabe, waren am Ende aber begeistert und konnten ihre Überraschung kaum verbergen. »In all dem Lärm ist eine tiefgründigere, grundlegendere Geschichte untergegangen«, schreiben sie. »Solarstrom ist heiß.«[301]

Ein Grund hierfür liegt darin, dass Solarstrom bei den Kundenpreisen konkurrieren kann, nicht aber bei den Erzeugerkosten. Das muss man stets im Hinterkopf haben, wenn es in der kommenden Energiekrise um individuelles oder kollektives Handeln geht. Die Photovoltaik ist eine Technik, die den Strom genau dort erzeugt, wo er gebraucht wird – vorwiegend in Gebäuden –, und damit dem direkten Vergleich mit dem Preis standhält, den der Stromkunde zahlt, inklusive dessen, was die Versorger in diesen Preis so alles hineinrechnen: die Erzeugungskosten in konventionellen, umweltverschmutzenden Kraftwerken, die Kosten für die Übertragung und Verteilung im Netz, Steuern, exorbitante Gewinne und alles, was man ihnen sonst so durchgehen lässt. Und doch vergleichen die meisten Analysten die Kosten einer Photovoltaikanlage nur mit den Erzeugungskosten von Kohle, Kernkraft, Gas, Öl oder Wind. Kein Wunder, dass die Leute sagen, Solarstrom sei »zu teuer« (dreimal so teuer nämlich bei diesen unfairen Annahmen). Die CLSA-Analysten haben dafür nur ein Wort übrig: »irrelevant«.

Ein weiterer Grund für das explosionsartig steigende Interesse der Investoren am Solarstrom liegt darin, dass die Photovoltaikkosten seit einigen Jahren durchschnittlich fünf Prozent im Jahr zurückgehen, während die Öl- und Gaspreise weiter in den Himmel wachsen. Die Solaranlagenhersteller expandieren und können sich durch Produktionserweiterung daher auf erhebliche Einsparungen einstellen. Das Wissen, das sie anwenden, haben sie zudem bei kleinem Volumen gesammelt und erreichen bei höherem Volumen eine größere Effizienz. Daher nehmen die Kosten jedes Mal um etwa 20 Prozent ab, wenn sich die Kapazität verdoppelt – ein Trend, der sich noch auf Jahre hinaus fortsetzen dürfte. Die Kosten könnten sogar noch schneller sinken. Und wohin geht es mittlerweile mit dem Öl? Immer nach oben. Und dem Ölpreis folgt der Gaspreis.

Ein weiterer Grund liegt darin, dass der Solarstrom auf vielen Märkten bereits wirtschaftlicher ist als seine umweltverschmutzenden Alternativen. In Japan und Deutschland beispielsweise, den beiden größten PV-Märkten, haben staatliche Anreize in Form von Subventionen und erhöhten Einspeisesätzen dafür gesorgt, dass der Solarstrom mit dem Netzstrom preislich konkurrieren kann. Die Analysten der CLSA kommen zu dem Schluss: »Anfänglich schätzten wir wegen der Abhängigkeit des Solarstroms von staatlichen Anreizen das Potenzial der Solarenergie geringer ein. Wir haben unsere Meinung geändert, weil wir uns davon überzeugen konnten, dass die Anreize von der Wahrnehmung der Gefahren durch den globalen Klimawandel abhängig sind sowie von den Befürchtungen in Sachen Sicherheit und Ölpreis, die sehr wahrscheinlich nicht so bald ausgeräumt sein werden.« In Japan laufen die Subventionen jetzt sogar langsam aus, und dennoch gibt es kein Anzeichen für einen Markteinbruch.

Das Interesse der Geldwirtschaft an den erneuerbaren Energien ist da und wächst. Es sorgt dafür, dass die Wachstumskurven der Branchen für erneuerbare Energien steil nach oben zeigen. Und je länger es dauert, bis die Energiekrise mit voller Wucht zuschlägt, desto besser werden sie dann in der Lage sein, den Schaden zu begrenzen.

Doch dieser Optimismus erhält einen starken Dämpfer. Die Öl- und Gasindustrie ist sehr viel größer. Das gilt auch für die Kohleindustrie.

4. Wenn die alte Energiewirtschaft erst in Trümmern liegt, werden viele auf Kohle umschwenken wollen

Die Kohleindustrie ist seltsam kompromisslos. Da haben wir eine Technik, die die Zukunft bestenfalls belastet, schlimmstenfalls torpediert, und doch wird nun sehr ernsthaft darüber nachgedacht, sie wieder aufleben zu lassen. Abgesehen von der Sterblichkeitsrate infolge einer katastrophalen globalen Erwärmung und einer schlechten Luftqualität sind ja bereits jetzt immer wieder Todesfälle zu beklagen, für die der Kohleabbau verantwortlich ist. Geben Sie in Google »Kohle« und »Grubenunglück« ein, dann sehen Sie, was ich meine. Die Kohlechefs können sich ja schließlich nicht nur um ihre Arbeiter kümmern, oder? Vor diesem Hintergrund müsste man von den Kohleleuten, selbst wenn diese die Argumente der Wissenschaftler zur globalen Erwärmung zurückweisen, doch ein wenig Demut erwarten können, ein wenig Abneigung gegen das Produkt, ein kleines bisschen Bereitschaft, intensiv nach Alternativen zu suchen. Gibt es aber meines Wissens nicht. In all den Jahren, die ich als Umweltaktivist tätig bin, habe ich einen deutlichen Unterschied zwischen der Ölindustrie und der Kohleindustrie beobachtet. Es ist schwierig, eine gesamte Industriekultur über einen Kamm zu scheren, und ich würde es eher nicht tun, wenn ich diesen Eindruck nicht aufgrund einschlägiger Erfahrungen gewonnen hätte. Die Männer und Frauen in der Ölindustrie waren einer höflichen und vernünftigen Debatte fähig und änderten sogar manchmal ihre Haltung. Die Männer und Frauen in der Kohleindustrie waren dazu nicht in der Lage.

Mir fallen da viele Beispiele ein. Im Mai 1993 hielt ich in Barcelona eine Rede vor einer gemeinsamen Konferenz der *US National Coal Association* und der europäischen Kohleindustrie. Ich teilte mir das Podium mit einem Amerikaner, der Umweltaktivisten für gescheiterte, zur grünen Bewegung konvertierte Kommunisten hielt und dies den zuhörenden Kohlemanagern auch mitteilte. In seiner Ansprache schwang mit, dass wir Ökoterroristen seien, die den Kapitalismus zerstören wollten. Er forderte die Manager dazu auf, gegen uns mobil zu machen und möglichst schnell möglichst viel Kohle zum Verbrennen auf den Markt zu bringen. Ich unternahm den Versuch, ihn vom Gegenteil zu überzeugen. Ich berichtete ihm von den beunruhigten Profis, die damals in wachsender Zahl bei

Greenpeace an Bord gingen und alles daran setzten, dort die Glaubwürdigkeit der idealistischen Jungs und der sanftmütigen Veteranen aufzumöbeln. Ich sagte ihm, wie stolz ich darauf sei, bei Greenpeace nie einen Verstoß gegen die Gewaltlosigkeit erlebt zu haben. Ich erzählte ihm, dass einige meiner Kollegen in Wahrheit politisch sehr konservativ seien und dass eine öffentliche Aussage zugunsten einer politischen Partei als schwerwiegender Verstoß gelte. Ich erinnere mich an seinen Gesichtsausdruck, während ich sprach: die Leere in seinen Augen, das Zucken eines Gesichtsmuskels, während er im Geist seine abschätzige Antwort formulierte. Ich habe es hier mit einem Ideologen zu tun, dachte ich mir, mit einem Mann, der seine Feinde so haben will, wie er sie sich vorstellt. Dieser Mann hieß Harlan Watson. Heute ist er Chefunterhändler der USA bei den internationalen Klimaschutzverhandlungen.

Was hat Watson heute zu diesem Thema zu sagen? »Wir erkennen in zunehmendem Maße, dass existierende Energietechniken, selbst wenn sie substanziell verbessert werden, der wachsenden globalen Energienachfrage nicht gerecht werden und die Emissionssenkungen, die für eine Stabilisierung der Treibhausgaskonzentration in der Atmosphäre notwendig sind, nicht herbeiführen können.« Das ist doch was, über ein Jahrzehnt später. Aber was folgt daraus? »Wir müssen weltweit ›transformatorische‹ Techniken entwickeln und anwenden – das heißt revolutionäre Veränderungen in der Produktion, der Verteilung, der Speicherung, der Konversion und im Verbrauch von Energie. Dazu gehören die Kohlenstoffsequestrierung, der Wasserstoff und fortschrittliche Atomkrafttechniken.«[302] Kein Wort von erneuerbaren Energien oder Energieeinsparung. Das Schlüsselwort ist »Sequestrierung«; Watson meint also, selbst wenn er vom Wasserstoff spricht, die Herstellung durch Kohlevergasung als Primärquelle.

Traurig, aber wahr: Watson vertritt eine große Lobby in der Kohleindustrie und deren Anhänger in den Regierungen, die herauszufinden versuchen, wie man Kohlendioxid entweder im Kraftwerk oder in der Luft einfangen und speichern kann, sodass es keine Wärme bindet. Diese Leute stopfen bereitwillig Milliarden von Dollar in solche Sequestrierungstechniken, ehe sie über die Familie der erneuerbaren Energien und der Energieeinsparung auch nur nachdenken.

Eine zweite Kategorie der Kohlefürsprecher schert sich keinen Deut um die globale Erwärmung und wird, wenn die Ölförderspitze zuschlägt, aller Erfahrung nach die Welt auffordern, fröhlich weiter fossile Rohstoffe zu verbrennen. Amerika wird hier in erster Reihe marschieren. Es verfügt über die weltweit größten unerschlossenen Kohlereserven, die bei heutigem Nachfragestand 250 Jahre reichen würden. Derzeit sind 94 Kohlekraftwerke in 36 US-Bundesstaaten in Planung. Diese Anträge haben sich in den drei Jahren, seit Bush seinen Energieplan vorstellte, angesammelt. Sie würden die gegenwärtige US-Kapazität in der Kohleerzeugung, die heute die Hälfte des Stroms in den USA abdeckt, um 62 Gigawatt oder 20 Prozent steigern. Allerdings werden nicht alle gebaut werden. Von der Planung bis zum Bau können bei einem Kohlekraftwerk sieben bis zehn Jahre vergehen. Die Vergangenheit zeigt, dass gerichtliche Schritte und öffentliche Proteste wie bei der Atomenergie viele Projekte verhindern.[303]

Bei vielen der Amerikaner, die nicht abgeneigt sind, Kohle zu verbrennen, handelt es sich um fundamentalistische Christen, die an die »Verzückung« glauben. Sie vertreten die Ansicht, dass die Bibel einen Umwelt-Holocaust voraussagt, in dessen Folge die Gläubigen in den Himmel aufsteigen – ergo: Verbrennt die Kohle, auf dass der Tag näher rückt![304] Unter denen, die sich nicht die Bohne um Treibhausgase kümmern und gern viele hundert Milliarden Tonnen verbrennen möchten, befinden sich auch Anhänger des Neokonservatismus. Michael Crichtons Roman *Welt in Angst* öffnet den Blick auf eine solche Haltung insofern, als der Autor sich als Anhänger outet.[305] Vor diesem Hintergrund verfolgen auch Nichtfundamentalisten und Nichtideologen die Politik des »Verbrennt es und seid verdammt«. China und Indien, die eine explosionsartig steigende Energienachfrage und große Kohlevorkommen haben, könnten zu der Ansicht gelangen, dass sie einfach keine andere Wahl haben.

Darüber hinaus werden gewiss viele Länder lautstark fordern, mittels Kohlevergasung Kraftstoff herzustellen. Wenn uns die Ölförderspitze erst eingeholt hat, werden die Menschen überall nach Ersatzmöglichkeiten für das Benzin suchen. Eine ist es, Öl aus Kohle herauszupressen, so teuer und zerstörerisch für die Umwelt das auch sein mag.

Die Aussicht auf in der Breite verfügbare Sequestrierungstechniken wird die Versuchung, sich auf Kohle zu konzentrieren, noch erhöhen. Die Diskussion in Kapitel 7 hat gezeigt, was dann aller Wahrscheinlichkeit nach geschehen wird. Bei der kleinsten Differenz zwischen der Kohlenstoffmenge, die in der Kohle verbrannt wird, und der Kohlenstoffmenge im Kohlendioxid, das emittiert wird statt sequestriert – und eine solche Differenz ist gewiss, wenn man bedenkt, wie groß die Nachfrage ist und wie unausgegoren und risikobehaftet die Sequestrierungstechniken –, würden wir die Gefahrenschwelle einer Anhebung der globalen Durchschnittstemperatur um zwei Grad Celsius klar überschreiten. Dann, um es vorsichtig auszudrücken, werden wir herausfinden, ob die Klimaforscher Recht haben.

Die Sequestrierung von Kohlendioxid aus Kohle

Lassen Sie uns einen kurzen Abstecher in die derzeitige Forschung und Entwicklung der Sequestrierung machen. Die Befürworter denken an drei Sequestrierungsarten: die geologische (das Einführen von Kohlendioxid in unterirdische Gesteinsschichten), die ozeanische (das Pumpen von Kohlendioxid ins Meer) und die biologische (die Stimulation der Kohlendioxid-Aufnahme durch Pflanzen an Land oder im Meer).

In der geologischen Sequestrierung sind die USA führend. Der amerikanische Energieminister Spencer Abraham erklärte im Jahr 2003: »Die Kohlenstoffsequestrierung hat rasch an Bedeutung gewonnen und ist heute für die Regierung von oberster Priorität. Die Entschlossenheit, mit der wir der Sache nachgehen, schlägt sich in unseren Aktivitäten und Plänen nieder.« Dementsprechend sind im Sequestrierungsprogramm des US-Energieministeriums mehrere Forschungsprojekte aktiv. In Kanada, New Mexico, Virginia und Texas wird bereits oder soll, sofern die Pläne umgesetzt werden, Kohlendioxid in eine oder mehrere der drei wichtigsten unterirdischen Lagerarten eingeführt werden: in erschöpfte Ölfelder, in nicht abbaubare Kohleflöze und in tief gelegene Salzlagerstätten. Im Jahr 2009 soll in einer geologischen Formation mindestens eine Anlage für die Kohlendioxidlagerung in Betrieb gehen (für mehr als eine

Million Tonnen im Jahr). Die Schätzungen darüber, was die Sequestrierung mit den momentan verfügbaren Techniken kostet, belaufen sich auf zwischen 100 und 300 Dollar pro Tonne vermiedener Kohlendioxid-Emissionen. Ziel des Sequestrierungsprogramms ist es, die Kosten auf höchstens zehn Dollar pro Tonne vermiedener Emissionen zu drücken. Bis ins Jahr 2050, so behauptet das Ministerium, werden mit der Technik mehr Kohlendioxid-Emissionen reduziert als mit den erneuerbaren Energien und der Energieeinsparung zusammen.[306]

Die Europäische Union beteiligt sich enthusiastisch an dieser Forschung und hat eine beträchtliche Zahl eigener Programme laufen. Die britische Regierung hat einen Bericht vorgelegt, in dem es heißt, man werde möglicherweise auf Sequestrierung im großen Stil angewiesen sein, wenn man das Ziel einer 20-prozentigen Reduzierung der Treibhausgasemissionen bis 2020 erreichen wolle. In Europa allerdings ist es wahrscheinlich, dass man den Risiken der Sequestrierung zumindest nachgeht. Der besagte Bericht kam zu dem Schluss: »Derzeit ist es nicht möglich, mit Gewissheit vorherzusagen, mit welcher Wahrscheinlichkeit unbeabsichtigt Kohlendioxid aus den Sequestrierungsspeichern entweichen kann.«[307] Weiterhin wird die Frage aufgeworfen, inwieweit die Unternehmen für eventuell entweichende Gase haftbar gemacht werden können und ein groß angelegter Betrieb sich versichern lässt. Aber was kümmert ein solches Roulette jemanden, der sich verzweifelt an jeden fadenscheinigen Grund klammert, um seine dreckige und tödliche Industrie zu retten, während es doch verschiedene absolut akzeptable und saubere Alternativen gibt?

Die Befürworter der ozeanischen Sequestrierung wollen das Kohlendioxid aus den Kraftwerken übers Land und den Festlandsockel in die Tiefsee pumpen. Das Gas, so behaupten sie, werde sich im tiefen Meerwasser auflösen und erst nach mehreren hundert Jahren wieder zur Oberfläche aufsteigen.[308] Solch ein Projekt würde dem internationalen Abkommen über die Abfallbeseitigung auf See, der so genannten London Dumping Convention, zuwiderlaufen. Darüber hinaus sollte die Furcht vor einer Übersäuerung der Meere die Idee im Ansatz scheitern lassen. Aus den detailliertesten Messungen, die bislang vorgenommen und 2004 veröffentlicht wurden, geht hervor, dass die Meere fast die Hälfte des gesamten Kohlendioxids aus der Verbrennung fossiler Stoffe und der Zementherstellung absorbiert haben. »Die Meere erweisen der Menschheit einen großartigen Dienst und reduzieren damit die Kohlendioxidmenge in der Atmosphäre«, sagt Chris Sabine, Ozeanograf der *US National Oceanic and Atmospheric Administration* in Seattle. »Doch damit verändert sich die Zusammensetzung der Meere.« Die Forschungsergebnisse basieren auf 10.000 Messungen, die Schiffe im Lauf von zehn Jahren auf ihrer Reise kreuz und quer über die Weltmeere gemacht haben. Das Kernproblem liegt darin, dass Kohlendioxid sich im Meerwasser löst und Kohlensäure bildet; diese wiederum kann die Schalen und Skelette der Meerestiere auflösen.[309] Toll. Wir können schon weiter Kohle verbrennen, nur werden wir dann auf Fisch verzichten müssen, der den Menschen den Großteil ihrer Proteine liefert.

Über die geologische und ozeanische Sequestrierung hinaus wurde auch angeregt, mit allen verfügbaren Mitteln die biologische Sequestrierung voranzutreiben. Seit der Mechanismus der Photosynthese bekannt ist, weiß man, dass schnell wachsende Pflanzen Kohlendioxid aus der Atmosphäre aufnehmen können. Ein Hektar im Wachstum befindlichen Waldes kann über 100 Tonnen pro Jahr absorbieren.[310] Doch jüngste Untersuchungen haben ergeben, dass die Wirkung nicht so groß ist, wie einst von den Biologen angenommen. Mit Sicherheit reicht sie bei weitem nicht aus, die Emissionen aus der Verbrennung fossiler Stoffe auszugleichen.[311] Einige Forscher haben sich davon nicht beeindrucken lassen und angeregt, mehr Kohlendioxid aus der Atmosphäre zu holen, indem man die Menge des Phytoplanktons erhöht, also der einzelligen Lebewesen, die in großer Zahl im Oberflächenwasser der Weltmeere treiben. Dies ließe sich bewerkstelligen, indem man den Meeren Eisen zuführt und somit dem Phytoplankton mehr Nährstoffe bietet, sodass es sich vermehrt.[312] Das ist ein weiteres Beispiel, wie leichtsinnig mancher mit einer wenig erforschten und bereits sichtbar angegriffenen Umwelt seine Spielchen treibt, obwohl doch mit den erneuerbaren Energien und Einspartechniken absolut sichere Alternativen verfügbar sind.

Wie Wissenschaftler den Kohlerausch im Handumdrehen beschleunigen können

Die Bereitschaft, mit der Umwelt herumzuexperimentieren, reicht sogar bis ins Weltall. Sciencefictionartige Hightechpläne sehen vor, die Sonnenstrahlung, die auf der Erdoberfläche eintrifft, zu reduzieren, indem unter anderem Milliarden reflektierende, mit einem Metallmantel versehene Ballons in der Stratosphäre und riesige Reflexionsspiegel auf der Erdumlaufbahn die Sonnenstrahlung zurück ins All lenken.[313] Dass Technoträumer solche Ideen nun, da die Ölförderspitze naht, aus der Schublade ziehen, arbeitet den Verfechtern der Kohle in die Hände.

Warum schlagen Wissenschaftler so riskante, wenn nicht gar irrsinnige Wege ein, wo doch der Quell der erneuerbaren Energien und der Energieeinsparung so ergiebig ist? Ich habe mich das oft gefragt. Elf Jahre lang habe ich an einer der führenden Universitäten für Naturwissenschaften und Technik gelehrt und geforscht, und daher weiß ich einiges über die Szene. Ich habe zwei Erklärungen anzubieten. Erstens ist die Forschungskultur in den Naturwissenschaften selten ganzheitlich ausgerichtet. Die Wissenschaftler werden dazu angehalten, in einem Fachgebiet herausragende Leistungen zu erbringen, häufig in einem kleinen Unterbereich dieses Fachs. Allrounder genießen kein großes Ansehen. Aus diesem Grund sind Naturwissenschaftler meist nicht darin geschult, sämtliche Ökosysteme im Blick zu behalten, wenn sie eine Risikoanalyse vornehmen. Wie viele Atomphysiker – diejenigen, die uns vor 50 Jahren erzählten, sie könnten uns sicheren Strom liefern, der zu billig sei, um ihn überhaupt über den Zähler zu erfassen – hatten damals auch nur eine Ahnung von den geologischen Grundlagen, die sie für die Atommüllentsorgung brauchten? Wie viele Gentechniker von heute kennen sich mit ökologischen Fragen aus? Wenn Sie also etwas vom Weltall und der Satellitentechnik verstehen und hören, dass sich die Erde erwärmt, dann sind Sie vielleicht versucht, sich für Spiegel auf der Erdumlaufbahn stark zu machen statt für Blockheizkraftwerke, Photovoltaik oder kleinere Stromnetze auf der Erde. Und weil Sie ein berühmter Vertreter Ihres Fachs sind, vielleicht sogar Nobelpreisträger, besteht auch noch die Gefahr, dass man Sie ernst nimmt. Zweitens fördert die universitäre Wissenschaft den Individualismus.

Das System feiert immer seine Stars. Dies führt dazu, dass die Führungspersönlichkeiten zu einer Arroganz neigen, die meiner Erfahrung nach in der Unternehmenswelt ihresgleichen sucht.

Mit diesem Gedanken beschließe ich meinen Überblick über die Kräfte, die direkt oder indirekt eine massive Flucht zur Kohle propagieren, wenn nach Überschreiten der Ölförderspitze die Panik einsetzt. Das Fazit ist Folgendes: Nach Überschreiten der Ölförderspitze werden zwei Ideen einander diametral gegenüberstehen. Wir können sie als Solarisierung und Kohlifizierung bezeichnen. Auf diesem Schlachtfeld, behaupte ich, wird sich das Schicksal unseres Planeten entscheiden.

5. Die Menschen können den Kampf zwischen Solarisierung und Kohlifizierung erheblich beeinflussen, die schlimmsten Auswirkungen der Weltenergiekrise abfedern und in diesem Zuge eine bessere Gesellschaft erschaffen

Nehmen es die Staaten in die Hand?

Können wir darauf warten, dass die Staaten den Schlamassel bewältigen? Der Blick auf die Geschichte des Kyoto-Protokolls lässt nur wenig Hoffnung – zeitraubende Verhandlungen und kaum Resultate. Und wie ist es in den 15 Jahren der Verhandlungen den Industrien der fossilen Brennstoffe in Sachen Subventionen ergangen? Der *New Economics Foundation* zufolge belaufen sich die staatlichen Subventionen für Öl, Kohle und Gas nach konservativer Annahme auf 235 Milliarden Dollar im Jahr.[314] Das wären Geschenke im Wert von rund 3,5 Billionen Dollar seit Beginn der Klimaverhandlungen. Fast alle Regierungen der Staaten, die diese Zahlungen so großzügig leisten, wissen von ihren Wissenschaftlern, dass die Abhängigkeit vom Öl ihren Nachfolgern riesige, vielleicht sogar unbezahlbare Rechnungen bescheren wird. Warum streichen sie nicht wenigstens ein paar dieser Subventionen und stecken sie in die alternativen Energien? Wenn wir Zeit haben, den Wechsel ohne allzu große Störungen für die Wirtschaft zu bewerkstelligen, hätten die Regierenden beeindruckende Vorteile. Vielen könnten die Techniken der Solarisierungs-Ära eine Flucht aus der Öl- und Gasabhängigkeit, ja sogar aus dem Krieg ermöglichen. Darüber hinaus wäre die Luft sauberer, sodass Lungenkrebs, Asthma und andere Atemwegserkrankungen abnähmen. Die Staaten müssten daher weniger Geld für das Gesundheitssystem verwenden und könnten mehr, sagen wir, in Bildung investieren. Energieangebote vor Ort würden die lokale Wirtschaft aufbauen und Jobs bringen, viele Gemeinden wiederbeleben und die Arbeitslosigkeit senken. An der Küste könnte man mit erneuerbaren Energien Entsalzungsanlagen betreiben, sodass der wachsende und womöglich entsetzliche Wassermangel ausbliebe. In den Entwicklungsländern könnten mit lokaler Energie Medikamente gekühlt und sauberes Wasser gepumpt werden, was sich erheblich auf die Kindersterblichkeit auswirken würde. Mit all diesen Reformen nähmen auch die sozialen Unruhen ab. Und das ist noch lange nicht alles. Die Luftverschmutzung verursacht 2,2 Millionen Todesfälle und Produktionseinbußen zwischen 150 und 750 Milliarden Dollar durch Krankheit und Tod. Mit weniger als 70 Prozent des Geldes, das die reichen OECD-Länder jedes Jahr an Subventionen für die fossilen Brennstoffe ausgeben, ließe sich das gesamte nicht elektrifizierte Afrika südlich der Sahara mit Strom aus kleinen Solaranlagen versorgen.[315]

Allzu häufig konzentrieren sich diese Diskussionen auf die Industrieländer. Doch auf kommunaler Ebene sind die Möglichkeiten auch für die Entwicklungsländer enorm. Viele Studien haben nachgewiesen, dass sich ganze 400 Millionen Haushalte in den Entwicklungsländern Strom leisten könnten, wenn es verbreitet Kleinstkredite und Vertriebswege gäbe. Diese Haushalte geben nach derzeitigem Stand bereits mehr für Licht- und Wärmequellen wie Kerzen, Kerosin, Generatoren und Trockenelementbatterien aus.[316] Die Weltbank und andere multilaterale Institutionen – die von Staaten kontrolliert werden – haben ihrerseits viel zu lange gebraucht, bis sie einsahen, dass solche Darlehen absolut notwendig sind und kaum Risiken bergen, da die Ausfallrate überaus niedrig ist.[317] Doch packen die Staaten diese einfache und absolut einsichtige Aufgabe an? Einige wollten es tun, auf dem *Earth Summit* in Johannesburg im Jahr 2002, doch natürlich nicht die USA, und andere ließen sich durch den Kuhhandel zum Ende des Gipfels bereitwillig davon abbringen. Nein, den Staaten kann man nicht zutrauen, der Welt den rechten Weg zu weisen. Viele von ihnen sind ihrerseits in der Hand der Industrie. Man wird sie zu ihrem Glück zwingen müssen.

Nimmt es die Justiz in die Hand?

Wenn eine Gesellschaft stichhaltige Beweise dafür bekommt, dass eine wichtige Sache furchtbar danebengegangen ist, neigt sie zum Blick zurück im Zorn. Die Tabakindustrie ist ein aktuelles Beispiel für dieses Phänomen.

In den letzten Jahren haben sich einige Anwälte auch des Klimawandels angenommen und darüber nachgedacht, ob wie im Fall des Tabaks eine Haftung vorliegen könnte. Der erste Fall dieser Art kam 2004 ins Rollen, als der Justizminister des Staates New York Elliot Spitzer mit sieben weiteren Bundesstaaten gerichtlich durchzusetzen versuchten, dass fünf große Energieunternehmen ihre Kohlendioxid-Emissionen reduzieren müssen. Die Unternehmen, die an dieser neuen rechtlichen Front im Kampf gegen die globale Erwärmung stehen, sind die American Electric Power Company, die Southern Company, die Tennessee Valley Authority, die Xcel Energy und die Cinergy Corporation. Sie betreiben in 20 Bundesstaaten insgesamt 174 Kraftwerke mit fossilen Brennstoffen, die rund 650 Millionen Tonnen Kohlendioxid jährlich ausstoßen; das entspricht rund zehn Prozent der US-Gesamtemissionen.[318]

Ein internationales Anwaltsnetz, das von dem früheren Shell-Anwalt Peter Roderick geleitet wird, versucht in größerem Stil Prozesse gegen Erdölfirmen und Unternehmen anderer fossiler Brennstoffe zu erwirken; außerdem will es eine Entschädigung erzielen für die Jahre, in denen die *Global Climate Coalition* und andere Organisationen des Carbon Club die Klimaschutzverhandlungen im Sinne der fossilen Brennstoffe und ihrer Firmen behinderten. Dank zweier Faktoren erscheint ein Erfolg der Justizaktivisten zunehmend möglich. Erstens zeigen sich die Wissenschaftler zunehmend bereit, extreme Klimaereignisse einer wahrscheinlichen Ursache zuzuschreiben. So war beispielsweise die Hitzewelle im Jahr 2003 in Europa, die allein in Frankreich 14.000 Tote forderte, dermaßen außergewöhnlich, dass die Forscher sie zu 90 Prozent mit den Treibhausgasen in Verbindung bringen.[319] Darüber hinaus haben seit 2001 drei wegweisende Fachzeitschriften verschiedene regionale Temperaturschwankungen auf den Einfluss des Menschen zurückgeführt. Die so genannte *detection and attribution science* (Wissenschaft der Aufdeckung und Zuordnung) kommt gut voran, was für die Anwälte, die auf ihre Chance warten, immens wichtig ist.[320] Zweitens, und dies ist für die betroffenen Unternehmen durchaus ein Grund zur Beunruhigung, lässt sich ein erheblicher Anteil der in der Nachkriegszeit entstandenen Konzentration an Treibhausgasen in der Atmosphäre zu Produkten zurückverfolgen, die von nur einem Dutzend Firmen hergestellt wurden.[321] Diese Konzentration führte dazu, dass der Spitzer-Prozess zugelassen wurde, und wird vielleicht noch viele ähnliche Fälle ermöglichen.

Anlass zur Sorge haben aber bei weitem nicht nur das bekannte Dutzend Firmen, sondern auch große Finanzinstitute. Es ist gewiss nur eine Frage der Zeit, dass die ersten Prozesse gegen Investoren angestrengt werden, weil sie in Hinblick auf ihre treuhänderische Verantwortung am Steuer geschlafen haben. Ein Versicherungsmakler bei Lloyd hat mir das folgende Szenario skizziert: Ein Aktionär sucht alle wissenschaftlichen Studien zum Klimawandel aus dem letzten Jahrzehnt zusammen und schickt sie in einem Paket an alle Direktoren eines Versicherungsunternehmens; in einem Brief fragt er nach, was die Firma unternimmt, um seine Investition gegen die Bedrohung durch den Klimawandel zu schützen. Die Antworten wären sehr wahrscheinlich ausweichend und würden dem Aktionär wohl Material für einen interessanten Prozess an die Hand geben.

Und wie steht es in diesem Zusammenhang mit dem Ölrückgang? Wird die Gesellschaft bei einer frühen Förderspitze etwa nicht im Zorn zurückblicken? Wird man den optimistischen Behauptungen, es sei noch jede Menge Öl da, nicht genauer nachgehen, wenn sich herausstellt, dass nicht annähernd genug vorhanden ist?

Der Vorstandsvorsitzende von BP Lord Browne beschwichtigt in seinem Vorwort zur neusten *Statistical Review of Other People's Data*: »Beim derzeitigen Verbrauch reichen die Reserven aus, um die Ölnachfrage etwa 40 Jahre lang zu decken.«[322] Diese Aussage ist, gelinde gesagt, riskant. Zu diesen Reserven gehören die Ergänzungen der OPEC, die, wie Browne sicher weiß, ein Hirngespinst der OPEC sind. Colin Campbell sagt zu Lord Brownes Behauptung: »Hier wird mit der Wahrheit weniger als sparsam umgegangen; die Aussage entspringt offenbar einer gezielten Taktik des Leugnens und der Vernebelung. Am einfältigsten und irreführendsten ist der Ansatz, den Umfang der Ölreserven zu nehmen und durch die derzeitige Produktion zu teilen, um dann zu behaupten, dass die Reserven bei derzeitiger Produktionsleistung 41 Jahre reichen, und gleichzeitig den natürlichen Rückgang, der in allen Ölfeldern und Ländern zu beobachten ist, einfach zu ignorieren. Dafür verdient BP ernsthafte Kritik. Wenn das Unternehmen beabsichtigt, das Thema Ölrückgang zu vermeiden, um der Börse vorzugaukeln, dass es für neue Ölfunde nur wirtschaftliche Anreize und Techniken braucht, so riskiert es, des groben Betrugs beschuldigt zu werden.«[323]

Eine Einzelmeinung vielleicht. Doch wenn ich Lord Browne wäre, würde ich mir Sorgen machen. Und das umso mehr, als die Feuerprobe darin besteht, wie viel die Branche in den kommenden Jahren in die Exploration investiert. Wie Goldman Sachs und die *International Energy Agency* aufgezeigt haben, muss es eine Menge sein, mehr als je zuvor: fast 250 Milliarden Dollar jährlich in den nächsten zehn Jahren, wenn die künftige Nachfrage gedeckt werden soll.[324] Wenn die Ölfirmen wirklich glauben, dass uns das Öl nicht ausgeht, werden sie bereitwillig solch große Summen investieren, zumal wenn man bedenkt, welche Gewinne sie beim heutigen Ölpreis einstreichen. Doch wenn sie im Grunde ihres Herzens gar nicht glauben, dass noch genug Öl da ist?

Meine Voraussage geht dahin, dass die Anwaltskanzleien in den kommenden Jahren Geologen und Wirtschaftsprüfer anheuern werden.

Nehmen es die Unternehmen in die Hand?

Wie steht es mit den Unternehmen? Können die fortschrittlichen Unternehmer den Weg zur Vernunft und zum Überleben weisen? Auf dem Weltwirtschaftsgipfel in Davos im Jahr 2000 wurden mehrere hundert Chefs der weltweit größten Unternehmen von den Organisatoren gebeten, die größte Herausforderung zu benennen, vor der die Welt am Beginn des neuen Jahrhunderts stehe. Auf den ersten Platz kam die globale Erwärmung. Die Organisatoren waren so überrascht, dass sie die Umfrage wiederholten, weil sie einen technischen Fehler vermuteten. Diesmal aber lag das Ergebnis für die globale Erwärmung sogar noch höher. Und was sagt uns das? Sind die Chefs der größten Unternehmen drauf und dran, mit den Umweltaktivisten auf die Barrikaden zu gehen? Nein. Doch die

Unternehmenswelt ist zumindest innerlich vorbereitet, und vereinter Druck von Verbraucherseite kann viel bewirken. Ich glaube aber, dass noch mehr dahinter steckt. Die Unternehmen befürchten zunehmend, dass ihr eigener Wohlstand und ihr Überleben davon abhängen, ob sie in den drängenden Umweltschutzfragen und sozialen Problemen von heute sinnvoll handeln. Neulich sah ich im Fernsehen ein Interview mit einem Topmanager von Toyota. Das Unternehmen hatte soeben seine Ergebnisse veröffentlicht, die, anders als bei den meisten Autobauern, hervorragend waren. Die Marktkapitalisierung von Toyota lag rund viermal höher als die von General Motors und Ford. Der Interviewer fragte nun, ob die Firma den Ehrgeiz habe, beim Umsatz General Motors als Nummer eins abzulösen. Wir wollen die Nummer eins sein, erwiderte der Manager, aber nicht in der Größe. Wir wollen die Nummer eins sein, was den Respekt der Welt angeht.

Mir fällt da auch HSBC ein, eines der weltweit größten Finanzinstitute, das ankündigte, es werde seine gesamten globalen Geschäfte kohlendioxidneutral betreiben. Es ist durchaus an der Zeit, dass eine Bank oder ein Versicherungsunternehmen einen so bedeutsamen Schritt unternimmt. Schon im Jahr 1996 riefen die ersten beiden Bücher, die sich mit dem Finanzsektor und der Umwelt befassten und unter anderem von leitenden Persönlichkeiten aus dem Finanzsektor selbst verfasst worden waren, eindringlich zum Handeln auf. Das vom Weltunternehmensrat für nachhaltige Entwicklung (WBCSD) herausgegebene Buch *Finanzierung des Kurswechsels* wählte den breiteren Ansatz; es fragte, ob die Weltfinanzmärkte den Fortschritt befördern oder behindern. Die Antwort lautete: Sie behindern ihn, wobei die Mittel und die Notwendigkeit da sind, das zu ändern. (Einer der Verfasser, führendes Mitglied einer der in der WBCSD organisierten Banken, sagte mir: »Das Buch hätte eigentlich *Kurswechsel der Finanzwirtschaft* heißen sollen.«) Das Buch drängte die Unternehmenschefs zur Initiative. Die Kapitalanleger sollten Methoden entwickeln, Nachhaltigkeit zu kalkulieren, den Aktionären Informationen bereitstellen, damit sie diejenigen, die Entscheidungen für sie fällen, besser beeinflussen könnten. Banker sollten Finanzprodukte und Finanzdienste anbieten, die Umweltrisiken senkten, und Investoren sollten so investieren, als sei der Klimawandel Fakt.[325] Das zweite Buch, von mir herausgegeben, konzentrierte sich auf diesen letzten Punkt.[326] Die Hauptforderung beider Bücher ist bis jetzt ein unerfüllter Traum geblieben: nämlich dass die Finanzinstitute ins Überleben investieren statt in den Selbstmord. Allerdings ist heute dieser Traum der möglichen Verwirklichung näher denn je; das dokumentiert die Entscheidung der HSBC, kohlendioxidneutral zu wirtschaften. Es gibt keine Garantie dafür, dass dieser Traum erreicht wird, doch es besteht durchaus die Möglichkeit.

Eine entscheidende Rolle wird dabei die Schlacht der Aktionäre gegen die Ölfirmen spielen. Im Februar 2004 erlebten mehrere Unternehmen auf ihrer Jahreshauptversammlung rekordverdächtig viele Aktionärsbeschlüsse. Eine stattliche Anzahl wichtiger institutioneller Investoren – darunter vier staatliche und städtische Pensionsfonds, eine Stiftung, Investmentfirmen mit Sozialkriterien sowie mehrere kirchliche Pensionsfonds, alle zusammen mit einem Anlagevolumen von über 250 Milliarden Dollar – unterstützte diese Beschlüsse, obwohl sie von kleinen Aktionärsgruppen initiiert worden waren. Die meisten forderten Berichte ein, in denen die betreffenden Unternehmen darlegen sollten, wie sie auf den wachsenden Druck vonseiten der Behörden und der Konkurrenten reagierten, Treibhausgas-Emissionen zu reduzieren. Bei ExxonMobil beispielsweise wurde gefordert, dass das Unternehmen Auskunft darüber geben solle, wie es in erneuerbare Energien investiert (Antwort: natürlich planlos), und dass es offen legen solle, auf Basis welcher wissenschaftlicher Methoden es dem Klimawandel begegne (ehrliche Antwort: mittels Lügen und Vernebelung). Ein Analyst der Ölbranche formulierte es so: »Es ist erschütternd, in welch unterschiedlichem Ausmaß sich die Unternehmen darauf eingestellt haben. Alle Ölunternehmen agieren im Wesentlichen auf den gleichen globalen Märkten und sind rund um den Globus mit den gleichen neuen Regulierungsstrukturen konfrontiert. Doch viele Unternehmen sind relativ schlecht über das Thema informiert und wissen nicht, welchen Einfluss es auf die Preise haben könnte. Offenbar hat die kompromisslose Haltung der USA zur globalen Erwärmung eine Provinzialität mit sich gebracht, die für die US-Unternehmen eine erhebliche Gefahr birgt.«[327]

Wo könnte dies alles hinführen? Wie erfolgreich kann der Druck der Verbraucher auf die großen Energieunternehmen sein, einen grundlegenden Wandel herbeizuführen? Ich will hier einen Gedanken anbringen, den sich Marketingmanager angesichts der nahenden Ölförderspitze einmal machen sollten. Im März 2001 erklärte Young and Ribicam, eine der größten Werbefirmen der Welt, der Glaube an Marken habe im Leben der Menschen die Religion ersetzt. »Die Menschen suchen dort nach Sinn«, heißt es. »Erfolgreiche Marken vermitteln starke Überzeugungen und originelle Ideen. Außerdem bergen sie die Leidenschaft und Energie, die Welt zu verändern und die Menschen durch erstklassige Kommunikation in ihrem Denken zu bekehren.«[328]

Die Menschen und die Tipping Points

Wenn sich diese originellen Ideen durchsetzen, dann wird das epidemieartig geschehen. Das meint zumindest Malcolm Gladwell, ehemaliger Wirtschaftsjournalist der *Washington Post*, in seinem inspirierenden Buch *Tipping Point*.[329] Die Ideen, über die Gladwell spricht, sind einzelne Verbrauchsgüter, Einzelunternehmen, Kampagnen aller Art sowie Revolutionen im Businessbereich oder anderswo. Das Prinzip ist universal. Der Tipping Point ist erreicht, wenn eine Idee nicht mehr langsam wächst, sondern sich, an einem bestimmten Punkt angekommen, explosionsartig ausbreitet. Drei zentrale Faktoren entscheiden, ob eine Idee eine solche Spitze erklimmt, sagt Gladwell, und alle drei leiten sich aus dem medizinischen Wissen zur Ausbreitung einer Epidemie ab. Er nennt sie das Gesetz der Wenigen, den Verankerungsfaktor und die Macht der Umstände.

Das Gesetz der Wenigen besagt, dass ein winziger Prozentsatz an Menschen einer Idee zum Durchbruch verhelfen kann. Die »Wenigen« kann man sich als Vermittler, Kenner oder Verkäufer vorstellen. Vermittler haben eine besondere Gabe, Menschen zusammenzubringen. Sie verfügen über ein riesiges Netz »schwacher Bindungen«, die für die Verbreitung von Ideen ideal sind. Die E-Mail-Kommunikation macht solche Menschen heutzutage besonders wichtig. Kenner sind Leute, die begeistert Informationen sammeln, Leute, die man aufsucht und um Rat fragt. Jede Werbekampagne, die mit Technik zu tun hat, muss die Kenner erreichen. Sie verfügen über die Informationen, die die Vermittler verbreiten. Die Verkäufer schließlich überzeugen jene, die noch zögern. Egal ob sie nun ein Produkt oder eine Idee direkt verkaufen oder ob sie sie indirekt unterstützen, weil sie zufällig daran glauben – sie verfügen jedenfalls über eine subtile Überzeugungskraft. Wenn die Vermittler die Verkäufer erreichen, werden diese wiederum viele weitere Menschen umstimmen können.

Wie ein erfolgreicher Virus oder Bazillus muss sich die Botschaft »verankern«, um uns zum Handeln zu bringen. Viele Ideen driften nur an den Menschen vorbei, statt sich zu verankern. Eine Erfolgsgeschichte in dem Buch ist die der Sesamstraße. Mit den Puppen wollte man die Lerninhalte in den Kindern verankern, und das gelang auch voll und ganz. Bei Erwachsenen und der Werbung funktioniert das offenbar ganz ähnlich.

Der vielleicht interessanteste Gedanke in Gladwells Buch betrifft die Macht der Umstände. Die Menschen neigen dazu, Ereignisse, an denen andere beteiligt sind, eher unter dem Aspekt der persönlichen Disposition zu analysieren als nach allgemeiner Situation und Kontext. Doch das Buch argumentiert dagegen. Ein zentrales Beispiel ist das Verbrechen in New York. Die Stadt New York orientierte sich an der Theorie der Kriminologen von einer »Epidemie des Verbrechens«, nach der sich die Kriminalität ausbreitet, wenn die Unordnung evident ist – etwa in heruntergekommenen Vierteln mit kaputten Fenstern. Daher ging man gegen den Unrat, die zerbrochenen Fensterscheiben und kleinere Vergehen wie Schwarzfahren in der U-Bahn vor. Innerhalb weniger Jahre sank die Verbrechensrate rapide. Eine weitere wichtige Komponente ist die Rolle der kleinen Gruppe. Die Größe einer Gruppe hat enormen Einfluss auf ihre Empfänglichkeit für Ideen. Gladwell illustriert dies anhand eines Romans der so genannten Frauenliteratur, *Devine Secrets of the Ya-Ya-Sisterhood.* Das Buch selbst hatte durch Mund-zu-Mund-Empfehlung in kleinen regionalen Frauengruppen großen Erfolg. Als die »Epidemie« dann im Gange war, gründeten Frauen in ganz Amerika Ya-Ya-Sisterhoods wie im Roman beschrieben.

In Gladwells Buch finden sich viele Denkanstöße und Fallgeschichten, die für die Entwicklung der großen Energiekrise und die Folgezeit wichtig sein können. Die Summe seiner Kernideen stimmt letzten Endes sehr hoffnungsfroh. Wenn wir an der Präsentation unserer Botschaften feilen, können wir sie verankern und viele Menschen erreichen, die über die Ausstrahlung verfügen, eine soziale Epidemie auf den Weg zu bringen. Dann können wir auch erwarten, dass Unternehmen, Staaten und Institutionen aktiv werden. Gladwell schließt sein Buch mit den Worten: »Sehen Sie sich die Welt um sich herum an. Sie mag unbeweglich und unnachgiebig erscheinen. Sie ist es nicht. Mit dem kleinsten Anstoß kann man sie – wenn man den richtigen Punkt findet – kippen.«

Aufwiegelung zum Handeln: aufgeklärtes Eigeninteresse

Wenn man Gladwells Gedanken berücksichtigt: Wie können die Menschen einen Tipping Point für die Solarisierung herbeiführen, damit die Idee der realisierbaren Alternativen zu Öl und Gas durch erneuerbare Energien und Energieeinsparung deutlich schneller wächst als die Idee, sich tiefer in den Morast der Kohle zu manövrieren?

Als Individuen müssen wir uns an Martha Tarbell erinnern und ihren Geist heraufbeschwören. Wie bereits erwähnt, war Tarbell Journalistin. Mit ihren Nachforschungen und Artikeln brachte sie im Jahr 1911 den Vorläufer von Exxon, Standard Oil, zu Fall, sodass das Monopol mit den unsozialen Praktiken gezwungen wurde, sich aller Tochterunternehmen zu entledigen oder, wie die Ölleute das sahen, sich selbst zu verstümmeln. Einzelpersonen hatten und haben Einfluss auf riesige Unternehmen. Fast hätte sich das im Jahr 1974 wiederholt, als jene 45 Senatoren nach der ersten Ölkrise dafür stimmten, dass die großen Ölfirmen alle Tochterunternehmen abstoßen sollten. Die 800 Gesetzesvorhaben, die damals im Kongress kursierten und die in der Überzahl frühe Versionen kluger Solartechniken fördern wollten, waren, wie wir gesehen haben, leider wenig erfolgreich. Festzuhalten aber bleibt, dass die Ölfirmen damals im Prinzip bereit waren, auf neue Produktbereiche jenseits des Öls auszuweichen, und sie werden es auch wieder sein. Wenn die dritte Ölkrise kommt, werden wir sie nicht so leicht wieder von der Angel lassen. BP und Shell agieren heute möglicherweise schon viel zivilisierter als im 20. Jahrhundert, doch Exxon ist noch so ziemlich das gleiche hässliche Ungeheuer wie eh und je; alle drei müssen noch erheblich von ihrem Kurs abgebracht werden. Wir leben in einer

Zeit, in der Kenner leicht Informationen beschaffen und in Botschaften umwandeln, in der Vermittler leicht Netze knüpfen können, über die Verkäufer die Botschaften verbreiten. Aus diesem Grund fürchten sich die Unternehmen so vor der Macht der Verbraucher. Wenn sich der Unmut der Verbraucher einmal mit voller Wucht gegen ein Unternehmen richtet, kann das sein Ruin sein. Diese Angst, nicht der innige Wunsch, die Welt zu retten, treibt heute wahrscheinlich die progressiveren Unternehmen an. Es wäre ein Fehler, wenn der oder die Einzelne nichts unternähme, weil er oder sie denkt, es habe keine Wirkung. Kleine, kluge Aktionen können die größte Wirkung erzielen. Es kostet nur eine Minute, eine E-Mail an einen Politiker oder ein Unternehmen weiterzuleiten. Ein Dutzend solcher E-Mails im Posteingang des Politikers oder der Chefin für Auslandsbeziehungen in einem Unternehmen kann diese zum Handeln bewegen. Ein gewiefter Politiker oder Manager überlegt sich, wenn in einer Sache zwölf Leute sich die Zeit zum Schreiben nehmen, dass es möglicherweise Hunderte weitere gibt, die das nicht getan haben. Vielleicht haben die zwölf Leute eine kleine Gruppe gebildet, die sich gelegentlich trifft. Vielleicht haben sie ein Netz gebildet wie die Ya-Ya-Schwestern. Nehmen Sie eine niedrige Zahl kleiner Gruppen, die gut vernetzt sind, multiplizieren Sie die Dutzenden E-Mails mit der entsprechenden Zahl der Politiker, und Sie bekommen eine Veränderung. Nehmen Sie nur ein agiles Unternehmen, das von einem solchen Netz zum richtigen Zeitpunkt in seiner Geschichte eine Botschaft erhält, und Sie haben eine Veränderung. Schließlich bestehen auch diese Unternehmen aus Individuen, und viele von ihnen lieben ihre Kinder und wünschen ihnen ebenso sehr eine vernünftige Zukunft, wie es die Sozial- und Umweltaktivisten tun.

Dann ist da noch unser Geld. Wie ich bereits dargelegt habe, liegt eine der wichtigsten Voraussetzungen für den Wandel, wenn wir eine tragfähige Zukunft gestalten wollen, darin, wie auf dem Finanzsektor investiert wird. Im Moment fließen Milliarden aus den Versicherungsunternehmen, Pensionsfonds und Banken gedankenlos in die Schatullen der Selbstmordtechnologien. Doch es ist sehr oft unser Geld, mit dem die Investoren arbeiten: Rentenbeiträge, Sparguthaben, Versicherungsprämien – sie alle kommen aus unserem Geldbeutel. Das müssen wir korrigieren. Ein fruchtbarerer Boden für Kenner lässt sich kaum denken. Nehmen Sie Paul Dickinson, der Mitbegründer des *Carbon Disclosure Project* (»Projekt für Kohlenstoff-Offenlegung«). Er schrieb Dutzenden Versicherungs- und Pensionsunternehmen einen Brief, in dem er sie um etwas ganz Einfaches bat: Sie sollten die großen Unternehmen, in die sie investierten, auffordern, ihr Kohlenstoffrisiko offen zu legen für den Fall, dass weltweit ernsthaft gegen die globale Erwärmung vorgegangen wird. Eine einfache, vernünftige Bitte, die völlig vereinbar ist mit der Verantwortung, welche die Versicherer und Pensionsfonds gegenüber ihren Investoren haben. Aber wie wunderbar subversiv. Die Finanzinstitute, die den einmal jährlich an die größten Unternehmen der Welt verschickten Brief des *Carbon Disclosure Project* unterzeichnen, haben heute 20 Billionen Dollar Kapital im Rücken. Selbst Exxon musste der Bitte nachkommen. Und damit verankert sich eine wichtige Botschaft in der Unternehmenswelt: Öl, Gas und Kohle sind ein Investmentrisiko.

Falls Sie das Geld für eigene Anlagen haben, sollte sich Ihr aufgeklärtes Eigeninteresse auf den bestmöglichen Schutz Ihrer persönlichen Vermögenswerte nach Erreichen der Förderspitze konzentrieren. Auch das kann dazu beitragen, die Chance einer positiven Entwicklung in der Folgezeit zu verbessern. Seit 1973 haben starke Preisanstiege zu Rezessionen geführt, zu inflationären Volkswirtschaften, gelegentlichen Deflationsängsten und abstürzenden Aktienkursen. Wenn man sich diese Geschichte im Detail ansieht, kann man dann einzelne Auslöser festmachen? Wall-Street-Investor Stephen Leeb zufolge ist, wenn die Ölpreise 80 Prozent höher liegen als ein Kalenderjahr zuvor, das Risiko unermesslich; dann solle man seine persönlichen Anlagen in deflationäre Sicherungen verlagern, etwa Schatzwechsel und Schuldverschreibungen. Wenn man Aktien hält, sollte das Portfolio seiner Empfehlung nach Unternehmen für alternative Energien enthalten sowie Unternehmen, die mit wichtigen Rohstoffen für alternative Energien handeln, etwa mit Metallen der Platingruppe.[330] Akzeptiert man diese Logik, wird die Geldanlage im Geiste des aufgeklärten Eigeninteresses zum Strategiewerkzeug, denn wenn genügend von uns dem von Leeb empfohlenen Weg folgen, dann werden die Unternehmen, die mit den Überlebenstechniken arbeiten, im Markt gestärkt und kommen in und nach der Krise im Verhältnis besser zurecht.

Wer sich mit der Diskussion um den Ölrückgang befasst und von den Argumenten für eine frühe Ölförderspitze überzeugt ist, wird sich kaum untätig zurücklehnen, egal ob er Aktien besitzt oder nicht. Eine Wirtschaftskrise schmerzt auf vielen Ebenen. Wer gewarnt ist, ist auch gewappnet, und viele werden nach Möglichkeit bereits versuchen, sich die Mikroenergie und die Speichertechnik zu beschaffen, die ihnen Wärme und Licht geben wird, wenn andere beides womöglich nicht mehr haben.

Weitere Chancen eröffnen sich durch das Verankern von Botschaften und durch die Aktivitäten kleiner Gruppen. Das beginnt mit der Chance, sich gemeinsam die Ausstattung für die Solarisierung zuzulegen und damit Kosten zu senken, geht aber noch viel weiter. Erklären Sie Ihrem Energieunternehmen, wenn es behauptet, es sei zu früh für autonome Systeme, warum Sie anderer Ansicht sind. Verbreiten Sie diese Botschaft über Gruppen und Netze. Nehmen Sie das führende Energieunternehmen ins Visier und konzentrieren Sie sich darauf, dort eine Veränderung herbeizuführen.

Abgesehen von den privaten Aktivitäten hat jeder einen Beruf. Hier gibt es jede Menge Möglichkeiten, den Tipping Point für die Solarisierung zu befördern. Ein Unternehmen ist letzten Endes eine Ansammlung von Individuen, die versuchen, in einer bestimmten Kultur eine bestimmte Aufgabe zu erfüllen. In den meisten Unternehmen wird den Einzelnen notgedrungen zugehört. Ich denke da an BP und seine bahnbrechende Entscheidung, die *Global Climate Coalition* zu verlassen. Der Hauptgrund dafür war, dass die BP-Angestellten sich furchtbar dafür schämten, was in ihrem Namen zum Klimawandel gesagt und getan wurde.[331]

Auf kommunaler Ebene müssen wir uns das Beispiel Woking vor Augen halten. Wenn eine Kleinstadt in der englischen Grafschaft Surrey ihre Kohlendioxid-Emissionen um 77 Prozent senken und ihren Bürgern in privaten Netzen Strom und Wärme gegen ein geringeres Monatsentgelt anbieten kann als die traditionellen Energieunternehmen, warum sollte das nicht überall gehen? Welch eine wunderbare Grundlage für kollektives Handeln auf kommunaler Ebene, egal ob es sich um einen Wohnblock handelt, eine Kirche, eine Wohnungsbaugesellschaft, ein Dorf, eine Straße oder eine ganze Kleinstadt. Es gibt noch viele weitere Möglichkeiten, gemeinsam aktiv zu werden. Fahrgemeinschaften sparen Abgase und Geld.

Gemeinschaftsinvestitionen in erneuerbare Mikroenergie-Techniken, etwa in Photovoltaik-Dachanlagen, können Individuen und der Gemeinschaft Einkünfte bescheren, machen dem Einzelnen aber weniger Umstände. Eine Wohnungsbaugesellschaft oder eine Kirche könnte einfach darauf bestehen, beispielsweise die Gemeinschaftsinvestitionen in Überlebenstechniken zu stecken oder dafür zu sorgen, dass alle Investitionen überprüft werden; und sie könnte gleich gesinnte Gemeinden dazu ermuntern, ihr nachzueifern.

Dieses Buch ist kein Manifest. Einfallsreiche Menschen, die meine Argumentation zum Ölrückgang und zur globalen Erwärmung nachvollziehen können, werden lange Listen erstellen können, wie sie auf den Tipping Point für die Solarisierung hinarbeiten können. Ich habe kein genaues Rezept für das Erreichen dieses Wendepunkts. Ich weiß aber Folgendes: Wir müssen das Rezept finden. Und ich vertraue darauf, dass uns das aus der Asche der globalen Energiekrise heraus gelingt.

Epilog

Die Zukunft der Blauen Perle

Die Denker lebten weiter vor sich hin, während der erste und der zweite große Denkfehler ihren kritischen Punkt erreichten. Selbst in Hochform waren sie noch nie sonderlich gut darin gewesen, folgenschwere Bedrohungen zu erkennen. Dieses Mal ließen sie sich von einem ihrer regelmäßig auftretenden Zyklen des Hasses ablenken, was es für sie noch schwieriger machte, vor dem Höhepunkt der Krise das Ausmaß zu begreifen. Und so kam es dazu. Hunderte Millionen Denker glaubten, dass ein Mann, der in einem Teil der Nahostregion der Blauen Perle geboren war, der Sohn ihrer Version von Gott sei. Etwa eine Milliarde glaubte, dass ein Mann aus einem anderen Teil des Nahen Ostens der Prophet ihrer Version von Gott sei. Die beiden Männer waren als Christus beziehungsweise Mohammed bekannt. Beide waren außergewöhnliche Denker, die ein bemerkenswertes Leben führten, doch beide wurden nach ihrem Tod von einigen ihrer Anhänger schmählich im Stich gelassen. Die Anhänger der beiden Männer hatten grundlegend andere Ansichten, nicht nur was die Natur ihres Gottes anging, sondern auch in Bezug auf ganz banale Fragen wie etwa die Art sich zu kleiden. Im Großen und Ganzen lebten sie und ließen die anderen leben, trieben reichlich Handel in der langen Tradition der Denker und wurden trotz aller Streitereien um die Rocklänge oft Freunde. Doch es gab ein großes Problem. Der Großteil des Öls lag unter dem Land der Anhänger Mohammeds, während das Verbraucherland Nummer eins von den Anhängern Christi regiert wurde.

Verbraucher Nummer eins ließ sich von nichts abhalten, um an das Öl von Produzent Nummer eins heranzukommen. Was das anging, waren aber auch Nummer zwei bis Nummer zwanzig nicht gerade zurückhaltend. Meist erwarben sie das Öl durch Handel, sie sprangen aber auch gern in ihre Jet-Flugzeuge und warfen ein paar Bomben ab, wenn sie die Möglichkeit dazu hatten. Verbraucherland Nummer eins hatte das größte Militär, das es bei den Denkern je gegeben hatte. Es unterhielt Tausende Stützpunkte in Hunderten Ländern. Was die Feuerkraft und die geographische Reichweite anging, hatte es in der gesamten Geschichte der Blauen Perle noch nie ein Reich wie das des Verbrauchers Nummer eins gegeben. Und dieses Imperium setzte seine Ausrüstung von Zeit zu Zeit auch gerne ein.

Der Tag, der alles veränderte

Kommen wir nun zu dem bestimmten Hasszyklus. Das Problem war, dass beide Anhängerschaften ihre besonders eifrigen Fraktionen hatten, die Fundamentalisten. Einige muslimische Fundamentalisten nahmen Anstoß am Reich der Konsumenten, vor allem an ihren Stützpunkten im Ausland. Sie wollten, dass das Reich die Stützpunkte in ihrem Heiligen Land räumte und sich auf sein eigenes Territorium zurückzog. Sie konnten allerdings nicht auf die Macht mündlicher Überzeugung hoffen. Noch konnten sie daran denken, das Imperium zum offenen Kampf herauszufordern. Also taten sie, was Dissidenten mit einem Hang zur Gewalt seit Jahrhunderten taten, sie wurden Terroristen. Eine Zeit lang konnten sie nur Außenposten in den weniger geschützten Teilen des Verbraucherimperiums in die Luft sprengen. Das Imperium, weit entfernt in seinem Heimatland, wurde überheblich und selbstgefällig. Niemand hatte es je im eigenen Land angegriffen. Einige Denker von einem Inselreich mit einer starken Kriegertradition und einer wahnsinnigen Machokultur hatten einmal eine der weit von der Küste entfernt liegenden Inseln des Verbraucherimperiums angegriffen. Sie sollten es ihr Leben lang bereuen. Auf jeden Fall war die Überheblichkeit des Reichs fehl am Platz. Die fundamentalistischen Muslime, die sich dem Terrorismus zugewandt hatten, heckten einen Plan aus, wie man Hunderte Liter Kerosin mit einer Geschwindigkeit von 250 Metern in der Sekunde in symbolträchtige Gebäude mitten im Verbraucherland Nummer eins fliegen konnte. Das war mit Sicherheit ein Tag, der alles veränderte.

Die grausame Tat hätte zu keinem ungünstigeren Zeitpunkt erfolgen können, sowohl aus der Perspektive der Blauen Perle selbst als auch aus Sicht Hunderter Millionen Denker auf dem gesamten Planeten, die entgeistert den Eskapaden des Verbraucherimperiums zusahen. Der Grund dafür war, dass zu der Zeit die Fundamentalisten christlicher Prägung die Herrschaft über das Verbraucherimperium ausübten; ein garantiertes Rezept für einen Zyklus des Hasses. Fragten die Herrschenden nach den Ursachen dafür, warum Wahnsinnige mit einem Ingenieurdiplom diese furchtbare Tat mit Passagierflugzeugen begangen hatten? Keineswegs. Gab es eine Diskussion über die lange Geschichte der Nationalstaaten, die ihre eigene Sicherheit gefährdeten, indem sie die Sicherheit anderer Nationalstaaten untergruben? Nicht die Spur davon.

Das Imperium schlägt zurück ... und zurück ... und zurück

Die Soldaten des Verbraucherimperiums sprangen in ihre Bomber. Sie legten einen Bombenteppich über ein Land im Nahen Osten, wo einige unbesonnene Denker den Terroristen erlaubt hatten, Ausbildungslager einzurichten. Liberale Denker auf der gesamten Blauen Perle beobachteten entsetzt im Fernsehen, wie angeblich »smarte« Bomben Lehmhütten und nicht näher identifizierte Fahrzeuge in der Wüste ausradierten, ebenso Krankenhäuser, Wohnhäuser und Minenräumteams aus neutralen Staaten, die nach einem früheren Zwischenfall in der Region versuchten zu helfen. Mit jeder Detonation standen mehr junge Muslime Schlange vor den Rekrutierungsbüros der Terroristen. Das Verbraucherimperium ereilte eine sehr alte Lektion aus der Geschichte der Blauen Perle. Die beste Art, sich Feinde zu machen, die Reihen ihrer Soldaten aufzufüllen, ihre Entschlossenheit zu stärken und sie in den Terrorismus zu treiben, besteht darin, ihre Mütter und Schwestern zu bombardieren.

Obwohl die Bombenteppiche doch so erstaunlich effektiv gewesen waren, gab sich das Verbraucherimperium damit nicht zufrieden und beschloss, ein zweites Land im Nahen Osten anzugreifen. Es handelte sich um den Ölproduzenten Nummer 15. Der Grund, den das Imperium für die Invasion anführte, war der, dass Nummer 15 von einem Tyrannen regiert wurde, der nicht zögerte, mit tödlicher

Gewalt gegen sein eigenes Volk vorzugehen. Nun wollte das Imperium dem Volk Demokratie bringen (nachdem es sie mit einer Demonstration seiner Feuerkraft entsetzt und erstaunt hatte). Das war ein seltsames Argument, weil Produzent Nummer 1, 2, 4, 6, 10, 12, 13 und 14 alle von Tyrannen unterschiedlichen Ausmaßes beherrscht wurden, die gegen die Demokratie waren und nicht zögerten, mit tödlicher Gewalt gegen das eigene Volk vorzugehen.[332] Aber von einem Einmarsch in diese Länder war nicht die Rede. Außerdem wussten auch einige der anderen Produzenten, obwohl sie Demokratien waren, das eine oder andere über den Einsatz tödlicher Gewalt gegen das eigene Volk.

Manche Denker wiesen schon bald darauf hin, dass Produzent Nummer 15 gleichzeitig Ölreservenbesitzer Nummer drei war. Konnte es sein, dass Verbraucher Nummer eins ein ganz klein wenig Interesse an dieser Tatsache hatte? Konnte es sein, dass er die Angst und die Rachegelüste im eigenen Land schürte und als Deckmantel nutzte, um sich bei einer kleinen Expedition ein Ölvorkommen unter den Nagel zu reißen?

Wie auch immer, die Invasion nahm ihren Lauf. Die Streitkräfte des überfallenen Landes waren gebührend schockiert, verwundert und schon bald geschlagen. Die »smarten« Bomben radierten mit chirurgischer Genauigkeit Gebäude aus, wie sie es sollten, doch leider erwiesen sich einige als von Denkern bewohnt, die nicht zwangsläufig militärischer Gesinnung waren. Ein Fernsehsender filmte die Angriffe und sendete die Bilder auf dem ganzen Planeten, wo alle allgemein entsetzt waren. Daraufhin bombardierte Verbraucher Nummer eins auch das Gebäude des Fernsehsenders.[333] Der Hass vertiefte sich entsprechend. Die Invasoren ergänzten die Gräueltaten der Terroristen durch ihre eigenen. Gerne zeichneten sie alles mit ihren Digitalkameras auf, und so fanden die unanständigen Bilder schließlich ihren Weg auf den Bildschirm und in die Zeitungen. Wütend griffen die Muslime in immer größerer Zahl zu den Waffen, um die christlichen Invasoren zu bekämpfen, bis das Verbraucherimperium Schwierigkeiten hatte, sie alle als Terroristen zu klassifizieren. Aber natürlich waren viele der frisch angeworbenen erzürnten Denker nur allzu gern bereit, auch ein bisschen Terror zu verbreiten. Die Terroristenführer freuten sich über den Erfolg ihres Rekrutierungsplans und wunderten sich, wie gut sich das Verbraucherimperium an jeden Satz des Drehbuchs gehalten hatte. Sie träumten bereits von Waffen, die für Terroristen noch lohnender waren als frisch aufgetankte Passagierflugzeuge.

Sowohl im Verbraucherimperium als auch in den Ländern des Nahen Ostens blühte in dem ganzen Chaos der Fundamentalismus. Im Verbraucherland Nummer eins hatten viele Denker die Vorstellung, dass ihre Version von Gott ihnen erlauben würde, die Blaue Perle zu ruinieren, und sie trotzdem in den Himmel kommen würden. Ja, je schneller sie den Planeten ruinierten, desto schneller würden sie in den Genuss eines Zustands der »Verzückung« kommen, wie sie es nannten. Den verzückten Denkern war die Treibstoffeffizienz ihrer pferdelosen Wagen egal, die Alternativen zum Öl scherten sie nicht, und sie waren ganz versessen darauf, Kohle zu verbrennen. Außerdem hatten sie sich überlegt, dass ein alles vernichtender Krieg sie noch schneller zu ihrer Version von Gott bringen würde, als wenn sie den Dingen ihren normalen Lauf ließen, daher hatten sie nichts gegen Krieg. Sie stellten ihn sich als Dritten Weltkrieg vor: als Kampf der Kulturen. Die Fundamentalisten auf der anderen Seite waren nicht weniger erpicht auf einen Vorgeschmack von Armageddon. Es waren die Denker, die so wütend und verwirrt waren, dass sie glaubten, sie könnten zu ihrer Version Gottes in den Himmel gelangen, wenn sie sich Plastiksprengstoff um den Oberkörper schnallten und bei einem Selbstmordanschlag ein paar junge Soldaten, die auf den Bus warteten, mit sich in den Tod rissen, auch wenn alte Frauen und Kinder dabeistanden.

Für die Denker, die an eine kosmopolitische Toleranz glaubten (einfach ausgedrückt, die versuchten, aus der Geschichte zu lernen)[334], sah die Lage an diesem Punkt ziemlich düster aus.

Der erste und zweite Denkfehler treten in Erscheinung

Während alle vom Zyklus des Hasses abgelenkt waren, zeichnete sich eine weitere Katastrophe ab. Die Hinweise darauf, dass die Blaue Perle langsam den Siedepunkt erreichte, traten immer deutlicher und schneller zutage. Die Wissenschaftler von Verbraucher Nummer eins veröffentlichten sieben Millionen Temperaturdaten, die im Lauf von 40 Jahren in Tiefen von bis zu 600 Metern in den

Ozeanen gemessen worden waren. Das Ausmaß der Erwärmung, das die Daten zeigten, »verblüffte« selbst die Wissenschaftler, wie sie sagten. Sie erklärten, das beweise ein für alle Mal, dass die Treibhausgase aus der Verbrennung von Öl, Gas und Kohle den Planeten alarmierend aufheizten.[335] Die Fundamentalisten, die das Verbraucherimperium regierten und (milde und höflich ausgedrückt) starke Verbindungen zur Ölindustrie hatten, zogen es vor, weiterhin die Augen davor zu verschließen. Zum Glück für die kosmopolitischen Denker, zumindest langfristig betrachtet, kümmerten sich die Fundamentalisten auch nicht sonderlich um die Wirtschaft. Die Finanzierung der Verschwendungssucht beim Öl und den Bombern erforderte viele Kredite bei anderen Ländern. Die Denker hatten schon immer festgestellt, dass ein Imperium eine teure Angelegenheit war. Das sollte sich als Ruin für die Fundamentalisten erweisen, die das Verbraucherland Nummer eins regierten.

Der größte einzelne Nutzer von Öl auf der Blauen Perle war das Militär von Verbraucher Nummer eins. Trotz seiner ganzen Feuerkraft konnte sich das Militär bei der Besetzung von Produzent Nummer 15 nicht so richtig durchsetzen. Obwohl unter der Oberfläche große Ölreserven lagerten, gab es Tage, an denen die wütenden Einheimischen so aktiv mit ihrem Plastiksprengstoff und all den anderen Sachen waren, dass kaum genug Öl aus der Erde kam, um die Treibstofftanks des Militärs zu füllen, ganz zu schweigen davon, die Benzinschlucker im Heimatland damit zu beliefern. Nach und nach kamen die Händler unter den Denkern, die sich das alles und den wahnsinnigen Wettlauf um Öl in anderen Teilen der Blauen Perle ansahen, darauf, dass die Nachrichten über das schwarze Zeug nicht das waren, was sie hören wollten. Sie nahmen an, dass Produzent Nummer eins die Förderquote erhöhen könnte, um die Nachfrage zu decken. Aber er konnte nicht. Sie nahmen an, dass die Produzenten zwei bis 20 einspringen könnten. Aber sie konnten nicht. Sie erwarteten, es werde noch viel mehr Öl gefunden und weitere Länder würden sich zu den Produzenten der Top 20 gesellen. Aber so war es nicht. Schlimmer noch, die Ölgesellschaften von Verbraucher Nummer eins schienen sich gar nicht richtig zu bemühen, Öl zu finden. Sie hätten barrelweise Geld für die Exploration ausgeben müssen. Doch sie gaben es nur eimerweise aus. Und so kam es, dass in einer bestimmten Woche – einer apokalyptischen Woche – die

Panik ausbrach und sich dann wie ein Lauffeuer unter den Händlern verbreitete. Die Denker hatten zugelassen, dass die Stabilität ihres Wirtschaftssystems auf dem Ölpreis gründete. Nun begann er unaufhaltsam zu steigen. Während sich die Panik in den folgenden Wochen wie eine Epidemie verbreitete, brach der Ölpreis sämtliche Rekorde.

Kollaps

Die Krise aufgrund des zweiten Denkfehlers konnte man in allen Teilen der Blauen Perle auf dem Fernsehbildschirm verfolgen. Panische Ölhändler brüllten sich auf dem Börsenparkett gegenseitig nieder, mit rollenden Augen und gesträubtem Haar. Derartige Szenen waren kaum geeignet, die anderen Märkte zu beruhigen, daher gerieten die Aktienkurse ins Rutschen. »Das Öl geht aus«, lauteten die Schlagzeilen. Das tat es nicht, es war nur zur Hälfte verbraucht und wurde deswegen sehr, sehr teuer – und zwar sehr, sehr schnell. Die Anführer der Verbraucherstaaten und Produzentenstaaten fanden sich zu einem Krisengipfel zusammen, in ihren Anzügen beziehungsweise Gewändern sahen sie angemessen ernst und grimmig aus. Ihnen fiel nicht viel ein, was die Panik hätte mildern können, daher verbreitete sie sich weiter. Verbraucher Nummer eins hatte zugelassen, dass sich ein Berg von privaten Schulden angehäuft hatte, vor allem in Form von Hypotheken auf Häuser. Die Immobilienpreise brachen ein. Aktienmärkte brachen zusammen. Innerhalb eines Monats schrumpfte der Reichtum der Denker in sich zusammen – der auch in guten Zeiten nicht viel mehr als ein Berg Papier gewesen war, selbst wenn man wie die Händler unter den Denkern auf einen Anstieg in der Zukunft vertraute. Unternehmen gingen zu Hunderten, ja zu Tausenden Pleite. Hunderttausende, dann Millionen Arbeiter wurden entlassen. In einst wohlhabenden Städten mit Straßencafés bildeten sich Schlangen vor Suppenküchen, die Straßen waren von Bettlern belagert. Die Kriminalitätsrate schnellte nach oben. Die Blaue Perle war schon immer ein gefährlicher Ort gewesen, doch jetzt war sie zum Pulverfass geworden.

All das war den Denkern schon einmal zugestoßen: 1.929 Jahre nach Christi Geburt. Die damalige Wirtschaftskrise hatte nichts mit

Öl zu tun, damals hatten die Händler unter den Denkern nur allgemein das Vertrauen in den Markt verloren – mit katastrophalen Folgen. Die Denker hatten viele Jahre gebraucht, bis sie sich wieder aus der Misere emporgearbeitet hatten. Nach dem Zusammenbruch der Börse hatten sich damals die Probleme noch durch das Auftauchen einer weiteren Spielart der fundamentalistischen Denker verschärft: der Faschisten. Die faschistischen Denker glaubten an einen starken Führer und eine mächtige Geheimpolizei mit gut ausgestatteten Folterkellern. Demokratie und kosmopolitische Toleranz standen definitiv nicht auf der Agenda der Faschisten, auch wenn sie in der Anfangsphase ihres kometenhaften Aufstiegs noch so taten als ob. Nährboden für die Faschisten war die Wut der arbeitslosen, verarmten Massen. Sie peitschten die Ressentiments gegen eine dritte Kategorie der religiösen Denker auf, die weder Christus noch Mohammed folgten, sondern glaubten, dass der Sohn ihrer Version Gottes die Blaue Perle erst noch besuchen werde. Diese Denker trieben oft Handel und waren daher inmitten des ganzen Elends noch reich. Die faschistischen Denker zündeten ihre Häuser an, verluden sie in Güterwaggons und schickten sie in Konzentrationslager. Im schlimmsten der vielen Beispiele für Völkermord in der Geschichte der Denker töteten die Faschisten systematisch Millionen der handelnden Denker. Niemand stand ihnen bei, weil die faschistischen Denker die Blaue Perle in der Zwischenzeit in einen weltweiten Krieg gestürzt hatten.

Jetzt, 2.010 Jahre nach Christi Geburt, sah es so aus, als ob sich die ganze üble Geschichte noch einmal wiederholen würde. Wieder krochen die Faschisten aus ihren Löchern und hetzten die Armen auf. Das geschah in vielen Ländern. Die Probleme waren dieses Mal noch viel schlimmer, und das hatte zwei Gründe. Erstens hatte Verbraucher Nummer eins nach dem Anschlag mit den Passagierflugzeugen auf die Gebäude mit Symbolcharakter bei seiner Bevölkerung die Angst geschürt. In diesem Zusammenhang hatte die Regierung viele staatliche Repressionsinstrumente eingeführt. Notstandsgesetze ermöglichten es, jemanden ohne Verfahren einzusperren. Spezielle Gefangenenlager waren eingerichtet worden. Die Gesetze gegen Folter waren gelockert worden. Ausweise waren eingeführt worden. Fundamentalistische Richter waren für das Oberste Gericht ernannt worden. Die fundamentalistischen Denker, die das

Verbraucherland Nummer eins zu der Zeit regierten, als Produzent Nummer 15 besetzt worden war, bevorzugten eigentlich die Demokratie als Staatsform, auch wenn sie nichts dagegen hatten, sie selbst etwas zu untergraben. Wahrscheinlich sollte man ihnen zugestehen (und sei es aus keinem anderen Grund als dem, dass sie so wild darauf gewesen waren, zum Wohle der Demokratie bei Produzent Nummer 15 einzumarschieren), dass ihnen nicht bewusst gewesen war, wie leicht sie den Faschisten die Regierung machten, sie mussten es nur schaffen, an die Macht zu kommen.

Der zweite Grund, warum die Probleme schlimmer waren, lag daran, dass sich der erste große Denkfehler mit voller Wucht auf der Blauen Perle bemerkbar machte. Die Denker, die praktisch über Nacht verarmt waren, beobachteten nun entsetzt, wie ihre Nahrungs- und Wasservorräte angesichts eines Klimas dahinschwanden, das offenbar völlig aus dem Takt geraten war. Im Verbraucherland Nummer eins verwüsteten entsetzliche lange Dürreperioden den Süden und das Herz des Landes und dezimierten die Getreide- und andere Ernten. Auf dem Meer brach der Fischfang ein. In den sich erwärmenden Ozeanen veränderten sich die Schichten kalten und warmen Wassers, das Wasser wurde saurer, der Nährstoffgehalt sank, was bedeutete, dass das Phytoplankton abstarb und die Fischbestände zusammenbrachen. Urplötzlich wurde Protein zum Luxusgut. Und was das Trinkwasser betraf, gab es mit einem Mal so wenig, dass die Denker nicht einmal ihre Golfplätze mehr damit sprengen konnten.

Für die Faschisten war das ein idealer Nährboden, weshalb ihre Anhängerschaft auf der gesamten Blauen Perle wuchs. In einigen wenigen Nationalstaaten wurden sie sogar in die Regierung gewählt. Im Verbraucherstaat Nummer eins vertrieben die kosmopolitischen Denker die Fundamentalisten aus dem Amt, weil diese die Invasion von Produzent Nummer 15 beschlossen, eine wirtschaftliche Katastrophe übersehen und es versäumt hatten, die zu schützen, die sie gewählt hatten. Doch die Kosmopoliten hatten Probleme. Wer hätte die nicht angesichts der enormen Altlasten, die ihnen die Fundamentalisten hinterlassen hatten. Inmitten eskalierender Unruhen in der Bevölkerung beschlossen die Faschisten, im Verbraucherstaat Nummer eins den Weg des bewaffneten Aufstands zu gehen – ein Staatsstreich, wie sie ihn vor 70 Jahren schon einmal geplant hatten.[336] Hinter verschlossener Tür machten sich ein führender Politiker, ein führender General und mehrere gut ausgestattete Milliardäre an die Planung. Im ganzen Land drängten sie gut bewaffnete, gut organisierte und extrem unangenehme Denker, endlich aktiv zu werden.

Die Energieversorgung war fast überall eine Katastrophe. Für die selbst fahrenden Wagen der Denker gab es ein bisschen Öl, doch zu einem enormen Preis und nur, wenn man zwei Tage dafür anstand. Auch Gas, von dem man annahm, dass es selbst bald die Förderspitze erreichen würde, war astronomisch teuer. Folglich waren die Energiepreise gewaltig. All die Jahre, in denen man versäumt hatte, in eine veraltete Energieversorgung zu investieren, forderten nun ihren Tribut. Immer wieder wurde im ganzen Land der Strom abgeschaltet. In großer Hast wurde Kohle gefördert. Doch immerhin gelang es den kosmopolitischen Führern von Verbraucherstaat Nummer eins trotz aller Fehlversuche und Enttäuschungen, ein Bewusstsein für die sich ausbreitenden Dürren und die sterbenden Fischbestände zu schaffen und den Weg zur Erkundung von Alternativen zu ebnen.

Renaissance

Und hier, inmitten einer Wirtschaftskrise, angesichts von schrecklichem Leid auf dem gesamten Planeten und dem wachsenden autoritären Schreckgespenst, wurde der Keim der Hoffnung gesät. Die Denker entdeckten, zunächst in relativ kleiner Zahl, dass es gar nicht so schwer war, von Öl, Gas und Kohle und allem, was dazugehörte, loszukommen. Trotz der schweren Zeit entwickelten viele Denker ein verständliches Interesse, sich ihre eigenen Häuser zu bauen. Es erwies sich als relativ einfach, diese mit Apparaten zur alternativen Energiegewinnung auszustatten, die aus der Sonne Strom und Wärme gewannen. Damit konnten die Denker den Energiebedarf im eigenen Heim jederzeit decken, Tag und Nacht, und es blieb noch jede Menge übrig, um aus Wasser Wasserstoff zu machen, es im Haus zu speichern und dann in den selbst fahrenden Wagen zu verwenden. Nur wenige Jahre zuvor hatten die Kraftwerke den Versorgungsunternehmen gehört und die Tankstellen den Mineralölgesellschaften, und beide hatten, sobald sich die kleinste Gelegenheit ergab, an der Preisschraube gedreht. Heute konnten die einzelnen Denker selbst als Energie- und Mineralölgesellschaft auftreten, ihr Licht ging nie aus, und lokal wurde auch nie der Treibstoff knapp. Ganz im Gegenteil. Die neue Generation von Häusern konnte viel mehr Energie erzeugen, als ihre Besitzer benötigten, und den Strom in das regionale oder nationale Stromnetz einspeisen. Die noch verbleibende Bauindustrie bemerkte den Trend und kopierte ihn. Fast jedes neue Gebäude wurde ein Tempel der alternativen Energien.

Die Häuser mit alternativen Energien erwiesen sich als so populär wie zuvor nur wenige Produkte in der langen Konsumgeschichte der Denker. Auch bestehende Häuser und größere Gebäude wurden nun auf alternative Energien umgerüstet. Das Phänomen ging über die Energiegewinnung hinaus. Offenbar weckte es ein neues Interesse am Grundprinzip von Gemeinschaft. Auf der Suche nach Sicherheit, die über Beleuchtung der Häuser und das Auftanken der Fahrzeuge hinausging, taten sich viele Denker in Häusernetzwerken zusammen und teilten sich weitere Einrichtungen, die ihre Sicherheit erhöhten. Die neuen Gemeinschaftsdenker schlossen ihre selbstgetriebenen Wagen an das lokale Stromnetz an, wenn sie parkten, und gaben so überflüssige Energie ab, wodurch sie sich ein zusätzliches Einkommen verschafften und genug Energie erzeugten, um lokale wirtschaftliche Aktivitäten anzuregen. Überall schossen lokale Fabriken für alternative Energieanlagen aus dem Boden. Im Gefolge des veränderten Verhaltens der Denker entstanden alle Arten von lokal hergestellten Gütern für den lokalen Bedarf. Die Gemeinschaftsdenker organisierten Handelsplätze, auf denen die grüne Energie zum besten Preis verkauft wurde, den sie auf dem Kohlenstoffmarkt finden konnten. Der Kohlenstoffmarkt war von der kosmopolitischen Regierung im Versuch eingerichtet worden, die schlimmsten Exzesse infolge des zweiten großen Denkfehlers abzuwenden. Die Gemeinschaftsdenker hatten auch Pensionsclubs organisiert und nutzten das Geld aus der alternativen Energieerzeugung, um die Rentenkassen aufzufüllen. Eine wachsende Zahl von Denkern hatte offenbar die Lektion von der gegenseitigen Abhängigkeit gelernt. Die Gemeinschaftsdenker lebten und arbeiteten zufrieden in ihren Vierteln, teilten ihre Ideen und Pläne jedoch mit anderen gleich gesinnten Gemeinschaften in ihrem eigenen Land und in benachbarten Staaten. Sie wollten wissen, ob ihre Nachbarn sich so sicher wie sie fühlten!

Je weiter sich die Begeisterung für alternative Energien verbreitete, desto geringer wurde die Abhängigkeit vom Öl, bis sie schließlich ganz verschwand. Die Rechnung für Raketen im Verbraucherimperium betrug nur einen Bruchteil ihrer einstigen Höhe, was auch ganz gut war, weil man sich ohnehin keine Raketen mehr leisten konnte. Die Soldaten kehrten in ihr Heimatland zurück. Um ganz offen zu sein, das Verbraucherimperium wirkte immer weniger wie ein Imperium. Mit der einzigartigen Klarheit, die man aus dem Rückblick gewinnt, staunten die Historiker unter den Denkern, dass die Ölkriege über eine Milliarde Dollar am Tag gekostet hatten. Wie passte das zum Preis von einem Barrel Öl?, fragten sie sich. Und die Fundamentalisten hatten auch noch die Frechheit besessen zu behaupten, sie würden an die Kräfte des Marktes glauben!

Mit der Verbreitung alternativer Energien in den ärmeren Ländern verkleinerte sich auch die Kluft zwischen Arm und Reich, wodurch der Nährboden für Hass gegen das Verbraucherimperium und seine Lakaien schrumpfte. Ein berühmter Denker des Ölproduzenten Nummer elf hatte im Jahr 2000 gesagt: »Auf den Schlachtfeldern des 21. Jahrhunderts werden sich Fundamentalismus und kosmopolitische Toleranz gegenüberstehen.«[337] Ganz plötzlich hatten die Kosmopoliten, die vom Entstehen der Gemeinschaften profitierten, die Chance, mit den Fundamentalisten und Faschisten aufzuräumen. Ihr Schlachtruf lautete in etwa: Lokale Energie für lokale Wirtschaft für lokale Gemeinschaft. Glatte Werbeslogans hatten an Ansehen eingebüßt, wie Sie sicher verstehen.

Angesichts der Umweltverschmutzung, der rücksichtslosen Suche nach Grundwasser und der regelmäßig auftretenden Dürren nahmen die Trinkwasservorräte rasch ab. Doch mit dem Gedeihen der alternativen Energien entwickelten viele Küstenorte und -städte ihre eigenen solarbetriebenen Entsalzungsanlagen. Plötzlich stand Trinkwasser wieder in ausreichenden Mengen zur Verfügung. Im Hinterland der Entsalzungsanlagen wurde Landwirtschaft selbst in trockenen Gebieten wie dem Nahen Osten möglich. Das trug weiter zur allmählichen Erodierung des Terrorismus bei. Eine Art Friede legte sich endlich über den Nahen Osten. Die Menschen waren zu sehr mit der Landwirtschaft beschäftigt, um sich weiter um Plastiksprengstoff und Kalaschnikows zu kümmern.

Die Luftqualität in vielen Städten zu der Zeit, als allmählich die Erkenntnis hinsichtlich des zweiten großen Denkfehlers einsetzte, spottete jeder Beschreibung. Die Schätzungen über die Zahl der Krebs- und Asthmaerkrankungen bei den Denkern, die unvollständig verbrannte Kohlenwasserstoffe eingeatmet hatten, glichen einem Schauermärchen – obwohl die Denker das zu der Zeit natürlich heftig leugneten. Doch die Luftverschmutzung ließ allmählich nach. In vielen Städten waren kaum noch Partikel in der Luft. Die Krankenhäuser waren nicht mehr so überlastet, und allmählich verbesserte sich sogar das Essen dort.

Vieles, was die Händler unter den Denkern im Zeitalter der Ölabhängigkeit gewohnheitsmäßig geglaubt hatten, löste sich einfach in Luft auf. So war es früher sinnvoll gewesen, dass manche Produkte am einen Ende der Blauen Perle hergestellt wurden, weil dort die Arbeitslöhne niedrig waren (und die Arbeit oft von Kindern verrichtet wurde). Die Produkte wurden dann ans andere Ende der Blauen Perle transportiert, auf Kosten der Luftreinheit, was aber nicht weiter beachtet wurde. Anstatt über die Globalisierung sprachen die Denker nun über die »Lokalisierung«.[338] Natürlich galt bei der Kommunikation immer noch das globale Prinzip. Sie war ein wichtiger Faktor bei der Renaissance der Hoffnungen in der Zeit nach der großen zweiten Weltwirtschaftskrise.

Trotz der Konzentration auf das Lokale leiteten die Kosmopoliten auch ein Wiederaufleben des staatlichen Engagements auf nationaler und globaler Ebene ein. Allmählich ebbte der anfängliche Erfolg der Faschisten ab. Die Verschwörer, die einen Staatstreich im Verbraucherland Nummer eins geplant hatten, flogen auf. Vor der großen Erkenntnis hatten sich die Menschen bei Meinungsumfragen zwar sehr besorgt über den Zustand der Blauen Perle gezeigt, sich in vielen Ländern aber in immer größerer Zahl nicht mehr an den Wahlen beteiligt, obwohl in immer mehr Ländern die Demokratie eingeführt wurde. Gegenüber Politikern herrschte ein weitverbreitetes Misstrauen. Nach dem Wandel brachte die Kultur der Unabhängigkeit und Lokalisierung, unterstützt von der Transparenz, die durch die fortgesetzte Informationsrevolution ermöglicht wurde, endlich nicht nur die horizontale, sondern auch die vertikale

Verbreitung der Demokratie. Die Denker stimmten regelmäßig über Dinge ab, an die sie zur Zeit der großen Ölabhängigkeit nicht einmal im Traum gedacht hätten. Sie mussten sich dazu einfach nur zu bestimmten Zeiten ins Internet einloggen. In einem sehr realen Sinn hatten sie die Demokratie »demokratisiert«.

Mittlerweile sah es für die Denker so aus, als ob sie sogar auf dem Weg dazu wären, die Weltbevölkerung zu stabilisieren. Der Schlüssel dazu waren natürlich Bildung und die konsequente Emanzipation der Frau, was sich schon vor dem zweiten großen Denkfehler in den 31 Staaten erwiesen hatte, die erfolgreich ihr Bevölkerungswachstum eingeschränkt hatten.[339] Die Ausbreitung alternativer Energien in den ärmeren Ländern und die Versorgung der 30 Prozent der Denker mit Strom, die vor der großen Erkenntnis überhaupt keine Elektrizität gehabt hatten, bedeuteten eine ganz einfache Tatsache: Überall gab es nachts Licht. Und damit war der Weg frei für die Lehrbücher.

Allmählich sah es so aus, als ob die schlimmsten Exzesse des ersten großen Denkfehlers vermieden werden konnten. Die Anforderungen an die Infrastruktur aufgrund der Anpassungen an die Auswirkungen des Klimawandels, vor allem an den langsam steigenden Meeresspiegel, waren natürlich enorm. Die unumkehrbaren Folgen wie die Vernichtung der Korallenriffe blieben ein schmerzlicher Verlust. Doch die Konzentrationen der hitzespeichernden Gase in der Atmosphäre begannen zu sinken. Die Besorgnis der Wissenschaftler legte sich etwas. Alle alternativen Gemeinschaften entwickelten innovative Technologien zur Schadstoffreduzierung und -anpassung.

Und als die Denker, deren Erinnerung an das Vergangene wie üblich schnell verblasste, zurückblickten, konnten sie kaum noch verstehen, warum es so lange gedauert hatte, bis sie das Offensichtliche erkannt und entsprechend gehandelt hatten.

Nachwort

Als ich im Mai 2005 den letzten Satz für die erste Auflage dieses Buchs zu Papier brachte, wurde zweifellos irgendwo auf der Welt ein Kind gezeugt. Und während ich dies heute, im Februar 2006, angesichts entmutigender Aussichten bei der größten amerikanischen Messe für Dach- und Hausbau schreibe und von Energie-Selbstversorgerhäusern und -gemeinschaften träume, die unseren Planeten retten und eine neue Gesellschaft aufbauen können, wird es auf die Welt kommen. Wie sehr hat sich die Welt in den neun Monaten verändert, in denen dieses Kind unserer Zeit heranwuchs, vor allem natürlich in Hinblick auf die Themen in diesem Buch, die meiner Meinung nach auch seine Zukunft dominieren werden?

Da sind vor allem drei Dinge zu nennen. Erstens wirkte sich die globale Erwärmung als eindeutige und allgegenwärtige Gefahr so deutlich aus, dass sie jeder mit eigenen Augen sehen konnte. Zweitens war Peak Oil, die Ölförderspitze, nicht mehr länger ein strittiger Punkt unter Experten, sondern wurde für Wirtschaft und Regierungen zu einem wichtigen Thema. Drittens gab es erste Bemühungen von Staatsführungen, sich aus der Sackgasse der fossilen Brennstoffe herauszumanövrieren, was die Hoffnung weckt, dass die Vernunft die Oberhand gewonnen und der Wettlauf ums Überleben begonnen hat. Doch betrachten wir die Themen nacheinander.

Als der Hurrikan Katrina im August 2005 New Orleans heimsuchte, brauchten die meisten Menschen keine weiteren Beweise mehr dafür, dass die globale Erwärmung nicht erst morgen, sondern bereits heute eine akute Bedrohung darstellt. Die *US National Oceanographic and Atmospheric Administration* und andere Institute und Behörden wiesen darauf hin, dass Wirbelstürme aufgrund der globalen Erwärmung in Zukunft feuchter, stärker und vor allem gefährlicher ausfallen werden. Katrina war eine Katastrophe, die früher oder später kommen musste, nachdem wir jahrelang noch einmal davongekommen waren. Der Anblick einer zerstörten Stadt, die zu 80 Prozent in sechs Meter tiefem Wasser versank, mit mehr als zwei Millionen Menschen in der Stadt und der Umgebung, die völlig machtlos waren, hätte die Welt nicht überraschen müssen. Eine derartige Katastrophe war schon lange vorhergesagt worden. Der Schrecken hätte sich nur wenige Wochen später fast wiederholt, als Hurrikan Rita mit ähnlicher Wucht wie Katrina direkt auf Houston zusteuerte, sich erst im letzten Moment abschwächte und abdrehte.

Doch die eigentlich beunruhigende Entwicklung vollzog sich fern von allen Fernsehkameras. Im Juli 2005 wurde bekannt, dass die Kohlendioxid-Emissionen die Meere stark versäuern, was katastrophale Auswirkungen auf das Meeresleben hat. Das Gas bildet im Wasser Kohlensäure, die die dünne Kalkschale des Planktons am Ende der Nahrungskette auflöst. Jedes Lebewesen, das in der Nahrungskette höher steht, ist davon betroffen. Im August hatte die schlimmste je verzeichnete Dürre Europa fest im Griff; Waldbrände wüteten, es gab Missernten, Ungezieferplagen und leere Wasserreservoirs. Eine groß angelegte Untersuchung der Permafrostböden belegte, dass der Boden der sibirischen Sümpfe bereits auf einer Fläche von einer Million Quadratkilometer schmilzt. »Die Erwärmung erreicht den ›Tipping Point‹«, lautete die Schlagzeile einer britischen Zeitung. Im September lagen die Ergebnisse einer Studie über die vertrocknenden Böden Englands vor. Sie geben den Kohlenstoff schneller an die Atmosphäre ab, als durch die bisherigen Emissionsbeschränkungen wettgemacht werden könnte. Das arktische Eis war im August so weit geschmolzen, dass zum ersten Mal ein Schiff ohne die Hilfe eines Eisbrechers bis zum Nordpol gelangen konnte. Die Katastrophenmeldungen rissen nicht mehr ab. Im November berichteten Wissenschaftler, der Golfstrom habe sich abgeschwächt: Seit 1992 hat sich die Strömung um 30 Prozent verlangsamt. Im Februar 2006 erklärte Jim Hansen, der führende Klimamodellexperte der NASA, die Eiskappe Grönlands könne »explosionsartig« zusammenbrechen. Wissenschaftler haben nämlich festgestellt, dass das Schmelzwasser in den Spalten der Gletscher versickert. Dadurch kann sich der Boden des Gletschers lösen, und ganze Schollen des drei Kilometer dicken Eisschildes können ins Meer rutschen. Noch in diesem Jahrhundert werde der globale Meeresspiegel möglicherweise um zwei Meter und im nächsten um weitere Meter steigen, erklärte Hansen, der Vorgang dauere nicht, wie ursprünglich angenommen, mehrere tausend Jahre.

In ähnlich schneller Schlagfolge erreichen uns mittlerweile auch die Unglücksmeldungen über die Ölreserven. Im Juni 2005 veröffentlichte der in Houston ansässige Ölinvestmentbanker Matthew Simmons sein einflussreiches Buch *Twilight in the Desert*, in dem er argumentiert, dass die saudischen Ölreserven zur Neige gehen. Zwei Monate später erschien in der *New York Times* ein Interview mit Sadad al-Husseini, dem ehemaligen Leiter der Abteilung Exploration und Förderung bei Saudi Aramco. Al-Husseini war kurz zuvor in den Ruhestand gegangen. Nur wenige wissen über die Situation besser Bescheid als er. Er beschwichtigte die Ängste vor einem unmittelbaren Einbruch, verlieh aber seiner Sorge Ausdruck, dass Saudi-Arabien niemals 20 Millionen Barrel am Tag fördern könne und Mühe haben werde, zwölf Millionen zu schaffen. Beim derzeitigen Anstieg der Nachfrage um 1,8 Prozent im Jahr benötige man jedoch jährlich zwei bis drei Millionen Barrel mehr pro Tag, erklärte er. Die Reserven schrumpfen jedes Jahr um vier bis fünf Millionen Barrel am Tag. Insgesamt müssten wir daher jedes Jahr sechs bis acht Millionen Barrel Öl am Tag neu entdecken (also 2,1 bis 2,9 Milliarden Barrel pro Jahr). Das ist ungefähr so viel, wie Saudi-Arabien jedes Jahr fördert, und noch ein bisschen mehr dazu. Wie viel wurde 2005 neu erschlossen? 2,5 Millionen Barrel am Tag (0,9 Milliarden Barrel in Jahr). Al-Husseinis Schlussfolgerung fiel demnach entsprechend hart aus: »Das kann man nicht unendlich lange machen. Das lässt sich nicht aufrechterhalten.«

Im September erklärte der französische Ministerpräsident Dominique de Villepin gegenüber Journalisten: »Wir haben die Post-Öl-Ära erreicht.« Die französische Regierung versprach Millionen von Familien 75 Euro Zuschuss, damit sie die gestiegenen Heizölrechnungen bezahlen können. Der Internationale Währungsfonds erklärte, die hohen Ölpreise seien ein Risiko für die Weltwirtschaft, und die Wirtschaftsberater Ernst & Young warnten vor den Konsequenzen, wenn der Preis die 100-Dollar-Marke erreicht. Und die

Weltenergieprognose der Internationalen Energieagentur kam zum ersten Mal zu dem Schluss, dass die Ölförderung außerhalb der OPEC »direkt nach 2010« ihre Produktionsspitze erreichen werde. Ähnlich wie al-Husseini gesagt hatte, hieß es in dem Bericht, das bisherige Vorgehen sei »nicht aufrechtzuerhalten«. Die Internationale Energieagentur prognostiziert nun eine Ölfördermenge von 115 Millionen Barrel am Tag bis 2030. Ungefähr 29 Millionen Barrel am Tag von den insgesamt 82 Millionen Barrel pro Tag im Jahr 2004 entfielen auf die Länder des Nahen Ostens und Nordafrika, und auch von den 115 Millionen Barrel am Tag im Jahr 2030 würden 50,5 Millionen aus diesen Ländern stammen.

50 Millionen Barrel am Tag, obwohl Saudi-Arabien laut seinem ehemaligen Produktionschef mit nur zwölf Millionen Barrel am Tag bereits die Höchstfördermenge erreicht hat? Wie soll das möglich sein? Meiner Meinung nach gar nicht.

Ein ehemaliger Erschließungsleiter von Saudi Aramco aus den Tagen, als amerikanische Firmen noch in Saudi-Arabien arbeiten durften, goss im Oktober zusätzlich Öl ins Feuer. Edward Price sagte, aufgrund seiner Erfahrungen habe er Zweifel, dass dort umfangreiche neue Lagerstätten gefunden werden könnten. Er erklärte auch, die Saudis hätten ihm gesagt, ihre optimistischen Zahlen würden auf den Schätzungen des amerikanischen *Geological Survey* basieren, nicht auf ihrer eigenen Arbeit.

Als Nächstes meldete sich Kuwait zu Wort und stimmte in den Chor mit ein. Im Dezember erklärte der kuwaitische Ölminister beim OPEC-Gipfel, die Vorstellung, dass Kuwait bis 2020 vier Millionen Barrel am Tag fördern könne, sei bei der derzeitigen Lage unmöglich. Er lud westliche Ölgesellschaften nach Kuwait ein, ihr Wissen bei den erschöpften Ölfeldern anzuwenden, die vor 30 Jahren verstaatlicht wurden. Burgan, das größte Ölfeld in Kuwait und das zweitgrößte der Welt, wurde bereits 1939 entdeckt und stellt 60 Prozent der kuwaitischen Reserven. Die staatliche Ölgesellschaft Kuwaits ist der Ansicht, dass es seinen Förderzenit bereits überschritten hat: und zwar nicht wie vorhergesagt bei zwei Millionen Barrel am Tag, sondern bei 1,7 Millionen. Nach der aktuellsten Prognose der Internationalen Energieagentur soll es aber 2030 noch 1,64 Millionen Barrel am Tag abwerfen. Dann meldete *Petroleum Intelligence Weekly* im Januar 2006, ihre Mitarbeiter hätten interne

Dokumente zu Gesicht bekommen, die besagten, die Reserven Kuwaits betrügen nur die Hälfte der Menge, die offiziell angegeben werde. Nach den offiziellen Angaben belaufen sich die Reserven auf 99 Milliarden Barrel und bilden damit zehn Prozent der weltweiten Reserven. In den besagten internen Dokumenten werden nur 24 Milliarden Barrel als wirklich nachgewiesene Reserven genannt, 15 Milliarden davon stammen vom Ölfeld Burgan.

Im Oktober 2005 hörte ich bei einer Konferenz in Italien, wie der ehemalige amerikanische Energieminister James Schlesinger unseren Umgang mit Peak Oil angesichts all der offensichtlichen Beweise mit dem Verhalten der Bürger von Pompeji verglich, die das Donnern des Vesuv nicht wahrhaben wollten. Sie hätten nicht hingehört, sagte er, und seien unter einer drei Meter dicken Ascheschicht gestorben. Bei der gleichen Konferenz wies Daniel Yergin von CERA, der Lieblingsberaterfirma der Ölindustrie, diesen Vergleich erbost von sich. Die Ölförderspitze werde nicht vor dem Jahr 2020 erreicht. Wir werden sehen, wer Recht hat.

Unabhängig von der Höhe der Reserven hat auch der geopolitische Druck auf den globalen Öl- und Gasmarkt in den vergangenen neun Monaten zugenommen. Der Iran hat gedroht, sein Öl und Gas nach China zu exportieren, wenn Europa und die USA die Regierung wegen ihrer nuklearen Ambitionen zu sehr bedrängen. Venezuela hat aus anderen Beweggründen die gleiche Drohung ausgesprochen. Russland hat angekündigt, der Ukraine den Gashahn zuzudrehen, wenn die Ukraine keine höheren Preise für Erdgas bezahlt. Dadurch geriet auch die Erdgasversorgung der EU in Gefahr. 80 Prozent der russischen Erdgaslieferungen führen durch die Ukraine. Russland liefert etwa ein Viertel der von der EU benötigten Erdgasmenge. Im Januar besuchte der stellvertretende Vorsitzende des staatlich kontrollierten russischen Energieriesen Gasprom Großbritannien und versprach, die Gaslieferungen nach Europa würden nicht eingestellt werden. Bereits am nächsten Tag wurde Russland von einem für die Jahreszeit ungewöhnlichen Kälteeinbruch heimgesucht und zweigte einen Teil der für Europa vorgesehenen Gasmenge für den gestiegenen inländischen Bedarf ab. Die Liefermenge nach Ungarn wurde um 20 Prozent gekürzt. In Finnland drohte die Stromversorgung zusammenzubrechen. In einer russischen Wirtschaftszeitung lautete die Schlagzeile: »Das

Land hat nicht genügend Gas«. Russland ist das Land mit den größten Gasreserven der Welt.

In der Zwischenzeit fuhren die Ölgesellschaften dank des hohen Ölpreises die größten Gewinne in der Geschichte ein. Exxon verkündete im Januar mit 31 Milliarden Dollar den bislang höchsten Gewinn eines US-Unternehmens. Kurz darauf vermeldete Shell einen Gewinn von 23 Milliarden Dollar. BP hielt mit fast 20 Milliarden Dollar gut mit. BP-Vorstandschef Lord Browne drängte die Regierung, auf kurzfristige Steuergewinne zu verzichten, und sagte, der Preis werde rechtzeitig wieder auf 40 Dollar sinken.

Im Februar sprach Präsident Bush in seiner Rede zur Lage der Nation von der »Ölabhängigkeit« der USA und erklärte, dagegen müsse man angehen, das Land benötige eine Entziehungskur. In diesem Zusammenhang erwähnte er sogar die Solarenergie. Die OPEC reagierte entsprechend mit der Erklärung, der Vorschlag des Präsidenten könne ihre Pläne für Investitionen in neue Förderungstechniken beeinträchtigen und damit die Probleme der Energieversorgung noch erhöhen. Minister und Lobbyisten der Ölindustrie sagten, sie würden einen Rückfall in die siebziger und achtziger Jahre fürchten, als Milliarden investiert wurden und dann plötzlich der Ölpreis sank. Die rosigen Zukunftsprognosen der Internationalen Energieagentur für die OPEC-Fördermengen gehen von einer Verdoppelung der Investitionen aus, die Gründe dafür, heißt es, seien auch den Saudis klar. Aber werden die Saudis die Investitionen verdoppeln, wenn sie wissen, dass ihr größter Kunde dabei ist, sich anders zu orientieren? Und wenn sie tatsächlich bereit wären, sind sie auch überzeugt, dass wirklich noch so große Ölreserven vorhanden sind, die eine Investition von Hunderten Milliarden rechtfertigen, wenn sie das Geld auch sicher bei der Bank lassen könnten? Und selbst wenn sie glauben, das Risiko lohne sich, so bleibt doch die Tatsache, dass eine stärkere Förderung auch einen schnelleren Rückgang der Reserven bedeutet: Haben die Saudis daran wirklich ein Interesse?

Angesichts der beunruhigenden Beweise für ein Klima, das außer Kontrolle gerät, und einer Weltwirtschaft, die von einer in unzureichenden Mengen verfügbaren Ressource abhängig ist, spricht immer mehr für einen Verzicht auf fossile Brennstoffe. Selbst die Ölgesellschaften propagieren diesen Rückzug. Im Sommer 2005 tauchten weltweit Annoncen auf, in denen Chevron auf eine kommende weltweite Energiekrise hinweist. In doppelseitigen Anzeigen heißt es: »Wir benötigten 125 Jahre, um die erste Billion Barrel Öl zu verbrauchen. Die nächste Billion werden wir in 30 Jahren aufbrauchen ... Eines ist klar: Die Ära des leicht verfügbaren Öls ist vorbei ... Wir rufen Wissenschaftler, Politiker, Umweltschützer, Wirtschaftsbosse und jeden Einzelnen von Ihnen auf, die nächste Ära der Energie mitzugestalten.« Was Chevron mit dieser Werbung bezweckt, ist nicht ganz ersichtlich, doch die Richtung ist eindeutig. BP hat mit einer der größten Werbekampagnen der Geschichte denselben Weg eingeschlagen. In den auffälligen Anzeigen, in denen ein alltäglicher Vorgang aufgegriffen und der Text mit einem gelben Textmarker hervorgehoben wird, fordert BP die Welt auf, darüber nachzudenken, weniger CO_2 in die Atmosphäre zu lassen. Selbst ExxonMobil schlägt in dieselbe Kerbe. In den Anzeigen des Unternehmens heißt es, die Weltenergieversorgung stehe vor »enormen Herausforderungen«.

Inmitten dieser bunten Mischung aus Übertreibung und ökologischen Deckmäntelchen zeichneten sich in den vergangenen Monaten aber auch einige seriöse Initiativen ab. Die bemerkenswerteste ist vielleicht die von Lee Scott, dem Unternehmenschef von WalMart. In einer Rede vom Oktober 2005 verkündete er, der Hurrikan Katrina habe ihm die Augen geöffnet und ihm und seinem Unternehmen die Gefahren des Klimawandels bewusst gemacht. Jetzt verfolgt das größte Unternehmen der Welt das Ziel, den Kohlenstoffausstoß auf null zu senken. Scott wusste nicht, wann dieses Ziel erreicht werden könnte, doch als ersten Schritt will WalMart die Emission von Treibhausgasen durch seine Supermärkte bis zum Jahr 2012 um 20 Prozent senken. Das Unternehmen plant, 500 Millionen Dollar im Jahr in die erforderliche Technologie zu investieren und danach weitere Senkungen vorzunehmen. Der Kraftstoffverbrauch seiner Lkw-Flotte soll in drei Jahren um 25 Prozent gesenkt werden. Neue Läden sollen in vier Jahren so ausgestattet sein, dass die Emissionen um 30 Prozent sinken. Der Umsatz von WalMart betrug 2004 285 Milliarden Dollar. In den Supermärkten werden pro Woche 138 Millionen Kunden bedient, in den 3.779 Märkten in den USA arbeiten 1,6 Millionen Beschäftigte für das Unternehmen, im Ausland betreibt der Konzern 1.641 Filialen. Wenn das Unternehmen ein Land wäre, dann würde seine Wirtschaft weltweit auf dem 20. Platz rangieren.

Einige Umweltschützer haben auf diese Initiative mit Zynismus reagiert, was vielleicht auch zu verstehen ist, wenn man sich das bisherige Sündenregister von WalMart ansieht. Aber ich sehe diesen Vorstoß ganz und gar nicht negativ. Ich glaube, dass die Geschichte nicht unser Schicksal sein muss und dass eine Läuterung sowohl bei einem Unternehmen als auch bei einem einzelnen Menschen durchaus möglich ist. Und das wird in den kommenden Jahren eine wichtige Entwicklung sein.

Zudem steht WalMart mit seinem Vorstoß nicht alleine da. So startete beispielsweise General Electrics im Mai 2005 unter der Bezeichnung »Ecoimagination« eine Initiative für grüne Technologie und verkündete, dass »die Reduzierung des Schadstoffausstoßes genauso wichtig wie die Profitabilität ist«. Eine wachsende Zahl von Banken prüft Investitionen mittlerweile nicht nur auf ihre wirtschaftlichen, sondern auch auf die ökologischen und sozialen Auswirkungen. Eine große Versicherungsgesellschaft, die Aktien von ExxonMobil besitzt, stimmte bei der Jahreshauptversammlung gegen die Wiederwahl von Lee Raymond zum Vorstandsvorsitzenden, und zwar aus »ethischen Gründen«, weil er vor dem Klimawandel die Augen verschließe.

Auch Städte und Gemeinden sowie ganze Länder werden inzwischen aktiv. Im Juni versammelten sich in San Francisco die Abgeordneten aus 140 Städten von fünf Kontinenten und verpflichteten sich zur Einhaltung des Kyoto-Protokolls zur Senkung des CO_2-Ausstoßes. Neun amerikanische Bundesstaaten haben verkündet, sie würden eigene Richtlinien festlegen und bis 2020 den Kohlendioxidausstoß größerer Kraftwerke um zehn Prozent senken.

Das Verhalten der wichtigsten nationalen Regierungen ist dagegen nach wie vor eine Schande. Beim G8-Gipfel im Juli 2005 wurden keine Ziele für den Klimaschutz festgelegt. Die Regierung Bush blieb bei ihrem isolierten Scheuklappenkurs. Tony Blair fügte dem Kyoto-Protokoll unermesslichen Schaden zu, als er sagte, er bekomme allmählich Zweifel, dass es je funktionieren würde. Dennoch: Das Protokoll ist am Leben. Als die USA versuchten, im Dezember beim Klimagipfel in Montreal weitere Gespräche zu unterbinden, schlug ihnen weltweit Empörung entgegen, woraufhin die Supermacht klein beigeben musste. Die EU will mittlerweile über den im Kyoto-Protokoll vorgegebenen Zeitraum von 2008 bis 2012 hinaus die Treibhausgasemissionen um 30 Prozent senken. Die USA waren gezwungen, zumindest weiter an den Gesprächen teilzunehmen.

In der Zwischenzeit hat Schweden einen ganz neuen Vorstoß gewagt. Die schwedische Regierung verkündete die Absicht, das Land zur ersten ölfreien Wirtschaft zu machen, und zwar schon in 15 Jahren. Ein Ausschuss von Unternehmen, den Autobauern Saab und Volvo, von Akademikern, Bauern und Beamten, hat die Pläne entwickelt. Derzeit stammen 26 Prozent der nationalen Energieversorgung Schwedens aus erneuerbaren Energien. Öl liefert schon jetzt nur noch 32 Prozent, 1970 waren es noch 77 Prozent.

Es gibt immer Hoffnung, und der Wettlauf hat gerade erst begonnen.

Jeremy Leggett
Las Vegas, 14. Februar 2006

Danksagung

Der vorliegende Text steht zwar vollständig in meiner Verantwortung, doch beim Schreiben profitierte ich in erheblichem Ausmaß von fachlicher und redaktioneller Unterstützung. Meine verschiedenen Entwürfe wurden unter anderem nutzbringend kommentiert von Colin Campbell, Colin Hines, Chris Skrebowski, Henner Ehringhaus, Michael Smith, Richard Hardman, Paul Hohnen, Richard Holton und Stephan Schmidheiny. Harriet Williams beschaffte mir sechs Monate lang außerordentlich wertvolle wissenschaftliche Arbeiten. Meine Agentin Tif Loehnis, mein Verleger Philip Gwyn Jones und meine Lektorin Jane Hindle haben mir stets mit hilfreichen Vorschlägen und ermutigenden Worten zur Seite gestanden. Meine Familie und meine Kollegen bei Solarcentury haben meine Arbeitswut die ganze Zeit geduldig ertragen und mich sogar angespornt, indem sie mir wichtige Zeitungsartikel besorgten, als die warnenden Trommelschläge zum Ölrückgang und zur globalen Erwärmung langsam, aber sicher an Intensität zunahmen.

London, August 2005

Anmerkungen

1 Für weitere Informationen siehe die Ausstellung des Geological Museum London über den Ursprung des Lebens auf der Erde.

2 Zu den Belegen für einen Vulkanausbruch als Auslöser des Massensterbens am Ende des Perm zählt eine riesige Plattform aus Basalt, gehärtetem Lavagestein, in Sibirien. Dort stieg entlang eines Risses in der Erdkruste eine enorme Lavamenge auf. Der Lavastrom bedeckte 200.000 Quadratkilometer. Der Ausbruch dauerte Millionen Jahre, allerdings fand das Massensterben anscheinend innerhalb von weniger als 100.000 Jahren statt. Aufgrund der enormen Aschewolken hatte sich die Erde weltweit abgekühlt. Nachdem sich der Staub gelegt hatte, stieg aufgrund des durch den Vulkanausbruch gestiegenen Kohlendioxidgehalts möglicherweise die Temperatur und lag bis zu fünf Grad Celsius höher als vor dem Ausbruch. Die Anhänger der Meteoritenthese argumentieren, dass ein Felsbrocken mit einem Durchmesser von 15 Kilometern den gleichen Effekt gehabt hätte. Ein Beleg dafür sind Meteoritenfragmente in Sedimenten aus der damaligen Zeit. (*The Day the Earth Nearly Died*, BBC Horizon, 5. Dezember 2002).

3 *Homo erectus*, der Vorfahre des modernen Menschen, entwickelte sich vor 1,8 bis 1,9 Millionen Jahren in Afrika. Vor etwa 230.000 Jahren tauchte der Neandertaler auf. Er war der erste Hominide, dessen Gehirn die gleiche Größe hat wie das des modernen Menschen. Die Neandertaler wurden durch den *Homo sapiens* verdrängt, der sich vor ungefähr 200.000 Jahren entwickelte und vor 120.000 Jahren von Afrika aus die ganze Welt besiedelte. Für weitere Informationen siehe James F. Luhr (Hg.), *Die Erde*. Übers. von Werner Horwath, Starnberg 2004.

4 Edward Lloyd eröffnete 1688 ein Kaffeehaus, in dem sich bald eine Stammkundschaft aus Schiffskapitänen, Kaufleuten und Schiffsbesitzern einfand. Das Kaffeehaus stand in dem Ruf, dass man dort verläss-

liche Informationen über Schiffe und Lieferungen erhielt. Lloyds Kaffeehaus wurde ein Treffpunkt für Versicherungsgeber, die Schiffe und Schiffsladungen versicherten. 1774 entstand das moderne Unternehmen Lloyd's of London. 1871 wurde Lloyd's vom Parlament als Gesellschaft anerkannt und erhielt damit eine offizielle rechtliche Grundlage. (Weitere Informationen zu Lloyd's im Internet unter www.lloyds.com).

5 Thomas Edison demonstrierte die Stromgewinnung 1882.

6 Das erste Öl wurde 1859 in Pennsylvania gefördert.

7 Das erste Automobil wurde 1886 von Carl Benz gebaut.

8 Das entspricht 8,18 Milliarden Tonnen Öl. (Internationale Energieagentur [im weiteren Text IEA], *Key World Energy Statistics – 2004 Edition*, 2004).

9 Die Rahmenkonvention zum Klimawandel wurde von den Staatschefs beim Klimagipfel 1992 in Rio de Janeiro unterzeichnet. Die Konvention trat am 21. März 1994 in Kraft. Derzeit umfasst sie 189 Vertragsstaaten.(http://unfccc.int/essential_background/convention/status_of _ ratification/items/2631.php).

10 Eine ausführliche historische Rechtfertigung dieser Behauptung findet sich in meinem Buch *The Carbon War,* London 2000.

11 In *The Carbon War* wird die Entwicklung der internationalen Risikoeinschätzung durch die globale Erwärmung in den Jahren 1988 bis 2000 geschildert, zumindest, wie sie von den meisten Regierungen wahrgenommen wurde, als das Kyoto-Protokoll zur Klimakonvention 1997 unterzeichnet wurde.

12 Eine kürzlich erschienene umfassende Studie besagt, dass bis zum Jahr 2050 35 Prozent aller Arten »dem Aussterben überlassen sind«, wenn die globale Erwärmung einen Temperaturanstieg von mehr als zwei Grad über den Durchschnittstemperaturen vor der Industrialisierung bewirkt. (Chris Thomas u. a., »Extinction risk from climate change«, in: *Nature*, 8. Januar 2004.) Eine allgemeinere zusammenfassende Darstellung des Problems findet sich im »Millenium ecosystem assessment report« der Vereinten Nationen aus dem Jahr 2005.

13 In der BP-Werbung, die, als ich an diesem Buch arbeitete, eine wachsende Zahl Londoner Taxis zierte, wurde mit dem neuen Ultimate-Diesel geprahlt.

14 Ein Spot zeigt Jeremy Clarkson, den Moderator einer britischen Automobilsendung, wie er seinem Publikum erzählt, er fahre einen dieser großen Geländewagen, der 28 Liter auf 100 Kilometer verbraucht. Und er findet das auch noch komisch.

15 Chris Skrebowski, »Joining the dots«, Präsentation auf der Konferenz des Energy Institute »Oil Depletion: no problem, concern or crisis?«, London, 10. November 2004.

16 Ein Barrel Erdöl fasst 159 Liter, wiegt 0,1364 Tonnen und reicht für mehrere Tankfüllungen. Die Angabe von sechs Barrel stammt aus »The price of steak«, in: *National Geographic* (Juni 2004), S. 98. Im Artikel heißt es, für einen 566 kg schweren Ochsen würden 1.071 Liter Öl verbraucht. 1 Barrel = 159 l, 6 Barrel = 1.145 l, das reicht bei einem Verbrauch von 9,5 l auf 100 Kilometer rund 12.050 Kilometer; die Entfernung zwischen New York und Los Angeles beträgt rund 4.500 Kilometer.

17 *US Energy Information Agency* (www.eia.doe.gov).

18 Dem *World Energy Outlook 2004* der IEA zufolge nimmt die Erdölnachfrage um 1,6 Prozent jährlich auf 121 Millionen Barrel pro Tag im Jahr 2030 zu (www.iea.org).

19 *Energy in focus: BP statistical review of world energy* (Juni 2004), als pdf unter www.bp.com abrufbar.

20 http://www.eia.doe.gov/emeu/cabs/pgulf.html, »Country analysis brief: Persian Gulf« (September 2004). Im Jahr 2003 passierten etwa 90 Prozent der Erdölexporte mit einem Umfang von 15,0 bis 15,5 Millionen Barrel pro Tag die Straße von Hormus. Die Tanker fahren ostwärts nach Asien (vor allem Japan, China und Indien) sowie westwärts nach Westeuropa und in die USA.

21 Paul Roberts, *The end of oil: the decline of the petroleum economy and the rise of a new energy order*, Bloomsbury 2004; darin das Zitat des Energiegurus Amory Lovins.

22 »2005 model year vehicles«, http://www.fueleconomy.gov/feg/hybrid_sbs_cars.shtml. Der Prius verbraucht 4,6 Liter auf 100 Kilometer im Stadtverkehr und 3,9 Liter auf 100 Kilometer über Land. Das Auto kam am 10. Dezember 1997 in Japan und im August 2000 in den USA auf den Markt. (http://www.motortrend.com/roadtests/alternative/112_news46/, »Is Toyota Prius the most important 2004 model?«).

23 Michael Klare, *Blood and oil: the dangers and consequences of America's growing dependency on imported petroleum*, New York 2004, S. 46.

24 Der zweite Irakkrieg hat dem *Center for American Progress* zufolge bis zum August 2004 bereits mehr als 140 Milliarden US-Dollar verschlungen. Das Haushaltsbüro des Kongresses nimmt für drei mögliche Besatzungsszenarien für die Jahre 2005 bis 2014 Kosten zwischen 179 Milliarden und 392 Milliarden Dollar an. Siehe dazu den Brief des (unparteiischen) Haushaltsbüros des Kongresses an Senator Kent Conrad, Mitglied des Haushaltsausschusses, http://usgovinfo.about.com/gi/dynamic/offsite.htm?site=http://www.cbo.gov/.

25 Elizabeth Economy, *The river runs black: the environmental challenge to China's future*, Ithaka/London 2004.

26 Newsletter der *Association for the Study of Peak Oil and Gas* (künftig ASPO abgekürzt) vom Dezember 2004.

27 Für unterschiedliche Erdölarten gelten unterschiedliche Preise. Die beiden verbreitetsten Preise, die auch ich verwende, sind Brent Crude und West Texas Intermediate. Die beiden liegen eng beieinander, und ich habe im vorliegenden Buch nicht zwischen ihnen unterschieden.

28 Während ich dieses Buch schreibe, liegt der Ölpreis bei über 62 Dollar pro Barrel.

29 www.wikipedia.com.

30 Siehe Studs Terkel, *Hard times: an oral history of the Great Depression,* New York 2005; Harold James, *Der Rückfall: Die neue Weltwirtschaftskrise.* Übers. von Thorsten Schmidt, München 2003.

31 Zu diesem Gespräch mit John Schiller, der bei Ford in Michigan in der Abteilung *Emissions Control Planning* an der Emissionsplanung arbeitet, siehe *The Carbon War*, s. Anmerkung 10, S. 173f.

32 Später habe ich bei einem Besuch im Zoo mit meiner Tochter erfahren, dass über ganz Südostasien bis nach Baluchistan das Salzwasserkrokodil beheimatet ist.

33 John Platt und Jeremy Leggett, »Stratal extension in thrust footwalls, Makran accretionary prism: implications for thrust tectonics and section balancing«, in: *Bulletin of the American Association of Petroleum Geologists* 70, S. 191–203.

34 Dieses Schlammgestein war jünger als die beiden Hauptphasen der Ölformation in der Erdgeschichte (die beiden großen unterirdischen Kochvorgänge in der Geschichte der Blauen Perle), sodass unser Öl ungewöhnlich gewesen wäre. Doch der Umstand, dass wir stellenweise Ölschlieren aus der Erde blubbern sahen, zeigte uns, dass sich jüngeres Öl gebildet hatte.

35 Jeremy Leggett und John Platt, »Structural features of the Makran fore-arc from LANDSAT data«, in: B. Ul Haq und J. Milliman, Hg., *Marine geology and oceanography of Arabian Sea and coastal Pakistan*, Sonderausgabe der *National Institution of Oceanography*, S. 33–43.

36 Kenneth Deffeyes, *Hubbert's Peak: the impending world oil shortage*, Princeton 2001, S. 7.

37 Ebenda.

38 Svend Duggen, Kaj Hoernle, Paul Van Den Bogaard, Lars Rupke und Jason Phipps Morgan, »Deep roots of the Messinian salinity crisis«, in: *Nature* (10. April 2003). Die Austrocknung des Mittelmeers vor 5,96 bis 5,33 Millionen Jahren war erdgeschichtlich eines der einschnei-

dendsten Ereignisse des Känozoikums (das die vergangenen 65 Millionen Jahre umfasst, also die Zeit nach den Dinosauriern). Ursache war, dass sich die Tore zwischen Atlantik und Mittelmeer schlossen. Warum das geschah, ist bis heute nicht ganz geklärt, lässt sich aber wohl mit dem Anheben der Iberischen Halbinsel und Nordafrikas infolge von Plattenbewegungen erklären: Die Afrikanische Platte schob sich nach Norden gegen Europa.

39 Genauere Angaben zu Vorräten und Fallen siehe Kapitel 3 von *Hubbert's Peak*, s. Anmerkung 36.

40 Eine genauere Beschreibung der Explorationstechnik findet sich in Kapitel 4 von *Hubbert's Peak.*

41 IEA, *World Energy Outlook 2004*, S. 96, Abb. 3.13: »Non-Conventional Oil Resources Initially in Place«.

42 Eine genauere Beschreibung der Bohrtechniken findet sich in Kapitel 5 von *Hubbert's Peak.*

43 Näheres siehe Roger Andersen, »Oil production in the 21st century: recent innovations in underground imaging, steerable drilling and deepwater oil production could recover more of what lies below«, in: *Scientific American* (März 1998), S. 68–73.

44 Gordon Cope, »Synfuel excess«, in: *Petroleum Review* (November 2004).

45 »The next scandal? In the wake of the Shell scandal, there are doubts about reserves at other firms«, *Economist*, 13. November 2004.

46 *Energy in focus*, s. Anmerkung 19.

47 In den Berichten aus den Jahren 2000 bis 2003 werden die Quellen folgendermaßen beschrieben: »Mit Ausnahme von Aserbaidschan und Kasachstan stammen die Schätzungen aus dem *Oil & Gas Journal*, dazu kommen noch Schätzungen über nasses Erdgas für USA und Kanada. Die Reserven aus Ölschiefer und Ölsand wurden nicht einbezogen.« Der kanadische Ölsand »unter aktiver Erschließung« wurde erstmals 2004 in die nachgewiesenen Reserven aufgenommen.

48 Bob Williams, »Debate over peak-oil issue boiling over, with major implications for industry, society«, in: *Oil & Gas Journal*, Bd. 101, Nr. 27, 14. Juli 2003, S. 18–29, mit einem Zitat von Jean Laherrère.

49 C. J. Campbell, »The essence of oil depletion«, *Multi-Science* 2003; Powerpoint-Präsentationen auf CD-ROM als Beilage zur Zusammenfassung von C. J. Campbell, »The truth about oil and the looming energy crisis«, erhältlich bei www.aspo.org.

50 ASPO-Newsletter, Oktober 2004.

51 Julian Darley, »A tale of two planets«, ein Bericht über die Konferenz »Future of global oil supply: Saudi Arabia«, die am 24. Februar 2004 vom *Center for International and Strategic Studies* in Washington veranstaltet wurde (Sonderheft von *From the Wilderness*).

52 Dmetri Savastopulo und Carola Hoyos, »Saudi Aramco dismisses claims over problems meeting rising global demands for oil«, in: *Financial Times* (27. Februar 2004).

53 Alle Informationen in diesem Abschnitt stammen aus »Big oil's biggest monster: Saudi Arabia's Aramco, the biggest and most powerful oil firm, has revealed some of its secrets«, in: *Economist* (8. Januar 2004).

54 »Debate over peak-oil issue boiling over«, s. Anmerkung 48.

55 Mamdouh Salameh, »How realistic are Opec's proven oil reserves?«, in: *Petroleum Review* (August 2004).

56 Sadad al-Husseini, »Rebutting the critics: Saudi Arabia's oil reserves production practices ensure its cornerstone role in future oil supply«, in: *Oil & Gas Journal* (17. Mai 2004). Trotz der Überschrift verteidigt al-Husseini die 260 Milliarden Barrel gemeldeter nachgewiesener Ölreserven Saudi-Arabiens wie folgt: »Angesichts der Tatsache, dass die entdeckten, aber unterentwickelten saudischen Lagerstätten ungefähr 130 Milliarden Barrel der Gesamtreserven des Königreichs ausmachen, steht die Addition neuer nachgewiesener Reserven durch die zukünftige Erschließung von Lagerstätten von vornherein fest.« In diesem Artikel warnt al-Husseini auch vor den Gefahren riskanter Fördermethoden, die laut Matthew Simmons bereits die großen Lagerstätten beschädigt haben (s. Anmerkung 58).

57 ASPO-Newsletter, Dezember 2004.

58 »Expert: Saudi oil may have peaked«, Wirtschaftsnachrichten von Al-Dschasira (20. Februar 2005).

59 Die Ereignisse werden von Kenneth Deffeyes, einem Zeitgenossen Hubberts, in dem Buch *Hubbert's Peak* geschildert, s. Anmerkung 36.

60 Stephen Goodwin, »Hubbert's Curve«, in: *Country Journal*, November 1980. S. 56–61. Der Artikel, der über ein Vierteljahrhundert später verfasst wurde und daher von neuen Erkenntnissen profitierte, schildert Hubberts Argumente von 1956 und die anschließende Entwicklung.

61 Ebenda.

62 Ebenda.

63 Die statistischen Angaben in diesem Abschnitt stammen aus »The truth about oil«, s. Anmerkung 49. In Tabelle 1 des Dokuments sind alle Länder und Regionen zusammengefasst.

64 Ebenda. Das zitierte Exxon-Dokument stammt von J. Longwell, »The future of the oil and gas industry: past approaches, new challenges«, in: *World Energy*, Bd. 5, Nr. 3, S. 100–104.

65 ASPO stellt 1981 als das Wendejahr dar; Ken Chew von der Unternehmensberatung IHS glaubt, dass es 1986 war, falls die Ölfelder aufgrund verstärkter Förderung anders eingeschätzt wurden (Ken Chew, »Oil depletion – the database«, Konferenz des Energy Institute, s. Anmerkung 15).

66 Francis Harper bei einer Podiumsdiskussion bei der Konferenz des *Energy Institute*, s. Anmerkung 15.

67 Die Angaben in diesem Absatz stammen aus der ASPO-Datenbank von Colin Campbell.

68 *Hubbert's Peak*, s. Anmerkung 36.

69 Chris Skrebowski, Präsentation bei einem Seminar für Parlamentsabgeordnete, London, 6. Juli 2004.

70 Francis Harper, »Oil peak – a geologist's view«, Konferenz des *Energy Institute*, s. Anmerkung 15. Die erste Aussage stammt aus seiner schriftlichen Zusammenfassung, die zweite aus der Diskussion.

71 Die 2004 erschienene Liste der Fortune-500-Unternehmen zeigt, dass BP ExxonMobil als größte Ölgesellschaft der Welt überholt hat, der Umsatz von BP beträgt 232,5 Milliarden Dollar.

72 Die Verfechter einer frühen Förderspitze schätzen die Zahl der zukünftigen Entdeckungen anhand von *Creaming Curves*, bei denen die Zahl der im Lauf der Zeit getätigten Entdeckungen zur Zahl der *Wildcats*, der Bohrungen in einer Region, ins Verhältnis gesetzt wird. Diese Kurven flachen in verschiedenen Regionen und Ländern im Lauf der Zeit kontinuierlich ab.

73 ASPO-Newsletter, Oktober 2004.

74 Roger Bentley, »Global oil depletion: viewpoints in collision«, Powerpoint-Präsentation bei der in Anmerkung 15 genannten Konferenz des *Energy Institute*.

75 »US Geological Survey world petroleum assessment 2000 – description and results«, hg. vom amerikanischen Innenministerium, *US Geological Survey*, http://pubs.usgs.gov/dds/dds-060/index. html#TOP. Der gesamte Bericht, der auch das Tiefseeöl anspricht, ist 32.000 Seiten lang.

76 »Exxon Unleashed: How the world's most powerful corporation plans to dominate the new age of oil exploration«, in: *Business Week* (9. April 2001); »Black Gold Rush – BP Amoco: the hottest prospect in the oil patch«, in: *Forbes* (2. April 2001). Exxon machte sich zum ersten Mal seit den siebziger Jahren daran, seine Öl- und Gasproduktion zu erhöhen. Die Einnahmen in Höhe von 232,7 Milliarden Dollar, die Exxon im Vorjahr erzielt hatte, machten das Unternehmen im Jahr 2001 zur Nummer eins unter den Ölgiganten, weit vor den 191

Milliarden Dollar von Shell und den 148 Milliarden Dollar von BP. Exxon und BP planten beide, ihre Produktion in Abstimmung mit den projektierten Wachstumszahlen der Industrie auf dem globalen Ölmarkt um drei Prozent zu steigern. Dafür und als Ersatz für die sinkende Fördermenge älterer Felder plante Exxon allein für das Jahr 2001 Investitionen in Höhe von zehn Milliarden Dollar für die Erschließung und Förderung.

77 Dazu kam es nicht. Die Fördermenge 2004 aus einer Tiefe von über 500 Metern lag bei zehn Prozent. Quelle: Francis Harper, persönliches Gespräch.

78 Ivan Sandrea, »Deep-water oil discovery rate may have peaked; production peak may follow in 10 years«, in: *Oil & Gas Journal*, Bd. 102, Nr. 28, 26. Juli 2004, S. 18.

79 »Oil peak – a geologist's view«, Zusammenfassung s. Anmerkung 70.

80 Persönliches Gespräch mit Colin Campbell, März 2005.

81 »Deep-water oil discovery rate may have peaked«, s. Anmerkung 78.

82 Die Informationen in diesem Abschnitt stammen von Bob Williams, »Progress in IOR technology, economics deemed critical to starving off world's oil peak production«, in: *Oil & Gas Journal*, Bd. 101, Nr. 30, 4. August 2004, S. 18–25.

83 »Oil peak – a geologist's view«, Diskussion, s. Anmerkung 70.

84 Jeffrey Curie u. a., »The sustainability of higher oil prices: revenge of the Old Economy, part 2«, Goldman Sachs Commodity Research (8. Juni 2004).

85 »Joining the dots«, Präsentation und Kommentare bei der in Anmerkung 15 zitierten Diskussion.

86 *Hubbert's Peak*, s. Anmerkung 36, S. 10.

87 Die Informationen in diesem Abschnitt stammen aus »Progress in IOR technology«, s. Anmerkung 82.

88 Matthew Simmons, »Energy: a global overview«, Seminar für Deloitte and Touche, zugänglich auf der Website von Simmons and Co., http://www.simmonscointl.com/files/Deloitte%20&%20Touche.pdf.

89 Der Absatz basiert auf Bob Williams, »Heavy hydrocarbons playing key role in peak oil-debate, future energy supply«, in *Oil & Gas Journal*, Bd. 101, Nr. 29, 28. Juli 2003, S. 20–27; IEA, *World Energy Outlook 2004*, S. 114: Non-Conventional Oil Production Prospects. Demzufolge birgt das Ölschiefervorkommen insgesamt 2,66 Billionen Barrel (38 Prozent von sieben Billionen), das gesamte zusätzliche Schweröl liegt bei 1,61 Billionen Barrel, Teersande und Bitumen machen 2,73 Billionen Barrel aus.

90 »Canadian crude oil forecast«, Pressemitteilung der *Canadian Association of Petroleum Producers* (15. Juli 2004). Man rechnet damit, dass der Investitionsaufwand bei der Ölsanderschließung im kommenden Jahrzehnt die Summe von 30 Milliarden kanadische Dollar überschreiten wird, weil neue Projekte umgesetzt oder Erweiterungen für die bestehenden Ölsandanlagen gebaut werden müssen.

91 »Heavy hydrocarbons«, s. Anmerkung 89, und IEA, *World Energy Outlook 2004.* Die Gesamtproduktion von unkonventionellem Öl soll von 1,6 Millionen Barrel am Tag im Jahr 2002 auf 3,8 Millionen Barrel am Tag im Jahr 2010 und 10,1 Millionen Barrel am Tag im Jahr 2030 ansteigen; die letzte Zahl stellt acht Prozent des prognostizierten globalen Ölbedarfs dar.

92 »Synfuel excess«, s. Anmerkung 44.

93 »Alberta industry receives warning on water usage«, in: *Business Edge* (24. Juni 2004).

94 »Synfuel excess«, s. Anmerkung 44.

95 *National Energy Board* (Kanada), Annual Report 2003, http://www.nebone.gc.ca/Publications/AnnualReports/2003/AnnualReport2003_e.pdf.

96 Dieser Abschnitt basiert hauptsächlich auf dem Artikel »Heavy hydrocarbons«, s. Anmerkung 89, abgesehen von der Angabe von einer Tonne pro halbes Barrel, die aus dem Artikel von Bob Holmes und Nicola Jones stammt. »Can heavy oil avert an energy crisis?«, in: *New Scientist* (2. August 2003).

97 Peter Fairley, »Digging a carbon hole for Canada: will oil sands projects be white elephants in the post-Kyoto world?«, in: *Alberta Views*, http://www.albertaviews.ab.ca/marapr03/marapr03carbon.pdf. Zahlen von *Natural Ressources Canada* zeigen, dass beim Umwandlungsprozess von Ölsand in synthetisches leichtes Rohöl im Jahr 2000 104 Kilogramm Kohlendioxid pro Barrel entstanden, 1991 waren es noch 141 Kilogramm gewesen. Zum Vergleich: Beim konventionellen Rohöl entstehen 30 Kilogramm Kohlendioxid. Man rechnet damit, dass die CO_2-Reduzierung pro Barrel synthetischem Rohöl im Jahr 2005 mit 90 Kilogramm ihren »Tiefpunkt« erreicht.

98 »Oil peak – a geologist's view«, Diskussion, s. Anmerkung 70.

99 »Synfuel excess«, s. Anmerkung 44.

100 Bemerkungen von Lee R. Raymond, Chef von ExxonMobil, bei einem internationalen OPEC-Seminar am 16. September 2004 in Wien (http://www.exxonmobil.com/Corporate/Newsroom/SpchsIntvws/Corp_NR_SpchIntrvw_LRR_160904.asp).

101 IEA, *World Energy Outlook 2004.*

102 Walter Youngquist, »World Energy Council survey of energy resources: oil shale« (http://www.ecology.com/archived-links/oilshale/).

103 »Strategic significance of America's oil shale resource, volume 1: assessment of strategic issues«, *Office of Deputy Assistant Secretary for Petroleum Reserves, Office of Naval Petroleum and Oil Shales Reserves*, amerikanisches Energieministerium, Washington D. C., März 2004.

104 »Oil peak – a geologist's view«, s. Anmerkung 70.

105 Die Informationen in diesem Abschnitt stammen aus Bob Williams, »Debate grows over US gas supply crisis as harbinger of global gas production peak«, in: *Oil & Gas Journal*, Bd. 101, Nr. 28, 21. Juli 2003, S. 20–28; C. J. Campbell, »Industry urged to watch for regular oil production peaks, depletion signals«, in: *Oil & Gas Journal*, Bd. 101, Nr. 27, 14. Juli 2003, S. 38–48.

106 Carola Hoyos, »Shortages of easily accessible natural gas mean more interest in technology that allows supplies to be brought from more remote areas«, in: *Financial Times* (15. August 2003).

107 John McCaughey, »LNG in the US: the gathering storm«, in: *World Energy Review* (Juni 2004).

108 »Debate grows over US gas supply crisis« und »Industry urged to watch for regular oil production peaks«, s. Anmerkung 105.

109 Eine ausführlichere Darstellung über Methanhydrat findet sich in meinem Buch *The Carbon War*, s. Anmerkung 10.

110 »Debate grows over US gas supply crisis«, s. Anmerkung 105, S. 24.

111 Daniel Yergin, *Der Preis: die Jagd nach Öl, Geld und Macht.* Übers. von Gerd Hörmann und Regine Laudann, Frankfurt am Main 1991, S. 692–697 und 819f.

112 Die Schätzung von ASPO hinsichtlich der Erdölförderspitze wurde vor kurzem korrigiert, statt 2006 gilt nun 2005 als das entsprechende Jahr.

113 »The cheap oil era is far from over«, in: *National Geographic News* (20. Mai 2004).

114 »Energy: a global overview«, s. Anmerkung 88.

115 »Strategic significance of America's oil shale resource«, s. Anmerkung 103.

116 Dr. W. Stuart McKerrow, legendärer Erdgeschichtsforscher, der im Jahr 2004 verstarb.

117 Adrian Michaels in New York und Carola Hoyos in London, »SEC leans to voluntary code on oil reserves«, in: *New York Times* (23. Juni 2004).

118 Kevin Morrison, »Secret and unreliable world of oil statistics«, in: *Financial Times* (15. Dezember 2004).

119 Colin Campbell und Jean Laherrère, »The end of cheap oil: global production and conventional oil will begin to decline sooner than most people think, probably within 10 years«, in: *Scientific American* (März 1998), S. 59–65.

120 Ebenda.

121 Vgl. dazu die Angaben in den ASPO-Newslettern von Juli und August 2004.

122 Chris Skrebowski, »Oilfield megaprojects«, in: *Petroleum Review* (Januar 2004).

123 Ders., »New projects to 2012«, in: *Petroleum Review* (April 2005).

124 »Energy: a global overview«, s. Anmerkung 88.

125 »Oil Peak – a geologist's view«, s. Anmerkung 70.

126 Gespräch mit Michael Smith vom Januar 2005.

127 Michael Smith, »The Middle East – miracle or mirage?«, Konferenz des *Energy Institute*, s. Anmerkung 15.

128 »The sustainability of higher oil prices«, s. Anmerkung 84.

129 Philip Thornton, »Hidden costs of pipeline meant to safeguard West's oil supply«, in: *Independent* (26. Juni 2004). Ein von BP eingesetztes unabhängiges Gremium, das *Caspian Development Advisory Panel*, dem auch Umwelt- und Menschenrechtsaktivisten sowie führende Industrie- und Regierungsvertreter angehörten, kam zu folgendem Schluss: »Dem Gremium sind Befürchtungen zu Ohren gekommen, Botas [das Unternehmen, das den Auftrag für den Bau des türkischen Abschnitts erhielt] und seine Baufirmen könnten sich möglicherweise unter Druck fühlen, umwelttechnische, soziale und technische Standards zu unterlaufen, um im Plan zu bleiben.«

130 »The end of cheap oil«, s. Anmerkung 119.

131 Christopher Pala, »Kazakh government discourages Caspian exploration«, in: *Petroleum Review*, November 2004.

132 *Blood and Oil*, s. Anmerkung 23.

133 »Will China and US have to compete in global search of oil?«, in: *Associated Press* (6. Oktober 2004).

134 Matthew Taylor, »Elderly couple died after gas cut off«, in: *Guardian* (23. Dezember 2003).

135 Andrew Warren, Direktor der *Association for the Conservation of Energy*, kämpft seit langem gegen diese und andere verrückte Aspekte der Energieverschwendung in Großbritannien. Siehe beispielsweise »A long, cold wait«, in: *Energy in Building & Industry* (März/April 2000).

136 John Houghton, »Global warming is getting worse – but the message is getting through«, in: *Guardian online* (16. August 2004).

137 Die Berechnung stammt von Dr. Andrew Dlugolecki, einem ehemaligen leitenden Mitarbeiter bei General Accident, heute Berater für die Finanzinitiative des Umweltprogramms der Vereinten Nationen.

138 Wie in meinem Buch *The Carbon War* beschrieben, s. Anmerkung 10.

139 »Topics: annual review of natural catastrophes 1996«, Sonderveröffentlichung der Münchner Rück 1997.

140 Bericht von Reuters, Genf (4. März 2004).

141 *The Carbon War*, s. Anmerkung 10.

142 Die Erklärung von Toronto zum Klimawandel und Rückgang des Meeresspiegels, bei der Regierungsvertreter und Experten die Einrichtung des Zwischenstaatlichen Ausschusses zum Klimawandel diskutierten.

143 Der Zwischenstaatliche Ausschuss zum Klimawandel (*Intergovernmental Panel on Climate Change*, IPCC), First, Second and Third Scientific Assessment Report (Klimaschutzbericht) 1990, 1995 und 2001, Cambridge University Press.

144 Das Verhältnis der Isotope ist in warmer Luft oder warmem Wasser und in kalter Luft oder kaltem Wasser unterschiedlich. Für weitere Informationen siehe John Houghton, *Globale Erwärmung: Fakten, Gefahren und Lösungswege.* Übers. vom Büro Stasch, Berlin, Heidelberg 1997, S. 51.

145 IPCC Third Scientific Assessment Report 2001, s. Anmerkung 143.

146 Schaubild auf Grundlage der neuesten Präsentation zum Klimawandel des *Meteorological Office* (Richard Betts, persönliches Gespräch, 2004).

147 »Uncertainty, risk and dangerous climate change«, Sonderveröffentlichung des *Hadley Centre* (*Meteorological Office*) und das *Department of Environment, Food and Rural Affairs*, Dezember 2004.

148 Ebenda. Mit einer Wahrscheinlichkeit von 90 Prozent in diesem Bereich.

149 Zitiert in Fred Pearce, »Kyoto Protocoll is just the beginning«, in: *New Scientist* (10. Oktober 2004).

150 Michael McCarthy, »Countdown to global catastrophe«, in: *Independent* (24. Januar 2005). Zu der Gruppe gehörte das britische *Institute for Public Policy Research* in London, das amerikanische *Center for American Progress* in Washington und das *Australia Institute* in Canberra.

151 »Klimawandel: Die Herausforderung gemeinsam meistern«, britisch-deutsche Klimakonferenz in Berlin, 3. November 2004. Kommentare von Sir David King, leitender wissenschaftlicher Berater der britischen Regierung, und John Schellnhuber, wissenschaftlicher Leiter des *Tyndall Centre* (http://www.britischebotschaft.de/statevisit/de/press/climate_change_conference.htm).

152 John Schellnhuber, zitiert in Fred Pearce, »Act now before it's too late: that was the message from climate researchers attending last week's conference in Exeter, UK«, in: *New Scientist* (12. Februar 2004).

153 Der größte Teil befindet sich unter Wasser in großer Tiefe, doch es gibt auch bedeutende Vorkommen in den seichten Gewässern der Arktis, die durch eine überdurchschnittliche Erwärmung destabilisiert werden können. In *The Carbon War,* s. Anmerkung 10, und in *Global Warming: die Wärmekatastrophe und wie wir sie verhindern können; der Greenpeace Report.* Übers. von Friedrich Griese u. a., München, Zürich 1991, gehe ich ausführlicher auf Methanhydrate ein.

154 Zusammenfassung in »Act now«, s. Anmerkung 152.

155 Wenn auch nicht so schnell oder in einem solchen Ausmaß wie in dem Film *The Day After Tomorrow.*

156 Zusammenfassung in »Act now«, s. Anmerkung 152.

157 Die jüngste Simulation des *Hadley Centre* deutet darauf hin, dass bis zum Jahr 3000 über die Hälfte der Eiskappen geschmolzen sein wird, wodurch der Meeresspiegel weltweit um vier Meter ansteigt.

158 Die aktualisierte Taschenbuchausgabe erschien im Jahr 2000.

159 IPCC First Scientific Assessment Report 1990, s. Anmerkung 143.

160 Artikel 2 der Klima-Rahmenkonvention lautet: »Das Endziel dieses Übereinkommens und aller damit zusammenhängenden Rechtsinstrumente, welche die Konferenz der Vertragsparteien beschließt, ist es, in Übereinstimmung mit den einschlägigen Bestimmungen des Übereinkommens die Stabilisierung der Treibhausgaskonzentrationen in der Atmosphäre auf einem Niveau zu erreichen, auf dem eine gefährliche anthropogene Störung des Klimasystems verhindert wird. Ein solches Niveau sollte innerhalb eines Zeitraums erreicht werden, der ausreicht, damit sich die Ökosysteme auf natürliche Weise den Klimaänderungen anpassen können, die Nahrungsmittelerzeugung nicht bedroht wird und die wirtschaftliche Entwicklung auf nachhaltige Weise fortgeführt werden kann.« (http://unfccc.int/files/essential_background/background_publications_htmlpdf/application/pdf/conveg.pdf oder auf Deutsch: http://www.eu.int/comm/press_room/presspacks/climate/convger.pdf).

161 IPCC Second Scientific Assessment Report, 1995, s. Anmerkung 143.

162 IPCC Third Scientific Assessment Report, 2001, s. Anmerkung 143.

163 E. Mielke u. a., »Russia and Kyoto: match made in heaven?«, Dresdner Kleinwort Wasserstein Forschung (2. Dezember 2004).

164 Schätzung zitiert im Newsletter für Energiemanager von Merrill Lynch (15. November 2004).

165 »World oil and gas ›running out‹«, CNN (2. Oktober 2003), mit einem Zitat von Professor Kjell Aleklett.

166 Die aktuelle Arbeit des IPCC wurde von Malte Meinshausen von der Eidgenössischen Technischen Hochschule Zürich zusammengefasst, »On the risk to overshoot 2 °C«. Siehe auch Bill Hare und Malte Meinshausen, »How much warming are we committed to and how much can be avoided?«, Potsdam-Institut für Klimafolgenforschung, PIK-Bericht Nr. 93, Oktober 2004.

167 IPCC-Zahlen aus dem Third Scientific Assessment Report, 2001, s. Anmerkung 143.

168 Donald Aitken, Lynn Billman und Stanley Bull, »The climate stabilization challenge: can renewable energy sources meet the target?«, in: *Renewable Energy World* (November/Dezember 2004).

169 David Dapice, »Coal-to-liquid fuel offers answers to energy woes«, in: *Straits Times* (19. Juli 2004).

170 Frank Gray, »Clean coal becomes reality«, in: *World Energy Review* (August 2004).

171 David Adam, »Oil chief: my fears for planet. Shell Boss's ›confession‹ shocks industry« und »›I'm really worried for the planet‹: Ron Oxburgh is chipping away at the fossilized thinking that cost Shell its reputation«, in: *Guardian* (17. Juni 2004).

172 Sir John Houghton hatte Recht. Ted Haggard, Vorsitzender der amerikanischen *National Association of Evangelicals*, sagte im Juni 2005: »Man braucht keine naturwissenschaftlichen Untersuchungen, um zu erkennen, wie gravierend das Problem ist ... Man muss sehr manipulativ sein, um in die andere Richtung zu blicken ... Wir repräsentieren 30 Millionen Menschen, und wir können sie für diese Sache mobilisieren, und das werden wir, wenn wir es müssen.« (»Evangelical leaders combat global warming«, Independent Press News Service, März 2005.) Der Ausschnitt zeigt, welchen Einfluss Sir John ausübte.

173 Richard Lindzens Position in den neunziger Jahren und M. King Hubberts Position in den fünfziger Jahren reizen zu einem interessanten Vergleich. Oft zeigt sich Jahre später, dass geniale Einzelgänger Recht hatten, und das, obwohl sie sich anfangs gegen den Widerstand eines starken Gruppenzwangs behaupten mussten. Aber es besteht ein wichtiger Unterschied zwischen Wissenschaftlern als einsamen Rufern in der Wüste (wie Einstein, Galileo oder wer auch immer) und der Position von Richard Lindzen. Er besteht darin, dass das Schicksal des Planeten nicht zwangsläufig von ihrer Position abhing, falls sich Regierungen gegen die öffentliche Meinung auf ihre Seite stellten. Ich konfrontierte Lindzen damit schon 1991 bei einer Podiumsdiskussion (siehe *The Carbon War*, s. Anmerkung 10, S. 39 ff.). 13 Jahre später ließ sich in seinem Vortrag immer noch kein Fünkchen Menschlichkeit entdecken, ganz zu schweigen von der Erkenntnis, was auf dem Spiel stand, wenn er nicht Recht hatte.

174 *Der Preis*, s. Anmerkung 111. Soweit nicht anders angegegeben, stützt sich das Kapitel auf dieses Buch und auf Anthony Sampson, *Die Sieben Schwestern.* Übers. von Irene Ohlendorff und Jürgen Abel, Reinbek 1976.

175 Damals waren das 100.000 Dollar. Für die Umrechnung auf heutigen Geldwert habe ich die Seite der *Columbia Journalism Review* www.cjr.org/tools/inflation verwendet.

176 Thomas L. Friedman, »People connected with Exxon reportedly contributed more than $ 1 million to the Bush campaign«, in: *New York Times* (1. Juni 2001); www.opensecrets.org, die Website des *Centre for Responsive Politics*, zitiert in »A decade of dirty tricks«, Greenpeace-Information vom Juli 2001.

177 Zu den Verbindungen zwischen den Schlüsselfiguren in George W. Bushs erstem Kabinett und der Ölindustrie siehe Michael Moore, *Stupid white men: eine Abrechnung mit dem Amerika unter George W. Bush.* Übers. von Michael Bayer, Helmut Dierlamm, Norbert Juraschitz und Heike Schlatterer, München 2002.

178 Am 4. April 1953 bewilligte CIA-Direktor Allen W. Dulles eine Million Dollar, die, egal wie, darauf verwendet werden sollten, »Mossadeghs Sturz herbeizuführen«. Man entschied sich dafür, Lügen und Propaganda zu verbreiten. CIA-Agenten, die sich als Mossadegh-Anhänger ausgaben, drohten Islamführern im Iran wegen ihrer Opposition gegen den Premierminister brutale Strafen an. Das Komplott mit dem Namen »Operation Ajax« entzündete, wie gewünscht, einen politischen Streit. Prompt gingen Anhänger und Gegner der Monarchie auf die Straße und lieferten sich Kämpfe. Mossadegh wurde gestürzt, verbrachte drei Jahre wegen Verrats im Gefängnis und stand den Rest seines Lebens unter Hausarrest. Im März 2000 sagte die damalige Außenministerin Madeleine Albright: »Die Regierung Eisenhower hielt ihr Handeln aus strategischen Gründen für gerechtfertigt. Doch der Staatsstreich warf den Iran in seiner politischen Entwicklung eindeutig zurück, und es ist leicht nachzuvollziehen, warum viele Iraner bis heute diese Intervention durch die USA übel nehmen.« Aus: James Risen, »Secrets of History: the CIA in Iran, a special report. How a plot convulsed Iran in '53 (and in '79)«, in: *New York Times* (16. April 2000); siehe auch www.wikipedia.org.

179 Zitiert nach Walter LaFeber, *America, Russia, and the cold war, 1945–2002*, New York 2002, S. 292; siehe auch www.wikipedia.org.

180 *Der Preis*, s. Anmerkung 111, S. 746.

181 »The October oil embargo«, in: *Popular Mechanics* 1996, S. 48.

182 *Der Preis*, s. Anmerkung 111, S. 762.

183 Lizette Alvarez, »Britain says US planned to seize oil in 1973 crisis«, in: *New York Times* (2. Januar 2004).

184 Die Schilderung der Vorgänge in diesem Absatz folgt Jeffrey Robinsons nicht autorisierter Biografie Scheich Jamanis, *Yamani: the inside story*, London 1988, S. 101 f.

185 Ebenda, S. 102.

186 Ebenda, S. 102.

187 Dieser Absatz folgt inhaltlich *Der Preis*, s. Anmerkung 111, sowie *The Seven Sisters*, s. Anmerkung 174.

188 Schah Resa Pahlewi verdankte 1953 seine Wiedereinsetzung als absoluter Herrscher über den Iran einem von der CIA koordinierten Staatsstreich. In den folgenden zwölf Jahren überschütteten die USA den Iran mit Hilfen im Wert von 1,2 Milliarden Dollar, von denen fast die Hälfte an die iranische Armee ging. Zwischen 1950 und 1977 lieferten die USA dem Iran im Rahmen des Military Assistance Program (MAP) und des Foreign Sales Program (FMS) Waffen, Munition und Hilfsleistungen im Wert von 20 Milliarden Dollar, unter anderem 67,4 Millionen Dollar für die Ausbildung von 11.025 Militärangehörigen. Zwischen 1970 und 1978 kaufte der Iran im Rahmen des FMS noch einmal US-Waffen im Wert von 18 Milliarden Dollar. (Iran Virtual Library http://www.irvl.net/).

189 *Der Preis*, s. Anmerkung 111, S. 692.

190 »The sustainability of higher oil prices«, s. Anmerkung 84.

191 Der Krieg war für den Irak eine Katastrophe, weil er die wirtschaftliche Entwicklung behinderte, die Ölexporte unterbrach und Saddam einen Schuldenberg von 40 Milliarden Dollar bescherte, darunter einen Kredit über 14 Milliarden Dollar aus Kuwait (www.wikipedia.org). Amerikanische Unternehmen lieferten Hussein mit Zustimmung der US-Regierung einen Großteil der Ausgangsstoffe für das Chemie- und Biowaffenarsenal des Irak. Hussein tötete damit über 5.000 Zivilisten in einer kurdischen Stadt, indem er sie mit chemischen Waffen vergaste. Damals wurde der Vorfall von der Regierung Reagan heruntergespielt, sie machte den Iran, den amerikanischen Hauptfeind zu der Zeit, für den Massenmord verantwortlich. Während die Regierung

Reagan Husseins Einsatz chemischer Waffen in der Öffentlichkeit sanft tadelte, schickte das Weiße Haus heimlich einen gewissen Donald H. Rumsfeld, damals Sondergesandter für den Nahen Osten, im März 1984 nach Bagdad. Rumsfeld versicherte dem gekränkten Diktator, die USA hätten wirklich kein Problem mit seinen Vergasungsaktionen und besonders der Wunsch der Amerikaner nach einer »Verbesserung der bilateralen Beziehungen in einem Tempo, das dem »Wunsch des Irak« entspreche, bleibe davon »unbeeinträchtigt«. Dana Priest, »Rumsfeld visited Baghdad in 1984 to reassure Iraquis, documents show«, in: *Washington Post* (19. Dezember 2003).

192 Ende Juli 1991, nur wenige Tage vor dem Einmarsch in Kuwait, bestellte Saddam die US-Botschafterin April Glaspie zu sich. Obwohl Glaspie später behauptete, sie habe das Gespräch genutzt, um »Hussein wiederholt vor einer gewaltsamen Lösung seines Konflikts mit Kuwait zu warnen« (Zeugenaussage vor dem amerikanischen Senat im April 1991), waren ihre Formulierungen offensichtlich nicht stark genug. Sie sagte Saddam, sie komme »im Geist der Freundschaft, nicht im Geist der Konfrontation«, und fügte hinzu: »Ich habe direkte Anweisung vom Präsidenten, mich um bessere Beziehungen zum Irak zu bemühen« und »Zu den arabisch-arabischen Konflikten wie Ihren Grenzunstimmigkeiten mit Kuwait haben wir keine Meinung«. (»Excerpts from Iraqui document on meeting with US envoy«, in: *New York Times International*, 23. September 1990).

193 Alle in diesem Abschnitt beschriebenen Ereignisse werden ausführlicher in meinem Buch *The Carbon War* dargestellt, s. Anmerkung 10.

194 George Soros, *Die Krise des globalen Kapitalismus: offene Gesellschaft in Gefahr*, Frankfurt am Main 2000.

195 Peter Hetherington und Charlotte Denny, »Oil giants accused of collusion: business may be in cahoots with pickets, says Straw aide«, in: *Guardian* (13. September 2000).

196 Pamela Najor, »RIP Global Climate Coalition«, Bureau of National Affairs (24. Januar 2001).

197 John Vidal, »The oil under this wilderness will last the US six months. But soon the drilling will begin«, in: *Guardian* (18. März 2005).

198 »Fuel economy: going farther on a gallon of gas«, Website der *Union of Concerned Scientists* (http://www.ucsusa.org/clean_vehicles/cars _and_ suvs/page.cfm?pageID=222).

199 »The end of the oil age: ways to break the tyranny of oil are coming in to view. Governments need to promote them«, in: *Economist* (23. Oktober 2003). Eine ausführlichere Darstellung bietet Vijay V. Vaitheeswaran, *Power to the People: How the Coming Energy Revolution will*

Transform an Industry, Change our Lives, and maybe even Save the Planet, New York 2005.

200 Craig Unger, *Die Bushs und die Sauds: Öl, Macht und Terror.* Übers. von Helmut Dierlamm, Hans Freundl und Norbert Juraschitz, München 2004.

201 Dominic White, »Shell drops ›bombshell‹ on reserves«, in: *Daily Telegraph* (10. Januar 2004).

202 Paul Brown und Mark Oliver, »Top scientist attacks US over global warming«, in: *Guardian* (9. Januar 2004).

203 David Stipp, »Climate collapse: the Pentagon's weather nightmare. The climate could change radically, and fast. That would be the mother of all national security issues«, in: *Fortune* (26. Januar 2004).

204 »Major institutional investors back global warming resolutions«, Notiz in meinem Tagebuch, 27. Februar 2004.

205 Rede von Lord Brown, Vorstandsvorsitzender von BP, im National Press Club, Washington D. C., 23. März 2004.

206 Norm Cohen und Clay Haris, »Shell shock: human failings and hyperbolic e-mails«, in: *Financial Times* (20. April 2004); Terry Macalister, »Shell admits it misled its investors«, in: *Guardian* (20. April 2004).

207 Julian Borger in Washington und Luke Harding in Bagdad, »Rumsfeld: I won't quit. Pentagon chief given Senate grilling. Abuse of Iraquis rife, says Red Cross«, in: *Guardian* (8. Mai 2004).

208 Terry Macalister, »BP ready to quit [Iraq] in blow to rebuilding hopes«, in: *Guardian* (29. April 2004).

209 Terry Macalister, »Shell hopes Iraq can plug oil leak«, in: *Guardian* (4. Mai 2004).

210 »Coping with sky high oil prices«, in: *Business Week* (30. August 2004).

211 James Boxell, »World oil reserves up 10% says BP«, in: *Financial Times* (16. Juni 2004).

212 »Experts warn business world is running out of oil surplus«, Nachrichten bei *Voice of America* (16. Juni 2004).

213 Bruce Bartlett, »Doom-and-gloomers say we're near tapped-out of oil. Rubbish«, ENATRES (9. Juni 2004).

214 Larry Elliott, »Even OPEC cannot stem this surge: supply and demand issues are forcing up oil prices«, in: *Guardian* (2. Juni 2004).

215 Terry Macalister, »Once seen as an alarmist fear, an attack on key Saudi oil terminal could destabilize west«, in: *Guardian* (3. Juni 2004).

216 Jonathan Steele und Terry Macalister, »Vital oil exports halted after sabotage. Political handover dealt blow as insurgents wreck pipelines and assassinate top industry executive«, in: *Guardian* (17. Juni 2004).

217 »Seeking a unified approach – valuing and booking oil reserves«, Seminar der *London Energy Group*, 5. Juli 2004. Das Zitat stammt von William Prast, einem Öl- und Gasberater für die Financial Services Authority (Aufsichtsbehörde für Finanzdienstleistungen). Er sagte auch: »Die Unsicherheit überwiegt, und zwar so stark, dass die meisten Ingenieure in der Ölbranche ihren Abschluss nicht in den Natur-, sondern in den Geisteswissenschaften hätten machen sollen.«

218 Adam Sieminski und Jay Saunders, »Hubbert's pique«, Deutsche Bank Global Energy Wire (9. Juni 2004).

219 Verschiedene Artikel in der *Financial Times* (29. Juni 2004).

220 Terry Macalister, »Shell's shame: FSA spells out abuse«, in: *Guardian* (25. August 2004).

221 Michael Harrison, »Shell pays £ 83 fine to settle scandal over reserves«, in: *Independent* (30. Juli 2004).

222 »Can oil majors keep up with worldwide demand?«, in: *Houston Chronicle* (30. Juli 2004).

223 Sadad al-Husseini, »Why higher oil prices are inevitable this year, rest of decade«, in: *Oil & Gas Journal* (2. August 2004).

224 Ashley Seagar, »Petrol prices unlikely to fall again as OPEC warns on supply«, in: *Guardian* (4. August 2004).

225 Ashley Seagar, »Oil threat to world economy«, in: *Guardian* (5. August 2004).

226 Carolynne Wheller und Ashley Seager, »Oil prices at record high after Kremlin u-turn on Yukos«, in: *Guardian* (6. August 2004).

227 Oliver Morgan, Sarah Ryle und Edward Helmore, »Oil and US jitters prompt fear of global slowdown«, in: *Observer* (8. August 2004).

228 »The devil's curse«, in: *Guardian* (7. August 2004).

229 Larry Elliott, »Iraq sabotage fear deepens oil crisis«, in: *Guardian* (10. August 2004).

230 »Deutsche Bank warns oil price may hit $100«, zitiert im ASPO-Newsletter vom September 2004.

231 Carola Hoyos, »Call to let in oil majors to boost output«, in: *Financial Times* (13. September 2004).

232 James Boxell und Carola Hoyos, »BP chiefs claims at odds with rivals«, in: *Financial Times* (17. September 2004).

233 James Boxell und Carola Hoyos, »Oil majors well placed to meet growth in demand«, in: *Financial Times* (16. September 2004).

234 Kevin Morrison, »Exxon chief hits at energy debate«, in: *Financial Times* (17. September 2004).

235 Kevin Morrison, Javier Blas und James Boxell, »OPEC raises quotas to deflect criticism«, in: *Financial Times* (16. September 2004).

236 William Keegan, »Pouring oil on troubled economists«, in: *Observer* (10. Oktober 2004).

237 Cristopher Browne-Humes, »Oil prices hit record after fears on output«, in: *Financial Times* (12. Oktober 2004). Das ist der Preis für die Sorte Brent Crude.

238 Terry Macalister, »Oil hits record $ 54 a barrel«, in: *Guardian* (13. Oktober 2004).

239 »Crude oil surges to new high«, Associated Press (25. Oktober 2004).

240 Doug Cameron, Kevin Morrison und Javier Blas, »US rejects calls by OPEC chief to free oil reserves«, in: *Financial Times* (27. Oktober 2004).

241 Mark Milner, »Browne calms oil supply fears. Surging prices push BP's profits up 43% to $ 4 billion«, in: *Guardian* (27. Oktober 2004).

242 »The next scandal?«, in: *Economist* (13. November 2004).

243 »Big oil's biggest monster«, in: *Economist* (8. Januar 2005).

244 »Expert: Saudi oil may have peaked«, aljazeera.net (20. Februar 2005).

245 »Fuel's gold: heading for new peaks«, in: *Economist* (12. März 2005).

246 »White House: oil costs due in part to lack of legislation«, *Dow Jones Newswires* (17. März 2005).

247 Javier Blas und Kevin Morrison, »IEA to call for an emergency oil plan«, in: *Financial Times* (2. April 2005).

248 David Lazarus, »ChevronTexaco CEO banking on peak oil situation«, in: *San Francisco Chronicle* (8. April 2005).

249 »Bank says Saudi's top field in decline«, aljazeera.net (12. April 2005).

250 »Energy needs, choices, and possibilities: scenarios to 2050«, Shell-Sonderpublikation 2001. In diesem Szenario wären lediglich in Europa Energieeinsparmaßnahmen nötig, damit die erneuerbaren Energien dieses Ziel erreichen.

251 Das hörte ich Mitte der neunziger Jahre Roger Booth sagen, den Leiter der Abteilung Erneuerbare Energien bei Shell. Roger hat sich mir 1999 als Leiter von Solarcentury angeschlossen und ist bis heute für die Firma ein überaus wichtiger Berater.

252 Der jährliche Stromverbrauch weltweit bei zehn Terrawattjahren entspricht 87.600.000.000 Kilowattstunden. Die Zahl der Kilowattstunden pro Kilowattpeak einer Photovoltaikanlage in einer so sonnigen Region wie der Sahara läge bei 2.000. Die Kilowattpeak betrügen daher 43.800.000.000. Zehn Quadratmeter liefern 1 kWp, so kommt man auf 438 Milliarden Quadratmeter, was einem Quadrat von 660 auf 660 Kilometer entspricht.

253 »Solar energy: brilliantly simple«, BP-Broschüre, erhältlich an Tankstellen in Großbritannien.

254 Zahlen des US-Energieministeriums, zitiert in Lester Brown, *Eco-economy: building an economy for the earth*, Earth Policy Institute 2001.

255 Ebenda.

256 Nämlich 50 Millionen Tonnen im Jahr. Näheres siehe Amory Lovins, E. Kyle Datta, Odd-Even Bustnes, Jonathan G. Koomey und Nathan J. Glasgow, *Winning the oil endgame: innovation for profit, jobs, and security*, Earthscan 2004, S. 240.

257 »Renewable Energy: practicalities«, Bericht des Ausschusses für Wissenschaft und Technik im House of Lords, Großbritannien, HL Paper 126-I, 2004.

258 »You want the confidence to invest in renewable energy«, Broschüre des britischen Ministeriums für Handel und Industrie, 2004.

259 Ebenda. Dort ist von 20.000 Haushalten die Rede, wobei man vom heutigen Durchschnittsverbrauch ausgeht, der natürlich viel zu hoch liegt.

260 »A microgeneration manifesto«, Green Alliance, September 2004. Die Zehntausende kleiner Standorte könnten 500 Megawatt bis zwei Gigawatt erzeugen.

261 Bei der anaeroben Vergärung werden Kohlehydrate unter Sauerstoffausschluss von Bakterien zersetzt. Bei der Vergasung werden Holzschnitzel auf einer Wirbelschicht erwärmt; es entsteht ein kontrollierter Dampf- oder Luftstrom. Heraus kommt eine brennbare Mischung aus Gasen, darunter Kohlenmonoxid, Wasserstoff und Methan. Bei der Pyrolyse werden organische Abfallstoffe unter hohem Druck und Luftabschluss erhitzt. Dabei entsteht ein hochwertiges Öl, mit dem sich ein Kraftwerk betreiben lässt. Diese Techniken haben einen höheren Wirkungsgrad als die herkömmliche Verbrennung, weil das Gas, vermischt mit Luft, bei höherer Temperatur verbrennt und damit die Turbinen effizienter antreibt.

262 Persönliche Auskunft von Patricia Thornleys, Fachfrau für Biomasse beim *Renewables Advisory Board* (Beratungsausschuss erneuerbare Energien) der britischen Regierung.

263 Eher weniger Strom als in einem konventionellen Elektrizitätswerk.

264 Siehe *Power to the People*, s. Anmerkung 199.

265 John Gartner, »Automakers give biodiesel a boost«, in: *Wired* (23. September 2004).

266 Siehe dazu »Field of dreams: is turning crops into fuels and chemicals the next big thing?«, in: *Economist* (7. April 2004).

267 Viele Brennstoffzellen sind Polymermembran-Brennstoffzellen (PEM).

Hier liegt ein festes Polymer zwischen den beiden Elektroden (Anode und Kathode). Ein Platinkatalysator stimuliert den Wasserstoff, ein Elektron an die Kathode abzugeben. Das Proton wandert durch die Membran zur Kathode, doch das Elektron muss ganz außen herum über einen Stromkreis wandern, der sich bequem speichern lässt. An der Kathode reagieren die Elektronen und die Protonen wieder zu reinem Wasser. Näheres siehe Peter Hoffmann, *Tomorrow's energy: hydrogen, fuel cells and the prospect for a cleaner planet*, Cambridge, Massachusetts, 2002.

268 Beim Steam-reforming-Verfahren wird ein Kohlenwasserstoff zunächst in einer Brennkammer, in der ein Katalysator die Gase und den Wasserdampf aufbricht, verdampft. Ein Schaubild mit Erklärung findet sich in Matthew L. Wald, »Questions about hydrogen economy«, in: *Scientific American* (Mai 2004), S. 66–71.

269 Bei der Elektrolyse wandert ein elektrischer Strom durch Wasser und spaltet Moleküle auf. Die Sauerstoffatome werden von der Anode (der positiven Elektrode) angezogen, die Wasserstoffatome von der Kathode (der negativen Elektrode).

270 »Questions about hydrogen economy«, s. Anmerkung 268.

271 Craig Simons, »The high road: if China steers its auto industry toward hybrids and perhaps hydrogen cars, the world may have no choice but to follow«, in: *Newsweek* (6.–13. September 2004).

272 *Winnning the oil endgame*, s. Anmerkung 256.

273 Das Condé Nast Building in Manhattan ist ein bekanntes Beispiel in den USA. In Großbritannien bedient sich die Stadtverwaltung Woking eines innovativen Niedrig-CO_2-Konzepts, das auch eine große Brennstoffzelle in einer Sporthalle umfasst.

274 Werbebroschüre der Ovonic-Batterien, einer Tochterfirma von Energy Conversion Devices.

275 »Hybrid future: sky high prices are driving a quest for efficiency energy«, in: *Newsweek* (8. September 2004).

276 *Winning the oil endgame*, s. Anmerkung 256.

277 »The sustainability of higher oil prices«, s. Anmerkung 84.

278 Nelson Schwartz, »Poor little company: on the back of $ 55 oil, ExxonMobil has become one of the world's richest companies. And that's the problem«, in: *Fortune* (18. April 2005).

279 »Hubbert's curve«, s. Anmerkung 60, S. 56–61 (Interview mit M. King Hubbert).

280 »We can move to the zero-carbon future, says Margaret Beckett«, Pressemitteilung des Ministeriums für Umwelt, Nahrung und Landwirtschaft vom 4. Februar 2003. Der Bericht »Assessment of technology options to address climate change – a report to the Prime Minister's Strategy Unit« ist auf der Website der Strategiegruppe des Kabinetts unter http://www.strategy.gov.uk einsehbar.

281 Allen Jones MBE, »Woking: local sustainable energy community«, Vortrag auf der Konferenz »Low Carbon Thames Gateway«, Barking, am 16. Juni 2004.

282 *Winning the oil endgame*, s. Anmerkung 256.

283 Robert Monks, *The New Global Investors*, Oxford 2001.

284 Clayton Christensen, *The innovator's dilemma: when new technologies cause great firms to fail*, Boston 1997, S. 225.

285 Diese optimistische Analyse habe ich in dem Vortrag »The future of energy supply: civilization at risk« anlässlich der Konferenz des Institute of Petroleum »Fuelling the world economy: future risks and opportunities« am 17. Februar 2003 in London gehalten. Der Vortrag fand vor einem dünn besetzten und ablehnenden Publikum statt; er wurde später in der ersten Ausgabe der *New Academy Review* veröffentlicht.

286 Alex Kirby, »When the last oil well runs dry«, BBC News Online (16. April 2003), zitiert von Simmons auf der ASPO-Konferenz im Mai 2003 in Paris.

287 John McGaughey, »Energy reserves: apocalypse now, tomorrow or never?«, in: *World Energy Review* (August 2004).

288 Mit Wasserstoffkraftstoffanlagen meine ich solche, die fossile Brennstoffe als Ausgangsmaterial benötigen, nicht kleine Anlagen für aus erneuerbaren Energien gewonnenen Wasserstoff.

289 Gordon MacKerron, »Nuclear power and the characteristics of ›ordinaryness‹ – the case of UK energy policy«, in: *Energy Policy* 32, S. 1957–1965.

290 Britisches Ministerium für Handel und Industrie, *Our energy future – Creating a low carbon economy*, The Stationary Office 2003, S. 61 f.

291 So habe ich es persönlich aus dem Munde von Topmanagern der Energieindustrie gehört, als sie im Rahmen der Anhörungen für das Energy White Paper 2003 der Regierung ihre Präsentationen vorführten.

292 Ich habe Ted Taylor Ende der achtziger Jahre kennen gelernt, als wir beide an Sitzungen der wissenschaftlichen Waffenkontrollgruppe Pugwash teilnahmen. Er half mir enorm, als ich mit Geld aus Quäker-Stiftungen damals die technische Denkfabrik VERTRIC aufbaute (*Verification Technology Information Centre*).

293 Rob Edwards, »Jet crash ›could kill millions‹«, in: *New Scientist* Nr. 2449 (29. Mai 2004).

294 »The PBMRL: ›old wine in a new bottle‹«, in: *Nuclear Information and Resource Service* (http://www.nirs.org/factsheets/PBMRFfactSheet.htm), Website eingesehen am 5. November 2004.

295 Svetlana Alexievich, »Land of the dead: remembering the Chernobyl disaster by those who survived it«, in: *Guardian* (25. April 2005).

296 »A tale of two planets«, s. Anmerkung 51.

297 John Carey, »Global warming: why business is taking it so seriously«, in: *Business Week* (30. August 2004).

298 »Fortune magazine backs renewable energy«, www.solaraccess.com (16. August 2004).

299 New Energies Invest AG (www.newenergiesinvest.ch).

300 *Photon* (März 2004). Beim zitierten Ölindex handelt es sich um den OXI.

301 Michael Rogol, Shintaro Doi und Anthony Wilkinson, »Sun screen: Investment opportunities in solar power«, Bericht der *Crédit Lyonnaise Securities Asia* (Juli 2004).

302 »CO_2 capture and storage«, Website des IEA Greenhouse Gas R&D Programme, http://www.co2sequestration.info/research_programmes.htm.

303 Mark Clayton, »America's new coal rush: utilities' dramatic push to build new plants would boost energy security but hurt the environment«, in: *Christian Science Monitor* (26. Februar 2004).

304 Karen Armstrong, *Im Kampf für Gott: Fundamentalismus in Christentum, Judentum und Islam.* Übersetzt von Barbara Schaden, München 2004.

305 Michael Crichton, *Welt in Angst.* Übersetzt von Ulrike Wasel, München 2005. Siehe auch meine Besprechung des Buchs »Making a myth of the climate change«, in: *New Scientist* (2. März 2005).

306 Die Angaben in diesem Abschnitt sind folgender Publikation entnommen: »Carbon sequestration – technology roadmap and program plan, 2004«, US Department of Energy and National Energy Technology Laboratory (April 2004).

307 Vanessa Houlder, »The case for carbon capture and storage«, in: *Financial Times* (23. Januar 2004).

308 Nicola Jones, »Bubbling under«, in: *New Scientist* (20. Juni 2001).

309 Die Angaben in diesem Abschnitt folgen Maggie McKee, »Seas absorb half of carbon dioxide pollution«, in: *New Scientist* (15. April 2002).

310 Die IPCC-Zahlen stammen aus dem *Third Scientific Assessment Report* 2001 (Klimaschutzbereicht), s. Anmerkung 143.

311 James Randerson, »Forest experiment questions greenhouse gas strategy«, in: *New Scientist* (15. April 2002).

312 Nicola Jones, »A risk too far: dumping CO_2 in the oceans could be a desaster, yet it's still legal«, in: *New Scientist* (20. Oktober 2001).

313 Fred Pearce, »Scientists use creativity to fight global warming«, Global Newspaper Company (20. Januar 2004).

314 »Approaching global crisis threatens to reverse human development«, in: *Environmental Times* (22. Juni 2004).

315 Ebenda.

316 Mark Moody-Stuart u. a., Abschlussbericht der G8 »Renewable Energy Task Force« (Juli 2001).

317 *Power to the people*, s. Anmerkung 199; dort ist auf S. 313 eine Rückzahlquote von 92–98 Prozent angegeben.

318 Joanna Chung, »States file suit to cut levels of CO_2«, in: *Financial Times* (22. Juli 2004).

319 Myles Allen und Richard Lord, »The blame game: who will pay for the damaging consequences of climate change?«, in: *Nature* (2. Dezember 2003), S. 551 f.

320 Peter Roderick, »Damage litigation«, in: *Guardian* (15. Dezember 2004).

321 Douglas G. Cogan, »Corporate governance and climate change«, Ceres Jahreskonferenz, Boston 2003.

322 »Energy in Focus«, s. Anmerkung 19.

323 Newsletter der ASPO vom August 2004.

324 »The sustainability of higher oil prices«, s. Anmerkung 84.

325 Stephan Schmidheiny und Federico Zorraquín, *Finanzierung des Kurswechsels: die Finanzmärkte als Schrittmacher der Ökoeffizienz*, Zürich 1996.

326 Jeremy Leggett, Hg., *Climate change and the financial sector: the emerging threat, the solar solution*, München 1996.

327 »The investor guide to climate risk«, Ceres Jahreskonferenz 2004, verfasst vom Investor Responsibility Research Center, einer Beratungsfirma für Investoren. Der Führer wurde in Auftrag gegeben vom *Investor Network on Climate Risk* (INCR), einem neuen Zusammenschluss von Investoren, der sich einer besseren Information über die Risiken des Klimawandels verschrieben hat.

328 Aus meinem Tagebuch, März 2001. Andere Fachleute auf dem Gebiet der Kommunikation meinen, dass Vertrauen für die Unternehmen in den kommenden Jahren so wichtig sein wird, dass sie sich zunehmend verhalten werden wie Aktivistengruppen.

329 Malcolm Gladwell, *Der Tipping-Point: wie kleine Dinge Großes bewirken können*. Übers. von Malte Friedrich, Berlin 2000.

330 Stephen und Donna Leeb, *Der Öl-Faktor*: *Wie das schwarze Gold Ein-*

fluss auf die Wirtschaft und Ihr Konto nimmt. Übers. von Matthias Sommer, München 2005.

331 Siehe *The Carbon War*, s. Anmerkung 10.

332 Saudi-Arabien (1), Russland (2), Libyen (4), China (6), Vereinigte Arabische Emirate (10), Kuwait (12), Nigeria (13) und Iran (14). Quelle: »Energy in focus«, s. Anmerkung 19.

333 Im zweiten Golfkrieg griff die amerikanische Luftwaffe das Studio von Al-Dschasira in Bagdad mit Raketen an. Al-Dschasira hatte direkt vor Ort für 40 Millionen Arabisch sprechende Zuschauer berichtet und Bilder von verstümmelten irakischen Zivilisten gezeigt, die bei einem Bombenangriff getroffen worden waren – und das zu einer Zeit, in der die Amerikaner jeden glauben machen wollten, sie würden nur präzise definierte Ziele in Bagdad angreifen. Donald Rumsfeld sagte damals über Al-Dschasira: »Letztendlich wird man beim Lügen ertappt und verliert seine Glaubwürdigkeit.« Ja, genau. Eines Tages werden wir erfahren, wer vom amerikanischen Oberkommando den mörderischen Angriff befahl, der von einem Kameramann von Al-Dschasira gefilmt wurde. Das Filmmaterial wird in der Dokumentation *The Control Room* gezeigt, die am 21. August 2004 von BBC 4 gesendet wurde. Das amerikanische Militär behauptete, das Flugzeug sei vom Boden aus beschossen worden.

334 Siehe Anthony Giddens, *Entfesselte Welt: Wie die Globalisierung unser Leben verändert.* Übers. von Frank Jakubzik, Frankfurt am Main 2001, S. 107

335 Tim Radford, »Oceans of evidence for global warming«, in: *Guardian*, 19. Februar 2005. Ein Bericht der *American Association for the Advancement of Science* war, zum Zeitpunkt, als das Buch verfasst wurde, noch nicht in der Fachpresse veröffentlicht.

336 Siehe den mündlichen Bericht von C. Wright Patman, einem altgedienten texanischen Kongressabgeordneten, in *Hard Times*, s. Anmerkung 30, S. 285. »Damals dachten sie [das Großkapital], sie könnten hier eine Diktatur errichten. General Smedley Butler wurde als Führer auserkoren. Er sollte ihr Mann auf dem weißen Pferd sein. Sie taten sich zusammen und wollten das Land übernehmen. Und sie waren verdammt nah dran, das zu tun.«

337 *Entfesselte Welt*, s. Anmerkung 334, S. 107.

338 Colin Hines, *Localization: A Global Manifesto*, London 2000, S. 209.

339 *Eco-economy*, s. Anmerkung 254.

Register

A

B

C

F

H

I

J

K

M

N

O

P

S

T

U

X

Y

Z

Andreas Zumach
Die kommenden Kriege

Ressourcen, Menschenrechte, Machtgewinn – Präventivkrieg als Dauerzustand?
KiWi 912
Originalausgabe

Nach dem völkerrechtswidrigen Krieg gegen Irak hat die Bush-Administration Syrien, Iran und andere »Tyrannen- und Terrorstaaten« ins Visier genommen. In diesen Ländern sollen die Entwicklung von Massenvernichtungswaffen verhindert, Freiheit, Demokratie und Menschenrechte gefördert und damit dem Terrorismus der Nährboden entzogen werden. Doch tatsächlich geht es der Bush-Administration in erster Linie darum, im zu Ende gehenden Ölzeitalter den Einfluss und die Machtpositionen der USA zu festigen und auszubauen. Und dies in immer schärferer Konkurrenz zu Europa, China und Russland. Sind (Welt-)Kriege um Öl noch vermeidbar? Gibt es noch Chancen für den friedlichen Ausgleich von Interessen und die gemeinsame Bewältigung der globalen Probleme im Rahmen der UNO?

»Guter investigativer Journalismus gepaart mit hellsichtiger Analyse.« *Vorwärts*

Paperbacks bei Kiepenheuer & Witsch KiWi PAPERBACK www.kiwi-koeln.de

Nasrin Alavi
Wir sind der Iran

Aufstand gegen die Mullahs –
die junge persiche Weblog-Szene
Mit zahlreichen Abbildungen
Deutsch von Violeta Topalova
KiWi 919
Deutsche Erstausgabe

Im Iran ist das Internet vor allem für die Jugend zu dem Medium des Protestes gegen die Herrschaft der Mullahs geworden. Es gibt mehr als 65.000 iranische Weblogs, Internet-Tagebücher – mehr als in deutscher, italienischer oder spanischer Sprache. Nasrin Alavi fängt die junge Subkultur des Widerstands ein: Die iranischen Blogger sprechen mit Witz, Poesie und Zorn über ihre Konflikte mit dem Gesetz, die Situation der Frauen, diskutieren über Repression und Widerstand, Religion und Medien, über Musik und Partys, erzählen von der Liebe und der Trauer über verschwundene Helden.

»Ein fulminantes Buch, das auf ungewöhnliche Weise Antworten gibt. Es wendet sich ab von den Fernsehbildern, die nur einen Bruchteil dessen zeigen können, was vor Ort wirklich geschieht.« *FAZ*

Necla Kelek
Die fremde Braut

Ein Bericht aus dem Inneren
des türkischen Lebens in Deutschland
Gebunden

Tausende junger türkischer Frauen werden durch arrangierte Ehen nach Deutschland gebracht. Demokratische Grundrechte gelten für sie nicht, und niemand interessiert sich für ihr Schicksal. Necla Kelek deckt die Ursachen dieses Skandals auf. Sie ist in die Moscheen gegangen und hat mit den »Importbräuten« gesprochen, sie forscht den Traditionen nach und zeigt, wie sich die Parallelgesellschaft verfestigt, an der die Integration immer wieder scheitert. Dieses sehr persönliche Buch ist ein Schlüssel zum Verständnis der türkisch-islamischen Kultur und räumt mit Multi-Kulti-Illusionen auf.

»Das Buch sollte zur Pflichtlektüre in den Schulen gehören.« *taz*

»Kelek leistet mit ihrem Buch einen wichtigen Beitrag, die Integrationsdebatte noch intensiver zu führen als bisher.«
Otto Schily im Spiegel

»Ein mitfühlendes, mutiges, Augen öffnendes Buch.«
Alice Schwarzer

Necla Kelek
Die verlorenen Söhne

Plädoyer für die Befreiung
des türkisch-muslimischen Mannes
Gebunden

Nach »Die Fremde Braut« wendet sich Necla Kelek der anderen Hälfte der türkisch-muslimischen Gesellschaft zu: den Vätern, die als Patriarchen das Leben der Familie bestimmen, den Söhnen, die sich von den Müttern vorschreiben lassen, wen sie zu heiraten haben, und den Brüdern, die ihre Schwestern kontrollieren und bestrafen – bis hin zum »Ehrenmord«. Anhand von Lebensgeschichten muslimischer Männer untersucht Kelek das auf Ehre, Schande und Respekt, tatsächlich aber auf Gehorsam und Gewalt aufgebaute System der türkisch-muslimischen Erziehung und schildert die exemplarische Sozialisation türkischer Jungen – von der Wiege über die Beschneidung bis zu den Aufgaben als Vater.

»Es ist ein Buch, das uns Deutsche tief nachdenklich über unsere Integrationspolitik zurücklässt. Dieses Buch wird die politische Klasse bis hin zu aufgeklärten Stammtischen und Dönerbuden kaum zur Ruhe kommen lassen. Es zu lesen, sei allen dringend empfohlen.« *Deutschlandradio Kultur*

»Kelek hat eine Streitschrift vefasst, wie sie lange überfällig war.« *FAZ*

Franz Walter
Die ziellose Republik

Gezeitenwechsel in Gesellschaft und Politik
KiWi 946
Originalausgabe

Deutschland steckt im Patt der Lager – und findet sich unter einer Regierung der Großen Koalition wieder. Doch die Unschärfe des Neuen im Wechsel irritiert, ängstigt und lähmt die Deutschen, auch ihre politische Führungsschicht. Hierin – und nicht so sehr in den ökonomischen Schwächen – liegen die Wurzeln der viel beklagten German Disease. Von dieser Ziellosigkeit der Patt-Republik handeln die Essays in diesem Buch.

»Zu den ewigen Krisen der SPD fallen ihm ebenso scharfsinnige Analysen ein wie zu den Kurswechseln der Union. Und er traut sich etwas beim Schreiben, er liebt die klaren Worte.« *Der Spiegel*

»Wer die Entwicklung der Parteienlandschaft in Deutschland seit den 90er Jahren besser verstehen will, wird von der Lektüre von Franz Walters Essay-Sammlung profitieren.« *WDR5*

Paperbacks bei Kiepenheuer & Witsch KiWi PAPERBACK www.kiwi-koeln.de